BLÄTTER DER RILKE-GESELLSCHAFT

IN MEMORIAM INGEBORG SCHNACK

(9. JULI 1896 – 3. NOVEMBER 1997)

BLÄTTER DER RILKE-GESELLSCHAFT

Band 22/1999

Rilke in Spanien

Herausgegeben von der Rilke-Gesellschaft
Gegründet von Baronin Tita von Oetinger
Redaktion: Hansgeorg Schmidt-Bergmann

JAN THORBECKE VERLAG STUTTGART
1999

Zuschriften an die *Redaktion*:
Prof. Dr. Hansgeorg Schmidt-Bergmann, Literarische Gesellschaft/Museum für Literatur am Oberrhein, PrinzMaxPalais, Karlstr. 10, 76133 Karlsruhe, Tel.: 07 21/133 40 87; Fax: 07 21/133 40 89; e-mail: mlo@Karlsruhe.de

Unterlagen für die Subskription der *Blätter* und den Beitritt zur Rilke-Gesellschaft beim Sekretär Curdin Ebneter, Postfach 3 85, CH-3960 Sierre, Telefon: 00 41/27/4 55 16 03; Fax: 00 41/27/4 55 49 08.

Überweisungen:
a) auf das Postscheckkonto der Rilke-Gesellschaft, Bern/Schweiz, Nr. 19-10006-7;
b) auf das Postscheckkonto der Rilke-Gesellschaft, Stuttgart/Bundesrepublik Deutschland, BLZ 600 100 70, Nr. 1854-709;
c) auf das UBS-Bankkonto Sierre der Rilke-Gesellschaft 268-475.316.40 K

Der jährliche Mitgliedsbeitrag beträgt z. Z. DM 90,–; sFr 75,–; für *Studenten* DM 20,–; sFr 16,–.

Die Deutsche Bibliothek – CIP-Einheitsaufnahme

Rilke in Spanien: [in memoriam Ingeborg Schnack] / hrsg. von der Rilke-Gesellschaft. Red.: Hansgeorg Schmidt-Bergmann. –
Stuttgart: Thorbecke, 1999
 (Blätter der Rilke-Gesellschaft: Bd. 22)
 ISBN 3-7995-2151-8

© 1999 by Jan Thorbecke Verlag GmbH & Co., Stuttgart
Alle Rechte vorbehalten. Ohne schriftliche Genehmigung des Verlages ist es nicht gestattet, das Werk unter Verwendung mechanischer, elektronischer und anderer Systeme in irgendeiner Weise zu verbreiten. Insbesondere vorbehalten sind die Rechte der Vervielfältigung – auch von Teilen des Werkes – auf photomechanischem oder ähnlichem Wege, der tontechnischen Wiedergabe, des Vortrags, der Funk- und Fernsehsendung, der Speicherung in Datenverarbeitungsanlagen, der Übersetzung und der literarischen oder anderweitigen Bearbeitung.

Dieses Buch ist aus säurefreiem Papier hergestellt und entspricht den Frankfurter Forderungen zur Verwendung alterungsbeständiger Papiere für die Buchherstellung.

Gesamtherstellung: druckhaus köthen GmbH
Printed in Germany · ISSN 1010-3597 · ISBN 3-7995-2151-8

Inhalt

Hansgeorg Schmidt-Bergmann
    Zum vorliegenden Band.. 7

RILKE IN SPANIEN

Anna Lucia Giavotto Künkler
    Spanien als Erscheinung, Vision, Unmöglichkeit und Aufgabe:
    Rilke auf dem Weg zur Vollendung der Duineser Elegien......... 11

Pablo Villadangos
    Die spanische Malerei bei Rilke. Eine ständige Präsenz........... 25

Jaime Ferreiro Alemparte
    Das Marien-Leben von Rainer Maria Rilke im Lichte der hagio-
    graphischen spanisch-deutschen Quelle. P. Ribadeneira; J. Hornig:
    Der Flos Sanctorum/Die Triumphierende Tugend................ 49

Federico Bermúdez-Cañete
    Der Einfluß Rilkes auf einige spanische Dichter.................. 71

Jaime Santoro de Membiela
    Zur Rezeption Rilkes in Galicien............................... 79

VERMISCHTES

Manfred Koch
    Rilke und Hölderlin – Hermeneutik des Leids................... 91

CURIOSA

Eberhard Axel Wilhelm
    Wohnte Rainer Maria Rilke im Reid's Hotel Madeira?............ 105

Rose-Maria Gropp
    Duineser Zerstreuungen: Es war ein Rilke im Stuhle............. 109

MITTEILUNGEN

Lorenz Jäger
    Oswalt von Nostitz ist gestorben 113

Maria Teresa Dias Furtado
    Rilke in Lissabon: Interdisziplinäres Kolloquium zu seinem 70. Todesjahr 115

Elmar Locher
    Robert M. Scherer illustriert Gedichte Rainer Maria Rilkes 116

REZENSIONEN

Thaddäus Mikolajczyk
    Stefan Schank: Kindheitserfahrungen im Werk Rainer Maria Rilkes: Eine biographisch-literaturwissenschaftliche Studie. St. Ingbert 1995   119

Thaddäus Mikolajczyk
    Rilke heute. Der Ort des Dichters in der Moderne. Frankfurt am Main 1997 122

BIBLIOGRAPHIE

Stefan Schank
    Rilke-Bibliographie für das Jahr 1995 129

Zum vorliegenden Band

Aus Venedig schreibt Rilke am 5. September 1912 an Sidonie Nádherny:

> Denn: wenn ich schon ans Schauen denken mag, so mein ich innerlich immer Toledo nöthig zu haben, Greco ..., auf ihn fühlt ich mich durch mancherlei, nicht zuletzt durch meine schweren Zeiten, und durch Cézanne und durch Venedig und durch Avignon vorbereitet.

Nur zwei Monate später kann Rilke seine Ankunft im Hotel Castilla in Toledo vermelden, er berichtet auch, daß er jetzt, am Ort Grecos selbst ihn »ganz anderswo innerlich einzuordnen« beginne. In Rilkes ästhetischer Topographie nimmt das Spanien El Grecos einen gewichtigen Raum ein, seine Bilder stehen mit am Beginn seines Interesses an der Kultur der iberischen Halbinsel und die Imagination seiner Landschaften ist es, die ihn die Aufhebung ersehen läßt von seiner inneren Krise, von der er insbesondere in seinen Briefen an Lou Andreas-Salomé aus Toledo, Sevilla und Ronda berichtet. Er fühlt sich dann auch aus der »Stumpfheit« gerissen und bereit für »eine weitere Beteiligung am endgültig Daseienden«, wie er im Dezember in einem Brief aus Ronda schreibt. Rilkes spanische Reise bildet den thematischen Schwerpunkt des vorliegenden Bandes, der zurückgeht auf die Beiträge der Rilke-Tagung in Ronda 1995. Gefragt wird nach der Bedeutung von Rilkes Annäherung an die spanischen Kulturräume, nach den Spuren in seinem Werk, aber auch nach der Wirkung Rilkes in der spanischen Literatur. Es sind Annäherungen, gerade hier, erste Ergebnisse, die vorgestellt werden, Hinweise, die aufgenommen werden, um den Kulturtransfer noch genauer aufzeigen und damit den Ort zukünftig präziser bestimmen zu können, den Rilke in der europäischen Moderne einnimmt. Die Perspektiven, die sich hier andeuten, zeigen aber auch fragmentarisch bereits die intensive Auseinandersetzung mit Rilke und deuten seine Wirkungsgeschichte in Spanien wenigstens an.

Die Rilke-Gesellschaft mußte 1997 Abschied nehmen von zwei Mitgliedern, die in den letzten Jahrzehnten für das Andenken von Rilke und für die Forschung über ihn entscheidend gewesen sind. Am 12. August 1997 verstarb der Diplomat, Übersetzer und literarische Vermittler von europäischem Rang, Oswalt von Nostitz, der uns gegenwärtig hielt, was dieses Jahrhundert an kulturellen Verlusten zu verantworten hat. Am 10. Dezember 1997 verstarb Ingeborg Schnack. Ihren Lebensweg und ihre Bedeutung für die Rilke-Forschung haben wir im Band 21 anläßlich ihres hundertsten Geburtstages würdigen können.

Dem Andenken von Ingeborg Schnack ist dieser Band der »Blätter der Rilke-Gesellschaft« gewidmet.

Hansgeorg Schmidt-Bergmann

RILKE IN SPANIEN

»... und schließlich, als bedeutendstes
Ereignis nach Rußland und dem
unerschöpflichen Paris: Spanien,
von Toledo aus ...«

ANNA LUCIA GIAVOTTO KÜNKLER

Spanien als Erscheinung, Vision, Unmöglichkeit und Aufgabe: Rilke auf dem Weg zur Vollendung der Duineser Elegien

Rilkes Aufenthalt in Spanien dauerte vier Monate, von Anfang November 1912 bis Ende Februar 1913. Die Begegnung mit Toledo und Ronda erweckte in ihm so starke Eindrücke, daß sie unmittelbar und durch Jahre hindurch auf ihn gewirkt haben. Wenn man seine Briefe betrachtet, muß man mit der Überzeugung Walter Falks[1] und Jaime Ferreiro Alempartes[2] übereinstimmen, daß die Zeit der Erwartung, die in ein Vorgefühl mündete, aufmerksames Studium verdient.

Man entdeckt Bedürfnisse und Hoffnungen, Fragen und Fragerichtungen, die in Spanien Erfüllung und Antwort gefunden haben.

Ich beschränke mich hier darauf, zwei Aspekte dieser Erwartung herauszustellen, die mir die entscheidenden zu sein scheinen. Rilke selbst hebt sie einen Monat vor seiner Ankunft in Spanien in einem Brief an seinen Verleger Anton Kippenberg vom 2. Oktober 1912[3] hervor: 1. der Wunsch, seine Kenntnis von El Greco in Bezug auf Toledo weiter zu vertiefen; 2. das Verlangen nach einer Reise, die – wie einst die russische – von Bedeutung für den Fortschritt seiner Kunst sein und seine Ausdruckskraft erweitern könnte.

Daß Rilkes Wunsch, Spanien zu besuchen, auf die römischen Tage, in denen er den »Malte« begann, zurückgeht, bekennt er selbst in dem obigen Brief. Aber erst seit Herbst 1908, nachdem er im Salon d'Automne Grecos Bild »Vista de Toledo« gesehen hatte, begann er, sich damit intensiver zu beschäftigen. Es gelang ihm, aus dem Bild Züge der Natur Toledos herauszulesen, die sich in der späteren Reise bestätigen.

Drei Briefe von 1908 und 1911 enthalten Beschreibungen von Grecos Toledo-Gemälden, in denen ein neuer Umgang mit dem Maler und ein Vorgefühl für die Stadt leicht erkennbar werden. In dem ersten vom 16. Oktober 1908[4], über die »Vista de Toledo«, schildert er Rodin, daß dort die von der Natur umgebene Stadt vor dem Hintergrund eines dunklen Gewitterstorms dargestellt sei, der, eben abebbend, den Blick auf die grünen blassen Wiesen hinter den Bäumen wie auf »Schlaflosigkeiten« freigibt:

> Un fleuve étroit sort sans mouvement de l'amas de collines et menace terriblement de son bleu-noir et nocturne les flammes vertes des buissons. La ville epouvantée et en sursaut se dresse dans un dernier effort comme pour percer l'angoisse de l'athmosphère. Il faudrait avoir de tels rêves.

Diese Beschreibung der Natur und der Stadt hat schon die Züge einer inneren Landschaft, eines Traumbildes. Im zweiten Brief vom September 1911 an die Fürstin Marie von Thurn und Taxis ist der »Laokoon« von Greco beschrieben. Das Ringen Laokoons und seiner zwei Söhne mit den Schlangen findet auf den Hügeln vor Toledo statt, während die Stadt, »wie wissend von diesem Schauspiel«[5], »bleich von dem Schein der hinter ihr hinstürzenden Himmel«, an jener Verzweiflung teilhat. In einem anderen Brief an Mathilde Vollmoeller vom 20. Dezember 1911, in dem dasselbe Gemälde in ähnlicher Weise beschrieben wird, lesen wir über diesen Maler: »Seine Fähigkeit, einen Gegenstand hinzureißen, über sich hinaus –, schlug mir daraus wie eine Flamme entgegen«[6].

Wenn man sie näher betrachtet, zeigen die beiden letzten Briefe Vorahnungen und Schritte in eine Richtung, die sich erst in Toledo plötzlich in einen »Sturz in den Weg« verwandeln werden: a) In der stummen Teilnahme der Stadt am tragischen Schauspiel von Laokoon setzt sich in gewissem Maße die stille Beziehung zwischen den Dingen fort, die Rilke Rußland sehen gelehrt hatte. In seiner Auffassung der Lage der Stadt und ihrer Teilnahme jedoch ist schon eine Variante davon zu spüren, die sich in Spanien groß ins Ekstatische steigern wird. b) Indem er in El Greco die »Fähigkeit, einen Gegenstand hinzureißen, über sich hinaus« bewundert, kommt ihm schon, ohne daß es ihm deutlich wird, seine Zukunft entgegen. Auch in dieser Richtung wird Spanien einen Fortschritt bringen.

Nun der zweite Grund der Reise: das Bedürfnis Rilkes nach einer einschneidenden Erfahrung, von der er Verwandlung und neue Ausdruckskraft erwartete. Die beiden ersten Elegien, die Anfang 1912 in Duino entstanden waren, lehnten sich noch an die »hohle Form«[7] (als Gußform) des »Malte« an. Aus jener Leere heraus wird der Zugang zu »Übermaßen« möglich, die vor allem Übermaße des Verlustes, des Abschieds, der Krankheit, des Todes und der Angst waren; bei der Aushöhlung war die Arbeit am »Malte«, die er später der eines Bergmannes gleichsetzte[8], nach der Wahrheit des Gesteins verlaufen und, obwohl fragmentarisch und ex negativo, in die Richtung des Wahren vorgerückt.

Die Rückseite des Lebens jedoch, die der Dichter dort erforscht und beklagt und die er nur da und dort, im Formen »reiner Dinge« bewältigt hatte, führte ihn, nach Abschluß des Romans, in eine Krise, bis zu einem Verlust des Gleichgewichts, den – wie er immer besser verstand – nur Engel hätten ausgleichen können:

> Ach, da wir Hülfe von Menschen erharrten: stiegen
> Engel lautlos mit einem Schritte hinüber
> über das liegende Herz.[9]

Der Engel der damals, wie im Hintergrund bleibend, die Auslegung des Negativen und die große Auffassung[10] ermöglicht hatte, wurde in der Folgezeit angesichts der großen Aufgabe der Elegien ausdrückbar und unentbehrlich. Nur durch seinen Halt war die Erfüllung der Aufgabe, »das Leben möglich zu machen«, noch denkbar. Um das Negative ins Positive zu wenden, waren neue Gravitationspunkte der Hoffnung, des Könnens, der Erkenntnis nötig. Der Engel der ersten Elegien öffnete sicher einen neuen Raum und gab ein neues Maß. Zu der ganzen Tragweite des elegischen Zyklus reichte aber die alte Verfassung des Dichters nicht aus.

Es fehlte ihm noch die Erkenntnis von Punkten, in denen – wie nach einem »Gesetz« – das Gestein sich dem Gleichgewicht der Sterne nähert, Gravitationspunkten, die die Abgründe des in sich gespaltenen Seienden wie gewaltige Brücken verbinden. Es fehlte ihm noch Raum zur Einheit des Ganzen. Er brauchte eine neue Landschaft, um sich innerlich zu verwandeln, eine großartige, ursprüngliche, eine kosmische Landschaft.

Neben den zwei obengenannten guten Gründen ist noch ein Hinweis auf die zentrale These Ferreiro Alempartes in seinem Buch »España en Rilke« von Nutzen, und zwar die Wichtigkeit von Rilkes wiederholten Lektüren im Lauf von zumindest zehn Jahren, des »Flos Sanctorum« des Toledaners Pedro de Ribadeneira. Daraus waren schon im Frühsommer 1908 die Gedichte »Der Stylit« und »Die ägyptische Maria«[11] hervorgegangen; daraus bezog Rilke die Kenntnis der christlichen Engellehre und andere wesentliche Themen seines Denkens. Er gewann daraus auch eine gesteigerte Sensibilität für den Heiligen, dessen Dimension – oder zumindest das, was er sich darunter vorstellte – für sein Toledo-Verständnis bestimmend wurde und zu einem wesentlichen Bezugspunkt für die Entwicklung seines Verständnisses des Menschen, des Künstlers und der Kunst.

Was für eine Überraschung Spanien für Rilke bedeutet hat, belegen seine Briefe. Er reist von München am 28. Oktober 1912 ab, macht einen Tag in Bayonne Rast, steigt in Madrid um und fährt nach Toledo weiter, wo er am Allerseelentag um zehn Uhr morgens ankommt. Am Abend desselben Tages – es war ein sonniger Tag – schreibt er einen emphatischen Brief an Marie von Thurn und Taxis, in dem sich die starken Eindrücke, die er empfangen hatte, in gültigen, klassisch zu nennenden Formulierungen niederschlugen – von impressionistischer Unmittelbarkeit und doch zugleich von gedanklicher Dichte, voll anregender Kraft und dauerhafter Bedeutung. Schon an diesem Brief kann man ermessen, was das Phänomen Toledo, seine unmittelbare Erscheinung, für ihn darstellte. Da kommt schon – wie in einem glücklichen Zusammenfall von Idee und Erfahrung – die Wendung zur Positivität der Existenz heraus, der Blick für die geheime Verbindung von Erde und Himmel, von Natur und Übernatur, von Natur und Mensch. Die Stadt wird zur lebendigen Verkörperung dieser Versöhnung, indem sie »so hinaus, so in den Raum« ist:

> Sagen können, wie es hier ist, werd ich ja nie, liebe Freundin (da ist Sprache der Engel, wie sie sich unter den Menschen helfen), aber *daß* es ist, daß es *ist*, das müssen Sie mir aufs Geratewohl glauben. Man kann es niemandem beschreiben, es ist voll Gesetz, ja ich begreife augenblicklich die Legende, daß Gott, da er am vierten Schöpfungstag die Sonne nahm und stellte, sie genau über Toledo einrichtete: so sehr sternisch ist die Art dieses ungemeinen Anwesens gemeint, so hinaus, so in den Raum –«[12].

Schon da begegnen wir den zwei grundlegenden Einsichten, die sich in einer einzigen Formel mit zwei verschiedenen Akzenten zusammenfassen: »*daß* es ist«

und »daß es *ist*«. Der erste Akzent liegt auf der unmittelbaren Kraft des *Daß-seins* der Dinge. Das Daß-sein ist verstanden als ein reines Dasein, das keines weiteren Beweises bedarf, eben so wie Rilke in Ronda die in der Landschaft unmittelbar gegenwärtige Heldenhaftigkeit erschien. Im zweiten Akzent (daß es *ist*) wird das reine *Sein* zur Evidenz gebracht. Das Sein des Menschen, die seltenen Augenblicke, in denen wir *sind*, stellt sich in der zweiten Elegie als etwas mühsam Gesuchtes und selten Gefundenes dar. Rilkes Erfahrung ist die: Toledo *ist*. Dieses gründet sich auf die Vereinigung zweier für gewöhnlich getrennt vorgestellter Momente. Das erste finden wir klar formuliert in einem Brief an Elsa Bruckmann vom 28. November:

> Die Stadt selbst ist so unmittelbar ohne eine Schicht, die sie isoliert, auf die Erde, auf die erschaffene Erde gestellt, wie auf alten Kupfern der Turm zu Babel.[13]

Das zweite Moment ist in einem Brief an Anton Kippenberg vom 4. November gegenwärtig:

> Aber dieses ragt und ragt und denkt nicht daran, irgend etwas zu erfüllen und hat seine Natur, als ob wir nicht mehr da wären.[14]

Die Stadt ist unmittelbar auf die Erde gestellt ohne eine Zwischenschicht, die sie von ihr trennte und isolierte, und zugleich steht sie »hinaus«, ragt sie in den Raum hinein. In dieser doppelten Richtung, die eine wird, *ist* Toledo.

So wird wirklich sichtbar, was im »Malte« noch nicht sichtbar werden konnte. Die auf diesen Brief folgenden Eindrücke, auch die, die er in Ronda empfing, sind nur eine Fortentwicklung dieser ersten »Erscheinung«: von dieser herkommend wird es möglich, in Ronda das heldische Dasein zu besingen, aber erst zehn Jahre später in der siebten Elegie findet das wahre Sein als Frucht der Einung dieser beiden Momente in der Preisung der Gestalt des Domes, der Säule und der Sphinx zu seinem vollendeten dichterischen Ausdruck.

Aber kehren wir noch einmal zurück zu jenem ersten Brief an Marie von Thurn und Taxis, in dem noch eine weitere wichtige Einsicht formuliert wird:

> Hier zum ersten Mal kann ich mir denken, daß man geht und Kranke pflegt, täglich durch diese Stadt durchschreitend, könnte man irgendwo einbiegen und sich in der Enge unscheinbar abgeben, so am Äußersten steht dies hier, nach außen kann man darüber nicht hinaus. Aber draußen auch wieder, kaum hundert Schritt vor dieser unübertrefflichen Stadt, müßte es denkbar sein, auf einem der unverheimlichten Wege einem Löwen zu begegnen und ihn sich durch etwas Unwillkürliches in der Haltung zu verpflichten. Zwischen diesen beiden Gebärden etwa möchte das Leben hier liegen –
> Mein Gott, wieviele Dinge habe ich lieb gehabt, weil sie etwas von diesem da zu sein versuchten, weil ein Tropfen dieses Blutes in ihrem Herzen war, und nun solls das Ganze sein, halt ichs denn aus?[15]

Das einige Beieinander von Ekstase und unscheinbarem Wirken in der Person des Heiligen, die Versöhnung von Demut und Erhabenheit mit der wilden Natur des Löwen haben für Rilke vor allem eine künstlerische Bedeutung. An diesem Passus wird recht deutlich, daß die Erscheinung Toledos mit all den Bedeutungen, die sie vermittelt, unmittelbar innere »Vision« werden und sich in Reflexion umsetzen kann (was ihm in der Ägypten-Reise nicht widerfuhr). Jetzt hingegen gewinnt alles einen präzisen Kontur, alles stimmt, und eben deshalb kann er auch sagen, daß er vom Vor-gefühl direkt zum Fühlen[16] gekommen sei. Und das vollkommene Fühlen schließt den Zusammenfall von Erscheinung und Vision ein.

Die Erscheinung nimmt auch einen breiten Raum in dem unmittelbar folgenden Brief an Marie von Thurn und Taxis ein, wo sie als etwas Außerordentliches und Überlebensgroßes dargestellt wird, das ihm »aufgetragen« sei:

»Eine Frau Himmels und der Erden« hat der Jesuit Ribadaneira (...) von der Jungfrau Maria gesagt, dies ließe sich auf diese Stadt anwenden: eine Stadt Himmels und der Erden, denn sie ist wirklich in beidem, sie geht durch alles Seiende durch, ich versuchte neulich, der Pia es in einem Satz verständlich zu machen, indem ich sagte, sie sei in gleichem Maaße für die Augen der Verstorbenen, der Lebenden und der Engel da, – ja, hier ist ein Gegenstand, der allen den drei, so weit verschiedenen Gesichtern zugänglich sein möchte, über ihm, meint man, könnten sie zusammenkommen und eines Eindrucks sein.[17]

Es ist gut, bei dieser letzten höchst aufschlußreichen Stelle zu verweilen, die bereits ein Analogon in dem Brief an Pia di Valmarana hat und in zwei anderen nachfolgenden Briefen aus Ronda an Eva Cassirer[18] und Helene von Nostitz[19] erneut auftaucht. Es handelt sich um eine Stelle von außerordentlicher Wichtigkeit für das Verständnis der künstlerischen Offenbarung, die Toledo für Rilke darstellte und für den Einfluß dieser Erfahrung auf die Elegien. Nach der Toledo-Erfahrung konzentriert sich Rilkes Interesse auf drei – wie er selber sagt – sehr verschiedene »Gesichter«, die in einem Punkt zusammenfinden: das der Lebenden, der Toten und des Engels. Die Versöhnung des Gesichts des Todes mit dem des Lebens war schon die Aufgabe im »Malte« und in der ersten Elegie, was sich hier voll bestätigt. Aber was kann das Gesicht des Engels bedeuten?

Die Vision des Engels ist bei Rilke nicht einfach das Gesicht des Unsichtbaren, sondern Vision, in der das Sichtbare und sein Unsichtbarwerden im innersten Fühlen, das Äußere und das Innere, die Gestalt eines Dings und der Raum, den sie gestaltet, die Gußform und der Guß sich gegenseitig voll entsprechen. Da bedeutet die Gußform die Verwandlung des Dinges in den ihr genau entsprechenden Innenraum, in den Raum als die Bedingung seiner Möglichkeit, die Gußform des inneren Fühlens. Die Erfahrung der Untrennbarkeit von Raum und Gestalt beschränkt sich nicht nur auf die bildende Kunst, sondern umfaßt die Kunst im Ganzen, also auch die Kunstform, deren Medium das Wort ist, denn es handelt sich zugleich um das Verhältnis von Laut und Stille, von Bestimmtem und Unbestimmtem.

Die spanische Landschaft (die letzte, die ich grenzenlos erlebt habe), Toledo, hat diese meine Verfassung[20] zum Äußersten getrieben: indem dort das äußere

Ding selbst: Turm, Berg, Brücke zugleich schon die unerhörte, unübertreffliche Intensität der inneren Äquivalente besaß, durch die man es hätte darstellen mögen. *Erscheinung* und *Vision* kamen gleichsam überall im Gegenstand zusammen, es war in jedem eine ganze Innenwelt herausgestellt, als ob ein Engel, der den Raum umfaßt, blind wäre und in sich schaute. Diese, nicht mehr von Menschen aus, sondern im Engel geschaute Welt ist vielleicht meine wirkliche *Aufgabe*, wenigstens kämen in ihr alle meine früheren Versuche zusammen: aber, um die zu beginnen, Ellen, wie müßte einer beschützt und beschlossen sein![21]

Erst 1915 während des Krieges in München gelang es Rilke, diese Verbindung von Gedanken und Empfindungen zusammenzufassen und auszuarbeiten, auch wenn die entsprechende Erfahrung viel früher lag und in Toledo voll und ganz da war.

Das innere Schauen des Engels kommt aus dem Ganzen und vermag deshalb das Getrennte zu einen. Die Dinge, die dem Maß dieses Schauens standhalten, sind dauerhafter sowohl künstlerisch als auch in ihrem Sein, das vom Werk untrennbar ist. Toledo wurde für ihn zur Erfahrung eines Dings, eines Kunstdings, in dem die drei Gesichter der Toten, der Lebenden und des Engels eins wurden. Und das blieb in Rilke so, wie der oben zitierte Brief an Ellen Delp bezeugt, als eine in seinem künftigen Werk zu verwirklichende Aufgabe; eine künstlerisch schwer zu bewältigende Aufgabe nicht zuletzt deshalb, weil sie ihn immer erneut vor die unübersteigbare Grenze des Menschseins stellte. Darauf werden wir später noch einmal zurückkommen, aber erst nachdem wir einen Blick auf die Entwicklung der Beziehung Rilkes zu El Greco in Spanien geworfen haben.

Ebenso wie Rodin und Cézanne für Rilke eine grundlegende Erfahrung gewesen sind, hatte er auch in El Greco einen Lehrer und Meister gesucht. Die Toledo-Gemälde Grecos, die Rilke bereits in Dresden, in Paris und München gesehen hatte, hatten es ihm möglich gemacht, sich auf die direkte Begegnung mit dieser Stadt vorzubereiten. Aber als er selbst in dieser Stadt zu leben begann, gewann sie die Überhand über El Greco:

Greco's habe ich seither viele gesehen und einzelne mit sehr unbedingter Bewunderung: im Ganzen aber ist er natürlich nun ganz anderswo innerlich einzuordnen; bisher, wo man ihn sah, bedeutete er alles dies, für den Hierseienden geht er zunächst im Vorhandenen unter, ist nur wie eine schöne Schnalle, die die große Erscheinung fester um die Dinge zusammennimmt, *un cabochon énorme enchâssé dans ce terrible et sublime reliquaire –*.[22]

So war es im November. Im darauffolgenden Monat schrieb er aus Ronda, seine eigenen Beschreibungen Toledos kommentierend:

Sie werden an Greco denken –, ja, ja, aber *er ist drin*, es hat ihn übertrieben, nicht daß ers zu fassen bekommen hätte. Hier ist etwas, das schon die Intensität des Kunstwerks hat, insofern ich weiß nicht welche Wahrheit der menschlichen Seele darin zur Endgültigkeit gekommen ist, zur Existenz, zu einer Sichtbarkeit, von der man meint, sie müßte, *so wie sie da ist*, für den Hirten irgendeiner Ziegenheerde und für Gottes Engel, die gleiche sein.[23]

Die Stadt, so wie sie war, wurde ihm die »Darstellung des Übersinnlichen«. In ihr schien der Himmel eine Überhöhung des Irdischen. Aber damit war El Greco für ihn keineswegs bewältigt. Dessen »Himmelfahrt Mariae«, die er in San Vicente sah, beeindruckte ihn mächtig, weil im Aufschwung der Engel und ihrer sich ins Unendliche streckenden Gestalt die Erde sich in den Himmel zu verlängern schien. Und so entdeckte er jetzt, dank des »Über sich hinaus« Toledos, in den Engeln Grecos ein neues Moment:

Er [der Engel] streckt sich sinnlich ins Übersinnliche, nur das Strecken ist unaufhörlich, (...) hat seinen Anfang und entgeht in die Unendlichkeit.[24]

Diese Beschreibung, eine Tagebuchaufzeichnung aus Ronda, ist ausführlich und so prägnant wie die der »Kreuzigung«, die er am Schluß der Reise im Prado sehen sollte und die er erst ein Jahr später Benvenuta in einem Brief beschrieb.

In Ronda, wohin er am 9. Dezember wegen des milderen Klimas und einer gewissen landschaftlichen Ähnlichkeit mit Toledo übersiedelte, blieb Rilke zweieinhalb Monate im Hotel Reina Victoria wohnen. An Ronda liebte er das heldisch-ekstatische der Landschaft und die besondere Lage der Stadt, die reine und frische Bergluft und das Leben der Hirten. Dieser längere Aufenthalt machte es ihm möglich, das Erscheinungsbild Toledos noch auf spanischem Boden in sich zu bewahren und zu festigen. In Ronda schrieb Rilke Gedichte, poetische Prosastücke und nicht wenige Briefe. Faßt man auch die chronologische Folge dieser Produktion ins Auge, dann entdeckt man höchst interessante Variationen und Schwankungen, in der Sicht der Beziehung von Himmel und Erde, Sinnlichem und Übersinnlichem.

Und eben in dieser Beziehung, die für die Entstehung der späteren Elegien entscheidend ist, und in der Beziehung zu sich selbst, wird man meines Erachtens die Wurzel gewisser Gefahren und Schwierigkeiten suchen müssen. Wenn die spanischen Eindrücke ihre Früchte erst nach einem langen Reifungsprozeß gezeitigt haben, dann sind es die Duineser Elegien, in denen die Schwierigkeiten bewältigt und zu echten Stärken wurden. Zunächst mußte sich Rilke darauf beschränken, die unmittelbaren Gefahren zu bannen und das gelang ihm.

Die ekstatische Fülle der Eindrücke und die spanische Landschaft steigerten in ihm die Spannung des Über-Sich-Hinausgehens bis zu einem Grade, der sein inneres Gleichgewicht bedrohte. Auf der einen Seite schien die Welt sich von ihm zu entfernen, ihm »über die Maaße«[25] fremd zu werden (wie ihm das schon in Ägypten widerfahren war), auf der anderen Seite hatte er größte Mühe, sein Herz[26], sein ganzes Selbst, im Zaum zu halten. Schon in dem Gedicht »Perlen entrollen...«[27] hatte er die starke »Schließe« einer Geliebten beschworen. Jetzt in Ronda, das Wunder des Mandelbaums vor Augen, der im Januar blühte, glaubte er in jenen Blüten die Seligkeit selbst verkörpert zu sehen, nicht nur eine ihrer Metaphern; ein Bild der unmittelbaren »Imitatio«, das Geheimnis der Heilung.

Aber schon wenige Tage darauf bemerkte er etwas Beunruhigendes in dieser Erfahrung, aber mit einer luziden Bewußtheit, die sicherlich für ihn von Vorteil gewesen ist:

> Sein Geschehen war schon draußen, stand in den überzeugten Dingen, mit denen die Kinder spielen und ging in ihnen zu Grund. (...) Wenn er (...) vor den Mandelbaum trat, der in seiner Blüthe war, so erschrak er dennoch, es so völlig dort drüben zu finden, ganz übergegangen, ganz dort beschäftigt, ganz fort von ihm; und er selber nicht genau gegenüber und zu trübe, um dieses sein Sein auch nur zu spiegeln. Wäre er ein Heiliger geworden, so hätte er aus diesem Zustand eine heitere Freiheit gezogen, die unendlich unwiderrufliche Freude der Armut (...). Er aber hatte sich nicht rein geschält, hatte sich aus sich herausgerissen und Stücke Schale mit fortgegeben, oft auch sich (...). So sah er dem Abfall gleich und war im Weg, – soviel Süße auch in ihm gewesen sein mochte.[28]

In solcher Ekstase waren sein waches Bewußtsein und sein Selbst gefährdet. Lou Andreas-Salomé, der er diese Aufzeichnung übersandte, verstand das sehr wohl und half ihm dabei, sich wieder zu festigen. Rilke selbst wurde sich dabei der Tatsache bewußt, daß sein Drang zum Experimentieren mit sich und den menschlichen Möglichkeiten, ihn einer Gefahrenzone näherte, an der der untrügliche Spiegel des eigenen Bewußtseins sich zu trüben drohte[29]. In der achten Elegie beklagt er die Schranke, die das Selbstbewußtsein darstellt, aber er erkennt sie an als »Schicksal«, dem man nicht entgehen kann.

In den Elegien – wie auch in den Gedichten aus deren „Umkreis" – ist die Grenzlinie zwischen Subjekt und Objekt, zwischen Sinnlichem und Übersinnlichem, zwischen der vertrauten Situation des Menschseins und der Dimension des Offenen in ihrer Tiefe und zuweilen im Ganzen erfaßt, aber immer gemäß einem streng gewahrten und unverletzlichen Maß. Wo diese Grenzen überschritten werden, in seltenen erfüllten Augenblicken, da bewegen wir uns in einem Gravitationssystem höherer Ordnung. Nur der Held – und Rilke pries ihn eben in Ronda – konnte über sich hinausgehen und doch ganz er selbst sein, hinaus in der ihn selbst übertreffenden und doch erfüllenden Tat, nicht im ersten Blühen und schon gar nicht in jener der Blüte eigenen narzistischen Selbstliebe.

In den drei Gedichten, die er in Ronda geschrieben hat, der »Spanischen Trilogie«, der »Himmelfahrt Mariae« und »An den Engel«, ist in verschiedener Weise dieses Bewußtsein der Grenzlinien gegenwärtig: in der Figur des Dichter-Hirten der Trilogie stellt sich das Offene dar, und in ihm gewahren wir zugleich in hohem Maße die Grenze angesichts der Überfülle der auf ihn eingeströmten Bilder; in »Himmelfahrt Mariae« sind die Grenzen zwischen Erde und Himmel präzise gezeichnet und unübersteigbar und können nur durch die Milde der Gestalt Marias und der Dinge, die ihr nahe sind, überstiegen werden; in dem Gedicht »An den Engel« ist es schließlich dem Licht des Engels zu verdanken, daß die Grenze zwischen der reinen und unfaßlichen Nacht und den uns als Irdischen zugehörigen Hindernissen unterscheidbar wird.

Trotz all des Reichtums an neuen Erfahrungen, die Rilke bei seinem Spanien-Aufenthalt zuteil wurden, wurde ihm klar, daß er noch eine tiefe Wandlung[30] vollziehen mußte. Schließlich erfuhr er das ekstatische Zuviel als eine störende Unterbrechung der ruhigen Momente, deren er bedurfte[31]. Aber das, was er schon erfaßt und ergriffen und was sich in ihm gesammelt hatte, für andere und höhere Reifungen, das war noch eine *Aufgabe*.

Was war es, das er im staunenden Verweilen vor der Vollendung Toledos bereits ahnte? War es gar seine eigene Zukunft? Oder war es die wahre Dimension des Menschseins? Vermutlich hatte er so etwas wie ein urbildliches und unerschöpfliches Muster dessen erkannt, was er in den Elegien zu verwirklichen gedachte, ein Ziel, das er noch in weiter Ferne wußte, das ihn aber wie in einer wunderbaren Vorbestimmung anzog.

Das Wesentliche an dieser prophetischen Antizipation läßt sich etwa so zusammenfassen: die Nähe der Extreme wie die des Dings und des Heiligen, der Natur und des Engels; das Ding (Toledo), geschmiedet in einer Dimension der Wiederauferstehung[32], geschmiedet also, um den Tod zu überdauern, dessen »Geschehen« an der Bewegung und an der Verwandlung der Wolken teil hat; die mögliche Übersetzbarkeit des Außen in das Innen und umgekehrt, bis zur Erreichung einer künstlerischen Vollendung in einer allumfassenden Einheit gerechtfertigt – alles wie es ist, gemäß also seinem anfänglichen Geschaffensein (Genesis).

Das *Ding*, so wie er es in verschiedener Weise bei Rodin und Cézanne kennengelernt hatte, bestätigte sich hier und gewann zugleich die Kraft, in sich die Extreme der Natur und des Engels zusammenzubinden. Das Außen vermochte, nach innen gehend, sich ins Unendliche zu strecken und des Unsichtbaren teilhaftig zu werden, und das Innen vermochte sich ins Sichtbare zu verwandeln, indem es verschiedene Gesichter in einem Punkt sammelte wie in einem totalen Durchgang durch alles Seiende. Die Erweiterung des Seins und des Bewußtseins, die schon Rilkes Ziel im »Malte« gewesen war, schloß auch die Verinnerlichung des Todes in sich ein. Die beiden Wege der Verinnerlichung kommen jetzt zusammen und gewinnen in sich ihr eigenes Maß. Sie vermochten dem Dargestellten eine *Endgültigkeit* und eine Wahrheit zu gewähren, will sagen, die neuen Dinge und ihren Kontext ins »Überlebensgroße« zu steigern.

Es handelt sich nun darum zu sehen, wieviel von dieser Spanien-Erfahrung in die Vorbereitungszeit auf dem Weg zu den Elegien, wenn nicht gar in einige Elegien selbst eingegangen ist.

Rilkes Weg zu den Elegien ist ein langer, zumindest zehnjähriger Weg. Der Einfluß Spaniens auf diesen Weg ist nicht vollständig sichtbar, aber die Gedichte aus Ronda machen es uns möglich, Wegmarken zur späteren Reifung abzustecken. In der »Spanischen Trilogie« ist das Gewicht der neuen Aufgabe, die Rilke vor sich sah, und die Unmöglichkeit, ihr unmittelbar zu entsprechen, klar greifbar. In den Schlußversen spricht sich der Wunsch des Dichters aus, sein »wehendes Nachtlicht« in den Mantel des Hirten zu hüllen, damit dieser, groß in den

Raum der Natur gestellt, es berge. Da will der Dichter das Unmögliche, und doch ist darin das Gefühl der Aufgabe lebendig, Außen und Innen, Himmel und Erde ineinander zu führen. In dem Gedicht »An den Engel« »wird die Nacht genau«, und der Engel, wie die Nacht am Frühlingspunkt, gibt heilend das genaue Maß der Tage. Die beiden ersten Strophen verweisen auf die späteren »Gedichte an die Nacht«, die dritte könnte einen Bezug auf den Schluß der dritten Elegie haben, in dem die Geliebte mit dem Gewicht und Maß ihres Tagwerks der Zeit das rechte Gleichgewicht wiedergibt. Aber was diesen Punkt anbelangt, gehen die Deutungen auseinander.

Der Einfluß Spaniens auf die sechste Elegie ist recht deutlich. Der Held, den sie besingt, ist das geologisch-kosmische Geschöpf par excellence. Vom Tode genährt und im Handeln sich immer vorweg, singt ihn der stürmische Wind der Zukunft und des Schicksals; er scheint geformt aus der tonroten Erde Spaniens und erinnert an die Lage Rondas auf dem Felsenkamm.

Das Thema und die Konzeption stammen sicherlich aus dem »Cornet« (1899–1906), tauchen in den Reflexionen über Maurice de Guérin (1911) erneut auf, aber erst jetzt sind sie verwandelt. In diesem Helden vereinen sich Leben und Tod, Erde und Himmel, Daß-Sein und Sein. Sein Aufgehen ist nicht bloßes Erscheinen, sondern ein Sein: »Sein Aufgang ist Dasein«. Es ist bezeichnend, daß der Held, der ganz auf die Frucht gerichtet ist, die seine eigentliche Tat ist, immer schon über die Blüte hinaus ist. Er ist das Gegenteil von Narziß, und eben deshalb *ist* er. Er schließt in sich die Kraft des Sich-Vorwegseins und einen Schwung »ohne Eigennutz«, dank dessen seine Taten sich über die Erde hinausschwingen und sich in eine Sternenordnung hineinschreiben. In dieser Elegie stellt sich die Erde als uralte und doch unversehrte Kraft und der Himmel als Zukunft und geschichtliche Bestimmung dar. Himmel und Erde liegen nicht im Streit, sondern gebären im Helden ein fruchtbares Gleichgewicht irdischer und sternischer Gravitationsgesetze.

In mehreren Gedichten der folgenden Jahre, die in den »Umkreis der Elegien« gehören, aber auch in anderen verstreuten Gedichten, könnten wir Spuren einer Ausarbeitung der Spanien-Erfahrung entdecken. Das wichtigste unter ihnen, was die Folgen für die Elegien betrifft, scheint mir das Gedicht »Wendung« zu sein (Paris, 1914). Die Einsicht, die da zutage tritt, setzt den Briefwechsel mit Benvenuta voraus[33], in dem sich frühere Erfahrungen des Dichters läutern. Die Gewißheit aber, daß eine Wendung von der Überspannung des transzendentalen Sehens zu einer neuen Ruhe und Langmut notwendig ist, um die »gefangenen« Bilder im Element der Liebe und des Herzens reifen zu lassen, entspringt nicht zuletzt der Bewältigung der Gefahren eines Zuviel an Vision. Zuweilen stoßen wir auch in den Briefen bis 1915 auf eine eingehende Reflexion der Spanien-Erfahrung; danach scheinen sich die Spuren, wohl unter dem Eindruck des Krieges, ins Unbewußte zu verlieren, wo ihre Reifung erst recht fortdauern kann. Jetzt möchte ich versuchen, einige mögliche Wirkungen der Spanien-Erfahrung auf die späteren Elegien anzudeuten. Es versteht sich von selbst, daß die Konsequenz des Weges und der Wegrichtung nur von ihrem Endpunkt her sichtbar werden kann.

Wenn wir die Elegien von 1912 mit den nachfolgenden vergleichen, dann scheint mir, daß in den letzteren sich eine stärkere Tendenz zur Visualisierung durchsetzt, sowohl der Landschaft als auch dessen, der sie durchmißt; ein Durchgang durch alles Seiende, der verschiedene Perspektiven eint. Eine vollendete Visualisierung der Landschaft finden wir nur im zweiten Teil der zehnten Elegie, aber ansatzweise auch im ersten Teil der siebten und der achten. Der rote Faden der zwei ersten Elegien ist allein die verborgene Frage nach dem Sein des Menschen, aber das, was ihren Bau im Grunde trägt, ist der Engel als eigentlicher Konfrontations- und Bezugspunkt. In der sechsten hingegen ist der Protagonist, der die Bewegung des Ganzen trägt und durch es hindurch geht; in der fünften sind es die Fahrenden, und in der zehnten sind es die Klagen und der junge Tote, die den roten Faden des Ganzen ausmachen. Erst in dieser letzten Elegie reift die Sichtbarkeit zu vollendeter plastischer Gestalt.

In der siebten Elegie ist – meines Erachtens – der Träger ganz einzigartig. Da scheint der gemeinsame Nenner der Schrei, der sich von den Vögeln des Anfangs über die Liebenden und den Dichter fortsetzt, der aus dem Raum der Erinnerung ruft und den Vergleich des »spannenden Drangs« des Zeitgeistes mit dem »strebenden Stemmen« des Doms der Vergangenheit möglich macht, um schließlich im Bilde des ausgestreckten Arms mit der offenen Hand auszuklingen. Ebenso geht der Schrei durch alles Seiende hindurch, wie der junge Tote der zehnten Elegie durch die verschiedenen Stufen des Leids hindurchgeht.

Das Ineinander der Gesichter des Lebens und des Todes ist in allen Elegien präsent. Man könnte sagen, daß in der vierten Elegie (wenn wir an das Spiel der vom Engel »hochgerissenen« Puppen denken) und in den Schlußversen der fünften das Zusammengehen der Gesichter der Toten und der Lebenden den Blick auf eine Dimension öffnet, die fast schon ins Unsichtbare reicht und vielleicht noch über die Toledo-Erscheinung hinaus geht, auch wenn sie dieser ganz sicher ein Gutteil ihrer visionären Kraft verdankt.

In der neunten Elegie schließlich befreit sich die Fähigkeit der schlichten und »schuldlosen« Dinge zu sich selbst; sie vermögen die Erde zu repräsentieren, ihr verborgenes Wesen, ihr Gesicht im Angesicht des Engels zu werden. All dies kommt von weither: die larischen Dinge Rußlands, die Dinge Cézannes, der Heilige, den er in Toledo hineinsieht, die Erdhaftigkeit Mariens in der »Himmelfahrt Mariae«. Sie trägt die Erde dem Himmel zu und stillt mit ihrer erdhaft-himmlischen Milde die noch kleinen Himmel der Erde, mäßigt mit ihrer Erdhaftigkeit die Sehnsucht nach dem Himmel und den Schmerz des Dichters für sein Ungenügen, und doch ist es die Minderung, die in dieser Milde liegt, die den Himmel im Herzen der Hierbleibenden wachsen läßt. Man darf vermuten, daß eben dieser Weg von Rußland über Cézanne und Toledo schließlich in den Dingen der neunten Elegie seine Vollendung gefunden hat. Auf diesem Weg stellt Spanien sicherlich nur eine Phase dar, eine wichtige, die neue Horizonte öffnet, aber sich in die Kontinuität des vorausgehenden Werkes bruchlos einfügt:

Wieviele Dinge habe ich lieb gehabt, weil sie etwas von diesem da zu sein versuchten, weil ein Tropfen dieses Blutes in ihrem Herzen war.

1 Walter FALK, Rilkes Spanische Reise, in: Spanische Forschungen der Görres Gesellschaft, I. Reihe: Gesammelte Aufsätze zur Kulturgeschichte Spaniens, 14. Bd., S. 210–240.
2 Jaime FERREIRO ALEMPARTE, España en Rilke, Madrid 1966, S. 25–115.
3 Rainer Maria RILKE, Briefe an seinen Verleger (R-Kipp). Neue erweiterte Ausgabe. Hg. von Anton KIPPENBERG und Ernst ZINN, 2 Bde, Wiesbaden 1949, I, S. 179.
4 R. M. RILKE, Briefe aus den Jahren 1907 bis 1914. Hg. von Ruth SIEBER-RILKE und Karl SIEBER, Leipzig 1933, S. 62.
5 An Marie v. Thurn u. Taxis, 27.9.1911, in: R. M. RILKE–M. v. THURN u. TAXIS, Briefwechsel, (R-Taxis), 2 Bde, Frankfurt a. M. 1986, I, S. 70.
6 In: Ingeborg SCHNACK, R. M. Rilke, Chronik seines Lebens und seines Werkes (Chr.), 2 Bde, Frankfurt a. M. 1975, I, S. 389.
7 Über den »Malte« als »hohle Form« siehe den bekannten Brief an Lotte Hepner vom 8. 11. 1915, R. M. RILKE, Briefe (Br.), Hg. v. Rilke-Archiv in Weimar. In Verbindung mit Ruth SIEBER-RILKE besorgt durch Karl ALTHEIM, Wiesbaden 1950, S. 510–511; über die ersten Elegien im Hinblick auf ihren Ursprung aus der Gußform des »Malte« siehe: Anna Lucia GIAVOTTO KÜNKLER, Una città del cielo e della terra. Le Elegie duinesi di R. M. Rilke, Genova 1990, S. 31.
8 Brief an Benvenuta vom 4. 12. 1914, in: R. M. RILKE, Briefwechsel mit Benvenuta (R-Benv). Hg. von Magda von HATTINBERG. Vorwort und Anmerkungen von Kurt LEONHARD, Esslingen 1954, S. 28.
9 An Marie v. THURN u. TAXIS, 12. 7. 1912, R-Taxis, I, S. 172.
10 27. 12. 1913, ebd., S. 344 f.
11 Der neuen Gedichte anderer Teil, in SW I, S. 579–581.
12 2. 11. 1912, R-Taxis, I, S. 218.
13 28. 11. 1912, Br., S. 378.
14 4. 11. 1912, R-Kipp, I, S. 186.
15 2. 11. 1912, R-Taxis, I, S. 219.
16 4. 11. 1912, R-Kipp, I, S. 185.
17 13. 11. 1912, R-Taxis, I, S. 226 f.
18 11. 1. 1913, zit. aus Ferreiro Alemparte, a. a. O., S. 451.
19 Dezember 1912, in: R. M. RILKE–Helene von NOSTITZ, Briefwechsel (R-Nostitz), Hg. von Oswalt von NOSTITZ, Frankfurt a. M. 1976, S. 38.
20 Unmittelbar vorher legt er dar, wie die »Arbeit *nach der Natur*« (kursiv v. d. Verf.) ihn gelehrt hatte, daß das Fühlen des Seienden (des Dings, das sich ihm hingab) eine hohe *Aufgabe* darstellte, ein Fühlen, das von ihm forderte, das Ding gemäß einer inneren Entsprechung zu »verwandeln«, d. h. in sich wiedererstehen zu lassen.
21 An Ellen Delp, 27. 10. 1915, Br., S. 509 f. (kursiv v. d. Verf).
22 An Marie v. Thurn u. Taxis, 13. 11. 1912, R-Taxis, I, S. 229.
23 Wie Anm. 19 (kursiv v. d. Verf.).
24 Ronda, kurz nach dem 14. 1. 1913, Tagebuchaufzeichnung, in: Materialien zu R. M. Rilkes Duineser Elegien (Mat.), Hg. von Ulrich FÜLLEBORN und Manfred ENGEL, 3 Bde, Frankfurt a. M. 1980, I, S. 80.
25 An Marie v. Thurn u. Taxis, 17. 12. 1912, R-Taxis, I, S. 245.
26 »...nun ists als wäre mein Herz um Meilen hinausgerückt...« (ebd., S. 248).
27 Venedig, Anfang Juli 1912 – vollendet Ende 1912 in Ronda, SW II, S. 42.

28 An Lou Andreas-Salomé, 6. 1. 1913, in: R. M. RILKE–Lou ANDREAS-SALOMÉ, Briefwechsel (R-Lou), Hg. von Ernst PFEIFFER, Frankfurt a. M. 1975, S. 279.
29 Drei Monate nach dieser Erfahrung schreibt Rilke in Paris zwei Gedichte über Narziß (SW II, S. 56 f.). Das zweite Gedicht scheint eben diese Erfahrung des Mandelbaums vorauszusetzen: »Doch alle meine Grenzen haben Eile, / stürzen hinaus und sind schon dort.« Die Mitte des Narziß, sein eigenes Selbst, entgleitet ihm: »Nachgiebige Mitte in mir, Kern voll Schwäche, / der nicht sein Fruchtfleisch anhält. Flucht, o Flug / von allen Stellen meiner Oberfläche«, und er möchte es greifen und genießen. Hat das vielleicht seine Entsprechungen, wie wohl in einem sehr weiten Sinne, in dem, was er von sich als Künstler forderte in einer Art »Imitatio« der Heiligkeit, deren Ansturm aber, statt in Gott zu münden, sich an seinem Selbst bricht und ihn in die Höhe trägt, wie er in einem Briefentwurf an Kassner vom Januar 1912 (Chr., S. 394) schreibt? Vgl. dazu A. L. GIAVOTTO KÜNKLER, a. a. O., S. 158–160 und 186.
30 Vgl. die bekannten Passagen in den Briefen an M. von Thurn u. Taxis (17. 12. 1912, R-Taxis, I, S. 247 f.) und an Lou (19. 12. 1912, R-Lou, S. 273 f.), wo er Angela da Foligno zitiert.
31 An Katharina Kippenberg, Paris 27. 3. 1913 (Mat., I, S. 83 f.).
32 Siehe die Briefe an Rodin (9.11.1912, zit. aus Ferreiro Alemparte, a. a. O., S. 389), an Pia di Valmarana (15. 11. 1912, ebd., S. 445) und an Sidonie Nádherný von Borutin (26. 11. 1912), in: R. M. RILKE–Sidonie NÁDHERNÝ VON BORUTIN, Hg. von Bernhard BLUME, Frankfurt a. M. 1973, S. 165 f.
33 »Plötzlich in Ronda (...) wurde mirs klar, daß mein Sehen überladen war ...« (an Benvenuta, 26. 1. 1914, R-Benv, S. 18).

PABLO VILLADANGOS

Die spanische Malerei bei Rilke.
Eine ständige Präsenz

Rilkes Interesse an den bildenen Künsten ist ein Bedürfnis, das mit einer parallelen existentiellen Problematik eng verbunden ist. Was die spanische Malerei betrifft, ist seine Passion für El Greco bekannt. Rilkes Kenntnis der spanischen Malerei blieb bisher jedoch weitgehend unberücksichtigt, obwohl man ihre Spuren in seinen Schriften und seinen Gedichten von früher Zeit an finden kann.[1]

Tatsächlich schrieb Rilke Ende 1894, als er noch nicht 19 Jahre alt war und in Prag sein Abitur ablegte, ein kurzes Dramolett (Rilke nennt es ein »Psychodrama«), das dem spanischen Maler Murillo gewidmet ist. Das Psychodrama, dessen Titel »Murillo« ist, wurde im Januar 1895 in der Zeitschrift »Psychodramenwelt« veröffentlicht (SW III, 97–100). Bisher ist dieser frühe Hinweis auf die spanische Kultur fast unbeachtet geblieben.[2] In dem Drama findet ein verarmtes Paar einen bewußtlosen Mann vor seiner bescheidenen Wohnung auf. Das Paar erbarmt sich des Fremden, nimmt ihn in sein Haus auf und legt ihn ins Bett. Nachdem der Mann wieder zu sich kommt, bittet er seine Gastgeber, schnell einen Priester zu suchen, da er den nahen Tod fühlt und die letzte Ölung empfangen möchte. Aber vor seinem Tod enthüllt der Fremde dem Paar seine Identität. Er nehme an, daß der Satz: »Ich bin Murillo ...« genügen wird. Aber er ist angesichts ihres Unglaubens wegen seiner armen Kleidung gezwungen, ihnen die Wahrheit zu beweisen. Murillo verfügt über kein Dokument, aber er ist sich bewußt, daß seine Kunst für sich selbst spricht; er bittet um ein Stück Kohle und zeichnet damit den Kopf Christi als Ecce Homo an die Wand, während er den erstaunten Zuschauern seinen Begriff vom Erlöser erklärt. Als er sieht, daß die armen Leute ihre Hände zum Gebet erheben, fühlt sich Murillo glücklich; jetzt kann er in Frieden sterben, weil er erfahren hat, daß die Betrachter sein Werk begriffen haben:

> Schaut her, Ihr Freunde! *Ecce Homo* – seht
> Er ists! Er trank den Leidenskelch, den herben,
> für uns! ...
> Ihr hebt die Hände zum Gebet ...
> Ihr habt mein Werk begriffen. –
> Ich kann sterben. (SW III, 100)

Der Text zeigt die Beziehung zwischen Religion und Kunst. Es scheint, daß Rilke keine klare Trennung zwischen den beiden feststellt; die religiöse Einstellung der Zuschauer scheint ihr Verständnis des Kunstwerks zu signalisieren, und dieses tiefe Verständnis gewährt dem religiösen Maler Murillo, den geistigen Frieden vor dem Tod und rechtfertigt gleichzeitig sein der Malerei gewidmetes Leben. Rilke inszeniert Murillos Tod nicht auf eine biographisch getreue Weise, obwohl es zutrifft, daß Murillo in seinem Bett, von seiner Familie umgeben, starb. Rilke verändert die Situation und inspiriert sich an der Figur eines Malers, um eine erste Konzeption von dem zu skizzieren, wonach er selbst, als angehender Künstler trachtet, das heißt, ein vollständiges Verständnis seines Werkes seitens des Publikums. Die Figur Murillos dient dem jungen Dichter als ein erstes Vorbild aus dem Bereich der bildenden Künste, mit dem er sich als Künstler identifiziert. Dieses Vorbild vereint zwei grundlegende Aspekte in der Mentalität des jungen Rilke:[3] die Kunst und die Religion.

Die Idee, die am Ende von »Murillo« formuliert wird, ist im Grunde dasselbe Streben, das Rilke später ausgedrückt hat: daß die Erlangung eines genialen Werkes die Widmung mit ganzer Seele zur Lyrik rechtfertigt und für die ganze Anstrengung entschädigt, die in der rilkeschen Konzeption der Dichtung den Schöpfungsakt begleitet.[4] Murillo agiert so als ein Modell der diffusen Ideen des jungen Rilke.[5]

Wenige Monate nach »Murillo«, genau am 18. Mai 1895, schrieb Rilke das dem spanischen Maler gewidmete Sonett »Velázquez« (SW III, 506 f.). Das Sonett ist eine exaltierte Lobpreisung des Künstlers und auch, auf indirekte Weise, Spaniens. Der Ton des Gedichts zeigt zweifellos einen hohen Grad jugendlicher Naivität und eine idealisierte Idee Spaniens. Das Gedicht entwickelt zwei Ideen; erstens ist Spanien das Land, wo »Kunst die Obmacht durfte wahren«, während der furchtbaren Periode des Dreißigjährigen Krieges. Zweitens ragt Velázquez als höchste Künstlerfigur unter den anderen Malern am Hof, die »nach Gunst und Haß stets« malten, hervor; er ist die Verkörperung des vollkommenen Künstlers: »doch groß und wahr blieb einer nur: Velásquez«. Anderseits versteht Rilke im Einklang mit den ästhetischen Begriffen des neunzehnten Jahrhunderts die gleichzeitige Suche nach Wahrheit und Schönheit als eine der grundlegenden Aufgaben des wahren Künstlers und mißt Velázquez beide Merkmale zu:[6]

> ... Hat jemals eines hehren Künstlers Hand so
> die Wahrheit mit der Schönheit zu versöhnen
> verstanden? ...

Rilke zeigt schon damals eine gute Kenntnis der klassischen spanischen Malerei, da er zwei Kunstwerke oder eigentlich zwei Genres ausdrücklich erwähnt: den »Hofnarr von Lepanto« und die »Madonna mit den Engelscharen«. Die erste Erwähnung scheint sich auf Velázquez' Porträts von Hofnarren zu beziehen, vermutlich auf »Don Juan de Austria«, auf dem der Hofnarr mit Uniform und Waffen dargestellt wird. Die zweite kann sich kaum auf Velázquez beziehen, sondern eher auf Murillo, den Meister des Madonnen-Genres. Die gewichtige Präsenz von spanischen Malern in so früher Zeit ist bedeutsam, wenn man bedenkt, daß es keine Gedichte aus dieser Zeit gibt, die Künstlern anderer Länder gewidmet sind, vom »Hochzeitsmenuett« einmal abgesehen.

Ein anderes Gedicht dieser Zeit, in dem Rilke das Thema des künstlerischen Lebens behandelt, »An den Grafen Adolf Friedrich von Schack« (SW III, 510f.), ist dem deutschen Dichter nach dessen Tod 1894 gewidmet. Graf von Schack steht in enger Verbindung mit der spanischen Kultur. Es ist wahrscheinlich, daß Rilke einige seiner Bücher während der Prager Zeit gelesen hat.[7] Dieses Gedicht ist relevant für unser Thema, weil Rilke hier seine idealisierte Anschauung vom Künstler als Genie, dem er eine offensichtlich religiöse Färbung gibt, entwickelt. Ulrich Fülleborn erklärt in seinem Buch »Das Strukturproblem der späten Lyrik Rilkes« die bestehende Beziehung zwischen den beiden Aspekten: Rilkes Einstellung zur Kunst kann von Anfang an als ein Glaube definiert werden, der die Stelle der Religion einnimmt und sie sogar ersetzt.[8] Diese andauernde Beziehung besteht auf verschiedenen Ebenen in allen Perioden der Lyrik Rilkes. Eine der wahrscheinlichen Ursachen von Rilkes Zuneigung zur spanischen Malerei, die von der Forschung erwähnt worden sind, ist sein Besuch der Dresdener Galerie. Rilke ging 1894 nach Dresden, und es gibt mehrere Zeugnisse von seinen Besuchen des Museums, darunter ein Brief in Versen an die Baroneß von Oe.[9] In der Dresdener Sammlung sah er Gemälde von Murillo, Pedro Orrente, Ribera, Juan de Valdes, Zurbaran, Velázquez und sogar ein Werk El Grecos.[10] Nach den Gedichten über Velázquez und Murillo zu urteilen, beeindruckten deren Werke Rilke am meisten. »Die Heilung des Blinden« von El Greco scheint damals keinen großen Eindruck auf Rilke gemacht zu haben, ein überraschendes Detail, wenn wir seine spätere Leidenschaft bedenken. Dieses besondere Interesse für die spanische Malerei verweist darauf, daß Rilke sich früher für Malerei zu interessieren begann, als man bisher annahm.[11]

* * *

Was bislang beschrieben worden ist, ist der Anfang von Rilkes Beziehung zur spanischen Kultur. In den folgenden Jahren hegte Rilke die Absicht, in Kunstgeschichte bei Richard Muther zu promovieren. Er wurde auch von einem anderen bedeutenden Kritiker beeinflußt: Julius Meier-Graefe.[12] Die Werke beider Kunsthistoriker basieren auf einer guten Kenntnis der spanischen Malerei, wie das berühmte Buch Meier-Graefes über El Greco belegt. Ein Brief an Lou Andreas-Salomé vom 5. September 1897 unterrichtet uns davon, daß Rilke Untersuchungen über Rembrandt und Velázquez las, und die Aufzeichnungen von Lous Tagebuch heben hervor, daß Rilke sich besonders intensiv mit der Kunstgeschichte beschäftigte.[13] Im Jahre 1900 wurde der Kontakt mit der spanischen Malerei direkter. In diesem Jahr wird Rilke zum erstenmal mit dem Werk eines anderen spanischen Malers konfrontiert, eines Zeitgenossen mit starkem Anklang an die klassische Malerei: Ignacio Zuloaga. Während einer Reise nach Berlin sieht Rilke »Die Zwergin Doña Mercedes«[14] in einer Ausstellung und zeigt sich stark beeindruckt. Im Mai 1901 sieht er mit seiner Frau Clara in Dresden weitere Bilder Zuloagas und im Februar 1902 trifft er auf mehrere Gemälde Zuloagas in einer Ausstellung in Bremen. Zurück in Paris erhält Rilke die Nachricht, daß Zuloaga ebenfalls dort sei und schickt ihm einen Brief, in dem er ihm seine Bewunderung ausdrückt und ihn um ein Zusammentreffen bittet; dieser Brief wurde wahrscheinlich im September 1902 geschrieben.[15] Jean Gebser und Jaime Ferreiro Alemparte haben die biographischen Aspekte der Beziehung Rilkes zu Zuloaga erforscht.[16] Ihre Lektüre überrascht wegen des bewundernden, ja unterwürfigen Tons, den Rilke gebraucht. Zuloaga erwiderte Rilkes Interesse auf verschiedene Weise. Eine zeitlang hegte Rilke die Absicht, eine Monographie über den spanischen Maler zu schreiben, und setzte ihn so auf dieselbe ästhetische Stufe wie Rodin und Jacobsen.[17] Dieses Buch wurde im Gegensatz zu dem Rodin gewidmeten nie geschrieben. Nach einigen schwierigen Anfängen hatte sich Zuloaga in Paris niedergelassen und wurde nach seiner Ehe mit Valentine Dethomas 1899 ein Mitglied der Pariser Künstlerszene. Zuloaga unterhielt eine langjährige Beziehung zu Rodin, die durch eine umfängliche Korrespondenz attestiert ist, und kannte viele andere Künstler, unter anderen Emile Bernard, einer seiner besten Freunde, Charles Cottet, Maurice Barrès und Anna de Noailles, mit denen auch Rilke bekannt war. Von 1900 an ist Zuloagas Werk in Europa anerkannt und bleibt nur in Spanien relativ unterschätzt.[18]

Jedoch lassen all diese biographischen Anmerkungen den wichtigsten Aspekt von Zuloagas Einfluß auf Rilke unberücksichtigt: den künstlerischen. Was seine Bedeutung für Rilkes Werk angeht, stellte Zuloaga damals das künstlerische Paradigma der bildenden Künste dar, das Rilke ins literarische Kunstwerk zu übersetzen trachtete.[19] Mit der Zeit gelang es Rilke, eine tiefere Beziehung zu Rodin aufzubauen, aber während der ersten Jahre seines Aufenthalts in Paris stand Zuloaga Rilke sehr nahe und spielte die Rolle des Vermittlers der spanischen Kultur.

Einerseits war Zuloaga ein entschiedener Bewunderer der klassischen spanischen Traditionen wie des Stierkampfes und des Flamenco-Tanzes, spanischer Bräuche, die außerhalb Spaniens am charakteristischsten und bekanntesten sind. Rilke konnte im Studio Zuloagas selbst an einem Fest mit Flamenco-Sängern und -Tänzern teilnehmen, das ihn wie die Gemälde Goyas und Zuloagas zu dem Gedicht »Spanische Tänzerin« inspirierte.[20] Aber jenseits des Volkstümlichen stellte Zuloaga[21] für Rilke die Kontinuität des malerischen Stils dar, den er bei Velázquez bewunderte. Zuloagas Malerei kann als Fortsetzung der realistischen Tradition der spanischen Malerei des siebzehnten Jahrhunderts betrachtet werden und wurde von den bedeutendsten Kritikern seiner Zeit auch so betrachtet. Gerade Richard Muther schrieb im Februar 1901 in »Die Zeit«, daß das »Bildnis von Don Miguel de S«, eines der Gemälde, die Zuloaga in mehreren europäischen Städten ausgestellt hatte, eine Neuverkörperung von Velazquez' »Pabillos von Valladolid« zu sein scheint; im selben Atemzug sagt er, daß er Zuloaga nicht mehr vergessen wird.[22] Ein Blick auf »Las Meninas« und auf die Bilder von Zwerginnen am Hof, die Velazquez malte, beweist die erstaunliche formale Ähnlichkeit zwischen den beiden. In späteren Werken entwickelte Zuloaga einen moderneren Stil, obwohl er dem Erbe von Velázquez verpflichtet blieb. Aber Zuloaga stand nicht nur in der Tradition von Velázquez, sondern verbreitete auch das Werk zweier anderer bedeutender spanischer Maler: El Greco und Goya.[23] Im Fall El Grecos trug Zuloaga zu dessen Aufwertung entschieden bei.[24]

* * *

Während zahlreiche Untersuchungen über El Grecos Einfluß auf Rilke vorliegen, hat man kaum je über seine mögliche Stellung im Werk Rilkes nachgedacht. Es gibt mindestens zwei der »Neuen Gedichte«, in denen Rilke ein spanisches, mit Goya verwandtes Motiv behandelt: »Spanische Tänzerin« (SW I, 531 f.) und »Corrida« (SW I, 615 f.). Diese Gedichte sind ohne die präzise Kenntnis einiger Charakteristika der spanischen Kultur kaum vorstellbar.[25] Es ist also notwendig zu fragen, welches die Informationsquelle ist, die Rilke die notwendigen Angaben verschaffte, um eine Stierkampfszene in einem seiner »Neuen Gedichte« darstellen zu können.[26]

Was das Gedicht »Spanische Tänzerin« betrifft, waren Rilkes Quellen von doppelter Natur. Rilke nahm am 25. April 1906 an einem Fest teil, das Zuloaga für die Taufe seines Sohnes Antonio in seinem Pariser Atelier ausrichtete.[27] Auf diesem Fest konnte Rilke den Tanz einer Flamenco-Tänzerin beobachten. Dies ist Rilkes unmittelbarste Quelle, aber damit verbunden gibt es andere, von Rilke implizit oder explizit erwähnte. So schreibt er in einem Brief an seine Frau Clara am 26. April 1906:

»eine Gitane, mit dem gewissen schwarz-bunten Tuch, tanzte spanische Tänze. Es war ziemlich viel vom Klima in dem mittelgroßen Atelier, in dem man sich drängte. (Aber die eng von Zuschauern umstandene Tänzerin Goyas war mehr.)«

Diese Stelle zeigt deutlich die Vereinigung zweier verschiedener Elemente in Rilkes Geist von Anfang an, das heißt, bevor er das Gedicht im Juni desselben Jahres schrieb: die Erfahrung des Tanzes wird durch den Vergleich der Wirklichkeit mit ihrer Darstellung in Goyas Gemälde betrachtet und modifiziert. Aber die Tatsache, daß die Tänzerin bei Zuloagas Fest Carmela hieß, wie Ferreiro bemerkt hat und wie es in einer Zeitungsnachricht dieser Zeit steht, scheint darauf hinzuweisen, daß sie dieselbe war, die Zuloaga 1902 malte, und dessen Bild »La bailarina Carmen, la gitana« (dt. Die Tänzerin Carmen, die Zigeunerin) in Paris, Düsseldorf und Bremen 1902 und 1904 ausgestellt wurde. Zu all diesen Ausstellungen ging Rilke mit der ausgesprochenen Absicht, die Werke Rodins und Zuloagas zu betrachten.[28] Der Hinweis im selben Gedicht auf die »nackten Arme«, die sich wie erschreckte »Schlangen« strecken, erinnert an die Beschreibung der Kleider jener von Zuloaga gemalten Frauen, die Rilke in einem seiner Briefe an Zuloaga festhält: »und das Spiel der Fransen, die sich verlängern und sich wie junge seidige Schlangen drehen«.[29] Warum erwähnt also Rilke Goya, wenn seine künstlerische Quelle ein Bild Zuloagas ist? Um diese Frage zu beantworten, ist es notwendig, Rilkes Gedicht zu analysieren, und seine Elemente auf Rilkes theoretische Überlegungen und seine Suche nach Beispielen für das poetische Schaffen zu beziehen. »Spanische Tänzerin« inszeniert den paradoxen Kampf zwischen dem Tanz und der Tänzerin, die ihn darstellt. Am Anfang des Gedichtes entfaltet sich der Tanz fast alleine und verwandelt sich in Feuer, das die Tänzerin bedroht. Das Gedicht beschreibt den Vorgang, durch den das Tanz-Feuer, sich in einem Kreis bewegend, von der Tänzerin gemeistert, am Ende zu Boden gerissen und gelöscht wird. Die Tänzerin gewinnt den Kampf durch ihre Fertigkeit und Grazie, das heißt, in der ästhetischen Sprache des Flamenco-Tanzes, mit ihrer Kunst:

> »Doch sieghaft, sicher und mit einem süßen
> grüßenden Lächeln hebt sie ihr Gesicht
> und stampft es aus mit kleinen festen Füßen.«

Im Auftreten der spanischen Tänzerin verbinden sich meisterhaft die Souveränität und die Grazie eines Künstlers, der seine Kunst mit Autorität und technischer Präzision beherrscht. Wie wir sehen werden, wird dieses Merkmal auch beim Stierkämpfer in der »Corrida« präsent sein. Der gemeinsame Nenner ist die Bewegung in ihrem Verhältnis zur Ruhe; in ihm vereinigen sich die Gesetze beider Zustände.[30] Und gerade diese Vereinigung zweier gegensätzlicher Kategorien im Gedicht weist auf die Bedeutung der Gemälde von Zuloaga und besonders von Goya hin, auf die sich Rilke im Brief an seine Frau bezieht. Rilkes Absicht besteht darin, die wirkliche Tänzerin, deren Tanz er einen Monat zuvor betrachtet hatte, mit den Gemälden von Tänzerinnen Goyas und Zuloagas zu vergleichen, an die Rilke sich sehr gut erinnerte, da er sie im Atelier Zuloagas und im Laufe seiner Studien über Malerei gesehen hatte. Seine Kenntnis von Goya, die sich in den Passagen über ihn bestätigt finden, erlaubt ihm intuitiv, die Ähnlichkeit der realen Tänzerin mit jenen Tänzerinnen Goyas zu finden. Letztere werden in einem Augenblick des Tanzes dargestellt, Zuloagas dagegen nicht. Dieses Merkmal suggeriert den Vergleich mit Goya und nicht mit Zuloaga, da Zuloagas Gemälde, wie wir auch bei den Darstellungen von Stierkämpfen sehen werden, grundlegend statisch sind, während Goyas Werke von einer lebendigen Bewegtheit beseelt sind, die von seinem beobachtenden Auge im ästhetisch geeigneten Moment stillgestellt wurden. Diese intuitive Assoziation, die Rilke im Brief an seine Frau herstellt, belegt die raffinierte Verkettung von Wirklichkeit und Darstellung in den Inspirationsquellen, die er gebrauchte; sie unterstreicht außerdem die Originalität seiner Anwendung von Modellen und seine Kenntnisse der spanischen Malerei. Auf dieser Basis der Differenz zwischen Wirklichkeit und Malerei, die so typisch für die »Neuen Gedichte« ist, konstruiert Rilke einen ästhetischen Vergleich zwischen der Bewegung der wirklichen Tänzerin und der nur scheinbaren Ruhe der gemalten Tänzerin, die von Goya in augenblicklicher Unbeweglichkeit aufgefangen wurde.[31] Für Rilke schrieb sich Zuloagas Malerei auf eine natürliche Weise in die Tradition von El Greco, Velázquez und Goya ein. Anderseits, und das ist vielleicht das wichtigste Merkmal, exemplifiziert die »Spanische Tänzerin« die Dualität von Rilkes Begriff von der Kunst; an einem Ende steht der Künstler, der mit seiner künstlerischen Fähigkeit die Wirklichkeit erfaßt und beherrscht; am anderen Ende befindet sich das Kunstwerk, das dem Unterwerfen widersteht und versucht, seine eigene Autonomie zu bewahren. Auf diese Weise stellt die Tänzerin für Rilke die Kreativität dar, und ihre Stellung kann der des Dichters gleichgestellt werden; ihr triumphierendes Lächeln, als sie das Tanz-Feuer besiegt, drückt die Freude des Dichters nach der Vollendung eines gelungenen Werkes aus.[32]

* * *

Was das Gedicht »Corrida« betrifft, erhielt Rilke die Informationen über das Ritual des Stierkampfs von Zuloaga selbst. Rilke brauchte jedoch etwas mehr, um dieses Thema, das ihn wegen seines fremden und vitalistischen Charakters interessierte, auf eine geeignete Weise auszudrücken. Nichts war logischer, als die Gemälde Zuloagas und auch Goyas Motive des Stierkampfs zu betrachten.[33] Die ungeheure visuelle Sensibilität Rilkes kann sich so das Objekt des Gedichts aneignen, obwohl er es nicht selbst erfahren hat. So stellt sich »Corrida« in Wirklichkeit als eine Ekphrasis[34] Rilkes, eines seiner beliebtesten poetischen Mittel, heraus, da es in diesem Fall keine direkte Erfahrung wie bei der »Spanischen Tänzerin« gibt.

Wie wir sehen werden, interpretiert Rilke in »Corrida« den Kampf zwischen Mann und Stier, indem er von den Erklärungen und Gemälden Zuloagas und den Radierungen Goyas ausgeht und dem Gedicht die Perspektive eines äußeren Beobachters hinzufügt, der die Aufmerksamkeit des Lesers zum unvermeidlichen Ausgang: dem Tod des Stieres, lenkt. Das Gedicht, bestehend aus einem einzigen Satz, der sich von Vers zu Vers hinzieht, treibt den Leser ständig nach vorne, stellt so eine steigernde Spannung her und reproduziert die Bewegung der Bilder, die es inspirierten. Die Perspektivierung des Geschehens erzeugt den Eindruck, daß der Beobachter, der das Geschehen erzählt, sich unter dem Publikum zu befinden und der Corrida zuzuschauen scheint. Sein Blickpunkt stellt ihn näher zum Stierkämpfer als zum Stier, und daher sieht er wie das Tier sich unter seinen Augen vergrößert, seit es aus dem Stall befreit wurde:

> Seit er, klein beinah, aus dem Toril
> ausbrach, [...]
> ist die stürmische Gestalt
> angewachsen – sieh: zu welcher Masse

Ein anderes Merkmal, das auf eine sorgfältige Anwendung von visuellen Modellen seitens Rilke hinweist, ist die Konzentration des Gedichts auf die Bewegungen vom »galleo« und dem Schwertstoß, während der Rest des Stierkampfes in den vier ersten Versen eher summarisch erscheint. Das Gedicht teilt sich so in zwei gleichlange Hälften auf; die drei ersten Strophen beziehen sich insbesondere auf den Stier, die drei letzten auf den Torero. Mit der Absicht, dem Geschehen eine Klimax hinzuzufügen, realisiert Rilke eine vollständige Inszenierung der Bewegung des »galleo«; der Stier, der »aus dem Toril« fast erschrocken kommt und die Strafe der Picadores stoisch und mit Wohlwollen nimmt, verwandelt sich in eine ungeheure »Masse [...] aufgehäuft aus altem schwarzen Hasse«, als er in der Ferne die Figur des Torero entdeckt, gegen den er »von Ewigkeit her« zu kämpfen bestimmt ist. Im Gegensatz dazu besitzt der Stierkämpfer sowohl die Schönheit und die Grazie der Kunst als auch die Kaltblütigkeit, die Grausamkeit und die Gleichgültigkeit einer überlegenen Intelligenz. Rilke verwendet eine Reihe von visuellen Metaphern, um den malerischen Charakter dieses scheinbar unausgeglichenen Kampfes zu unterstreichen: der Stier ist eine »große Woge«, die auf den Stierkämpfer zurollt, während dieser ein »Schwarm Bienen« ist, der durch die Masse von Haß des Stieres sanft hindurch geht, ein Bild, das in einer perfekten Einheit die Vorstellung der vom Stierkämpfer dargestellten Gefahr und die Vorstellung der Harmonie und Geschicklichkeit seiner Bewegungen beim »galleo« einschließt. Deswegen ist hier auch auf eine indirekte Weise das Motiv des Tanzes präsent, das eine Rolle bei der »Spanischen Tänzerin« spielte. Das Hin und Her des Stieres erweist sich am Ende des Gedichts als ein vom Stierkämpfer gelenkter Tanz, ein Tanz, der durch den endgültigen Schwertstoß jäh unterbrochen wird. Die Bewegung ist also ein Element ersten Ranges in diesem Gedicht.

Der ekphrastische Charakter von »Corrida« wird deutlich, wenn man die Herkunft der strikt technischen Auskunft, auf die Rilke sich stützte, hinterfragt. Das Gedicht trägt die Überschrift »In Memoriam Montez, 1830«. Rilke bezieht sich auf diese Weise auf Francisco Montes, Paquiro, einem der berühmtesten Stierkämpfer des letzten Jahrhunderts, und widmet ihm ausdrücklich das Gedicht. Diese präzise Auskunft stammte wahrscheinlich von Zuloaga; dasselbe kann von der Erklärung der im Gedicht beschriebenen Bewegung des »galleo« gesagt werden.[35] Als Rilke das vollendete Gedicht seiner Frau Clara mit dem Brief vom 6. September 1907 schickt, schreibt er:

> »die ›Corrida‹ setzt voraus, daß man den Verlauf eines Stiergefechts kennt, und bezieht sich auf den berühmten Espada: Montès [sic, eigentlich Montes], der zuerst in dem angegebenen Jahr das ›Galear el Toro‹ [sic, eigentlich ›gallear el toro‹] versuchte: das Plötzlich-sich-Abwenden vom dem rasenden Tier, das, da es das Gesicht des Gegners nicht mehr findet, durch die plötzliche Veränderung verwirrt, vorbeistürzt und erst im nächsten Wenden den Stoß empfängt.«

Der Vergleich zwischen der Überschrift des Gedichtes und dem Brief wirft mehrere Fragen auf. Erstens die schon erwähnte Tatsache, daß es zweifelhaft ist, daß Francisco Montes der Erfinder des »galleo« war. Das Datum scheint ebenfalls zweifelhaft zu sein. Im Jahre 1830 trat Montes nur als »sobresaliente« (Ersatz-Stierkämpfer) in zwei Arenen Andalusiens auf, das heißt, er hatte noch nicht die höchste Weihe des Stierkampfs, die eines »torero« erreicht.[36] Außerdem scheint die Schreibweise des Namens in der Überschrift (mit dem »z« am Ende statt des spanischen »s«) und im Brief (mit französischem »è«) darauf hinzuweisen, daß Rilke entweder den Namen phonetisch abschrieb oder eines der französischen Bücher, die den Verlauf eines Stierkampfes erklärten, genannt »Courses de taureaux« herangezogen hatte. Ein anderer erwähnenswerter Aspekt ist die Beschreibung der im Gedicht dargestellten Bewegung. Nach Rilkes Erklärung im Brief an seine Frau besteht das »galleo« darin, den Stier gleich vor dem endgültigen Schwertstoß zu täuschen, was sehr unüblich ist. Wie die Kenner des Stierkampfs wissen, beginnt der Stierkämpfer die Tötung des Stiers aus einer Ruhestellung heraus; beide, Torero und Stier stehen still, bevor der Torero anläuft.

Um seine Idee des Stierkampfes zu vervollständigen, fand Rilke im Studio Zuloagas selbst eine andere Quelle, die er besonders schätzte, die Bilder des Künstlers. Zuloaga malte im Laufe seines Lebens viele Genre-Szenen, in denen er vor allem Stierkämpfer darstellte. Doch konnten Zuloagas Gemälde Rilke nur einige typische Szenen der Atmosphäre, die eine Corrida auszeichnet, wiedergeben. Diese Bilder zeigen die allgemeine Idee eines Stierkampfs in der Arena. Zuloagas Bilder dieses Genres sind in Wirklichkeit Porträts, sie zeigen nie die im Gedicht beschriebene Situation: den Kampf von Stier und Torero, bei dem die Intelligenz und die kalte Grausamkeit am Ende über die rohe Kraft siegen.[37] All seine Bilder sind statisch, die Figuren sind bewegungslos und haben nicht die dynamische Kraft, die Rilkes Gedicht ausströmt.

Rilke selbst bringt uns auf die Spur, die zum Maler führt, der den Stierkampf in all seiner Bewegung, Schönheit und Grausamkeit darstellte: Goya. Wiederum in einem Brief an seine Frau Clara vom 5. Juli 1905 schreibt Rilke, daß er zwei Gemälde Goyas in der Berliner Nationalgalerie habe sehen können:

> »... und fand zwei Goyas; der erste, die Skizze zu einem Stiergefecht, war mir in Erinnerung, – der zweite, früher noch nicht da, ein kleines Bild, das bekannte ›La cusaña‹ [sic, eigentlich »La cucaña«, der Maibaum], das uns schon in der Abbildung bei Loga so sehr stark berührte«.

Das frühe Datum ist besonders wichtig und beweist noch einmal, daß Rilke Goya sehr gut kannte und Bücher über ihn zu lesen begann.[38] Rilkes Kenntnis von Goya beinhaltet eine anhaltende Beschäftigung, bevor sein Einfluß sich in der Form eines Gedichts konkretisierte. Das Bild, das Rilke in der Nationalgalerie sah, stellt eine bunte Szene, vermutlich die Verwundung eines Toreros durch den Stier, dar. Dem Stierkämpfer, der seitlich auf dem Stier liegt, wird von einem »picador« (berittener Stierkämpfer) geholfen, während das gierige Publikum in die Arena herabgestiegen ist und am Stierkampf teilzunehmen scheint.[39] Obwohl ich keine Angaben über das Entstehungsdatum des Gemäldes habe, das im großen Katalog Gudiols nicht aufgenommen worden ist, scheint die Szene die Merkmale der Spätzeit Goyas und insbesondere von Serien wie »Los toros de Burdeos« (Die Stiere von Bordeaux) aufzuweisen, obwohl der Sarkasmus und die scharfe Kritik am Stierkampf im Berliner Bild nicht wahrzunehmen sind. Was in diesem Werk jedoch präsent ist, ist der unglaubliche Dynamismus der Szene und der Eindruck eines Publikums, das kein passives Objekt des Festes sein will und auf blinde und passionierte Weise am Spektakel teilnimmt. Sowohl der Stierkämpfer als auch der Stier sind hier Figuren, die in der menschlichen Woge, die sie umgibt, wie verschwommen sind. Auf diese Weise stellt dieses Bild, an das Rilke sich Jahre danach erinnerte, weder die Atmosphäre noch die Bewegung dar, die Rilke in der »Corrida« beschreibt. Aber wenn man über Rilkes Aussagen im bereits zitierten Brief nachdenkt und das ausgesprochene Interesse Zuloagas an Goya bedenkt, ist es nicht unsinnig anzunehmen, daß Zuloaga Rilke im Laufe einer seiner häufigen Gespräche auf Goyas Radierfolge »Die Tauromachie« hinwies, oder daß Rilke selbst in einem Buch auf sie stieß. Auf der Radierung Nummer 29 dieser Serie hat Goya den ersten Teil des im Gedicht Dargestellten gezeichnet, das heißt, das »galleo« oder »recorte«; die Radierung trägt den Titel »Pepe Illo haciendo el recorte al toro« (Pepe Illo verhöhnt den Stier, in der Übersetzung von Logas). Auf dieser Radierung stellt Goya den Geist und die Bewegung einer Corrida dar; sowohl der Stier als auch der Stierkämpfer sind in den Vordergrund gestellt und klar von den zusätzlichen Figuren in der Arena und vom Publikum, das nur skizziert ist und nicht am Geschehen teilnimmt, hervorgehoben.[40] Es ist zu bemerken, daß auf der Radierung 39F der gleichen Serie Goya den Tod des Stierkämpfers Pepe Hillo darstellt.[41] Die Komposition dieser Radierung ist der des Berliner Gemäldes ziemlich ähnlich. In beiden Bildern wird ein Stierkämpfer von einem Picador, der den Stier mit der Lanze stößt, unterstützt. Die Kompositionen sind praktisch symmetrisch und unterscheiden sich nur in der Anwesenheit des Publikums auf der Arena im Berliner Gemälde.

Noch einmal findet also Rilke bei Goya, dessen Figur scheinbar verschwommen ist im Vergleich zu der allgegenwärtigen Präsenz El Grecos, ein ausgezeichnetes Modell, das als Basis einer der eigentümlichen Ekphrasen der »Neuen Gedichte« fungiert. Wir haben gesehen, daß die Bewegung ein zentrales Element im Gedicht ist, und in ihm wird der Dynamismus der Radierungen des Tauromachie-Zyklus meisterhaft widergespiegelt. Rilke war fähig es wahrzunehmen, und knüpfte so an ein grundlegendes Merkmal Goyas an. Dies ist gerade was ihm erlaubte, mit überraschender Genauigkeit einen Teil des spanischen Geistes einzufangen, obwohl die Form, das heißt, die äußeren Einzelheiten der Darstellung, nicht immer der Realität entsprachen. Dies ist eigentlich unwichtig, das Wesentliche in diesem Fall ist nicht die realistische Darstellung des Tanzes oder der Corrida, sondern die kongeniale Verwandlung ihrer Elemente in ein eigenes poetisches Universum, das vom visuellen Charakter der Malerei Goyas und Zuloagas befruchtet ist. Wie in der »Spanischen Tänzerin« kann hier der Stierkämpfer als ein Symbol des Künstlers bei seinem Kampf mit dem zu beherrschenden Kunstwerk verstanden werden. Der Dualität von Tanz und Tänzerin entspricht in der »Corrida« die von Stier und Stierkämpfer.

* * *

Die Darstellung der Präsenz der spanischen Malerei bei Rilke kommt nun zu einem Einfluß, der bereits weit anerkannt und erforscht worden ist: derjenige El Grecos. Am Ende des letzten Jahrhunderts galt El Greco als ein Maler zweiten Ranges. Zuloaga war einer der Bahnbrecher der Aufwertung seines Werkes am Anfang unseres Jahrhunderts, und sein Beharren, zusammen mit einem günstigen Wechsel der künstlerischen Sensibilität, beseitigte die Hindernisse für die Studien von Kunsthistorikern wie Manuel B. Cossío und Julius Meier-Graefe und Bücher wie die von Maurice Barrès, die seitdem den Ruf des Malers gefestigt haben. Rilke konnte Gemälde von El Greco in Zuloagas Atelier betrachten. Aufgrund seines Erfolgs im Ausland investierte Zuloaga einen Teil seines Gewinns in den Kauf von Gemälden spanischer Meister und sammelte mehr als 300 Originale von 1900 bis 1909 an, als sein Werk in der Hispanic Society of America in New York ausgestellt wurde.[42] Laut Gebser bewahrte Zuloaga in seinem Atelier mindestens drei Werke El Grecos: »Der Heilige Anton«, »Der Heilige Franz von Assisi« und eine »Heilige Maria«, aber es ist wahrscheinlich, daß es noch mehr gab.[43] Deswegen können wir davon ausgehen, daß Rilkes Bewunderung für El Greco im Atelier des spanischen Malers begann. Gemäß den eigenen Aussagen Zuloagas gegenüber Gebser war er derjenige, der Rilke zum erstenmal in die Malerei El Grecos einführte.[44] Daher ist Zuloaga ein perfektes Bindeglied für den Übergang zur späteren Passion Rilkes für El Greco und für dessen bevorzugte Stadt, Toledo.

Im Jahre 1908, als Rilke in Paris das Gemälde »Toledo« sieht, schreibt er Rodin einen begeisterten Brief, in dem er das Gemälde beschreibt.[45] Einige Jahre danach, 1911, sieht Rilke den »Laokoon« in der Münchener Alten Pinakothek und ist ebenfalls stark beeindruckt. Rilkes Wahrnehmungen sind im Brief vom 20. 12. 1911 an Mathilde Vollmoeller ausgedrückt.[46] In diesem Moment ist El Greco so sehr ins Zentrum von Rilkes Interesse gerückt, daß er in seinen Briefen meistens nur über ihn und Toledo schreibt.

Als Rilke seine Reise nach Spanien antritt, glaubt er in Spanien und besonders in Toledo, das er durch El Grecos Bilder sieht, den Ort zu finden, wo er das an der adriatischen Küste begonnene Werk, die »Duineser Elegien«, beenden konnte. Rilke entschließt sich, nach Toledo zu gehen, um sich von der kreativen Atmosphäre, die er in El Grecos Gemälde erfahren hatte, beeinflussen zu lassen. Rilke beginnt seine Pilgerschaft nach Toledo im Wissen um die enge Beziehung, die der aus Kreta stammende El Greco zu Toledo hatte. Er hatte sich dort niedergelassen und die meisten seiner Meisterwerke in Toledo geschaffen. So hegt Rilke die Hoffnung, dieselbe Wirkung an demselben Ort zu erreichen. Trotz aller guten Eindrücke, die Toledo ihm machte, gelang es jedoch Rilke dort nicht, die Elegien zu beenden. Die Zeit in Toledo stellte für Rilke den Höhepunkt seiner Passion für El Greco dar, gleichzeitig jedoch auch das Nachlassen seines Interesses an ihm. Am Anfang seines Aufenthaltes in Spanien beschreibt Rilke Toledo und die Werke El Grecos mit großer Bewunderung, aber allmählich verlegt sich sein Interesse auf die Landschaft selbst, auf die Natur und die Figuren, die sie bewohnen, wie der Mandelbaum und der Hirt zweier seiner Gedichte aus Ronda.[47]

Obwohl El Greco eine bedeutende Rolle in Rilkes Briefen aus Spanien einnimmt, beschränkt sich sein Einfluß nicht nur darauf, einen wichtigen Platz in einer sozusagen paraliterarischen Aktivität Rilkes wie in seiner Korrespondenz zu haben, sondern spielt auch eine nicht unwesentliche Rolle in seinen Gedichten. Das klarste Beispiel findet sich im Gedicht »Himmelfahrt Mariae« (SW II, 46 f.), geschrieben im Januar 1913 während des Ronda-Aufenthaltes.[48] Der Titel des Gedichts bezieht sich auf das gleichnamige Gemälde El Grecos, das sich damals in der Kirche San Vicente in Toledo befand. Heutzutage sind die meisten Kritiker der Meinung, daß das Bild in Wirklichkeit die unbefleckte Empfängnis und nicht die Himmelfahrt darstellt, wie man bisher annahm.[49]

Das Gedicht strukturiert sich scheinbar als eine Lobpreisung Mariens; jedoch evoziert sein Ton nicht den traditionellen des Gebets, wie dies z. B. im ersten Teil der »Spanischen Trilogie« der Fall ist, in der das lyrische Ich den »Herrn« in einem Ton von hoher Gefühlsintensität, fast Verzweiflung anspricht. Der Vorname im Titel kann, obwohl es in der Tradition üblich ist, in diesem Falle als eine Vorwegnahme des Tons von direkter Lobpreisung interpretiert werden. Die Einstellung des lyrischen Ich ist nicht die eines Flehenden, und manchmal nicht die eines Unterlegenen. Der Ton der Lobpreisung erinnert mehr an die Vorstellung einer idealisierten Geliebten. Dies findet in der Wortwahl und den Vergleichen und Metaphern, die Rilke gebraucht, seinen Ausdruck.[50] Dieser Abstand und der Perspektivwechsel von der völlig religiösen Einstellung zur relativen Entfernung eines Dialogs, der paradoxerweise direkter oder vertraulicher ist, ist gerade, was die Existenz eines anderen Elementes enthüllt, das sich zwischen dem lyrischen Ich und der Figur Mariens als eine religiöse Instanz einschiebt. Dieses Element ist das Gemälde El Grecos, das Rilke als Vor-Bild zur Komposition des Gedichts diente.

Von einem strikt formalen Gesichtspunkt aus gesehen »übersetzt« Rilke die visuellen Elemente des Gemäldes in eine Reihe von Beschreibungen und poetischen Techniken, die leicht zu identifizieren sind. Andererseits weist das Gedicht die theoretische Position Rilkes in den ersten Jahren nach den »Neuen Gedichten« in bezug auf den Begriff des Kunstwerks und die Rolle des Künstlers auf. Rilke agiert hier mit voller Überzeugung von seiner Fähigkeit künstlerischer Evozierung durch die Worte und situiert sich so auf ein den bildenden Künsten ebenbürtiges Niveau. Der Beweis dieser Einstellung Rilkes ist der Ton des Gedichtes selbst, von direkter Vertraulichkeit mit der Figur Mariens. Diese Sicherheit Rilkes geriet in eine tiefe Krise während der Kriegsjahre und verursachte bedeutende Änderungen in seinen philosophischen und ästhetischen Anschauungen. Schon in der »Himmelfahrt Mariae« deuten sich diese Änderungen in der existentiellen Problematik an, die indirekt angesprochen wird. Am Anfang des Gedichtes verwendet Rilke einen vertraulichen Ton: »Köstliche, o Öl, das oben will ...« Im Wort, mit dem das Gedicht anfängt, sind gleichzeitig die religiöse und die sensorische Sprache repräsentiert. Das Adjektiv »köstlich« hat in der gehobenen und veralteten Sprache die Bedeutung von »sehr wertvoll«, aber im heutigen Deutsch bezieht es sich üblicherweise auf Speisen in der Bedeutung »besonders gut«. Dieser semantische Bereich der Speisen wird von der Anwesenheit des Wortes »Öl« verstärkt, das einige sehr konkrete physische Eindrücke, die auch mit dem Gemälde El Grecos zu tun haben, evoziert. Diese Eindrücke werden durch die Tatsache, daß dieses Öl auch das der letzten Ölung sein kann, nicht aufgehoben, sondern lediglich vorläufig eingestellt. In der Tat scheint die Jungfrau auf dem Gemälde El Grecos langsam nach oben hinzugleiten, wie es das Öl in einem mit Wasser gefüllten Gefäß, das also das Bild darstellt, machen würde. Diese Vergleiche beweisen Rilkes aufmerksame Beobachtungsfähigkeit, um die Elemente der Kunstwerke, die ihm als Inspiration dienen, immer von einer originellen Perspektive aus zu definieren. Rilkes ekphrastische Technik besteht in einer eingehenden Betrachtung der Kunstwerke, die als eine umfassende Einfühlung in die verschiedenen Ebenen, die das Bild konstituieren, agiert. Diese Betrachtung konnte sich manchmal mehrere Monate, so bei Cézanne,

El Greco oder Picasso, erstrecken. Der zweite Vers des Gedichts verwandelt ein anderes Element des Bildes: »blauer Rauchrand aus dem Räucherkorbe«. Der blaue Mantel der Jungfrau scheint tatsächlich vom Weihrauchbecken unten am Bild wie eine Säule blauen Rauchs. Mit diesen zwei Versen stellt Rilke paradoxerweise das Gedicht auf einen sehr bestimmten physischen Bereich, während er von einem Augenblick spricht, der sich halbwegs zwischen dem Physischen und dem Geistigen situiert. Die zwei Verse übersetzen den physischen Bereich, wie Öl und Rauch, die langsam hinaufsteigen, die Himmelfahrt Maria ins Spirituelle. Rilke übersetzt danach ein anderes Element des Gemäldes: »grad-hinan vertönende Theorbe«. Die Theorbe ist, obwohl das Wort sich hier auf Maria bezieht, das alte Instrument, das der sich oben rechts befindliche Engel spielt. Die Musik des Instruments stellt sich auch halbwegs zwischen Himmel und Erde, aber verweist eindeutig nach oben: es vertönt »grad-hinan« und unterstützt noch mehr die steigende Bewegung von Maria: sie selbst ist die Musik. Nach diesem Anfang, der sich an El Grecos Werk stark orientiert, und mit dem Rilke Maria in den für seine Absichten passenden Kontext situiert, entfaltet Rilke eine Reihe von Bildern, die auch mit den Speisen in bezug stehen. »Milch des Irdischen« nennt er Maria, und es gibt auch Vergleiche von offensichtlichem erotischen Inhalt, wie die Vorstellung, daß sich der Blick des Beobachters in die aufsteigende Maria wie der Faden in das Nadelöhr einfädelt.[51] Andererseits manifestiert sich allmählich im ersten Teil des Gedichts eine existenzielle Thematik, die mehr in Einklang mit Rilkes Stimmung dieser Zeit ist. Es handelt sich um dieselbe Thematik, die in den anderen »Gedichten an die Nacht« ihren Ausdruck hat. Diese existentielle Wende, die den Übergang zur späten Periode signalisiert, modifiziert wesentlich Rilkes Einstellung zur Kunst im allgemeinen (und deswegen auch zur spanischen Malerei), wie man bei der Darstellung seiner Idee der avantgardistischen Malerei sehen kann.

Am Anfang des zweiten Teils gibt uns das Gemälde El Grecos wieder den Kontext, wie einen physischen Rahmen, der den Leser auf dieselbe Ebene von visueller und spiritueller Betrachtung des Beobachters, des lyrischen Ich, stellt:

> Nicht nur aus dem Schaun der Jünger, welchen
> deines Kleides leichte Wehmut bleibt:
> ach, du nimmst dich aus den Blumenkelchen,
> aus dem Vogel, der den Flug beschreibt

Rilke beharrt hier wieder auf der aufsteigenden Richtung aller mit Maria verbundener Elemente. Auf diese Weise nimmt sich die Jungfrau nicht nur »aus dem Schaun der Jünger«, das wie ein Merkmal fungiert, das den Blick des poetischen Ich verdoppelt und ihm so eine Körperlichkeit gewährt, die ihn in ein kontinuierliches Medium verwandelt, das sich von der Grundlinie des Bildes bis zum Himmel streckt, wo Maria anschließend verschwinden wird. Maria nimmt sich auch aus zwei körperlichen Elementen an der Grundlinie des Gemäldes. Das erste sind die »Blumenkelche« unten am Bild, das zweite, der »Vogel, der den Flug beschreibt«. Dieses Element ist eine Verwandlung vom großen Engel im Vordergrund, der seine Flügel aufgeschlagen hat: der Engel als Vogel, der gleich wie Maria Öl ist; beide Figuren machen sich so elementar und gleichzeitig dynamischer: die Flügel des Engels haben die Bedeutung einer Beschreibung, eine Bedeutung, jenseits der bloßen Körperlichkeit; gleichzeitig stellen sie eine rein geometrische Beschreibung dar, die auf die physische aufsteigende Kraft hinweist.

Die vorletzte Strophe gebraucht wieder das sinnliche Bild vom Anfang. Die Jungfrau wird verglichen mit einer süßen Frucht, die »in dem Munde der entzückten Seligkeit« zergeht. So vermischt Rilke die Beschreibung der Figur der Jungfrau wieder mit einer unbestimmt erotischen Konnotation, etwas, was andererseits gar nicht weit von der religiösen Tradition entfernt ist, sondern mit der mystischen Identifizierung von Eros und Religion verbunden ist. Jedoch geht Rilke nicht in diese neue Richtung, sondern beendet das Gedicht mit einer existentiellen Überlegung:

> Denn wir bleiben, wo du fortkamst. Jede
> Stelle unten will getröstet sein.
> Neig uns Gnade, stärk uns wie mit Wein.
> Denn vom Einsehn ist da nicht die Rede.

Das »Einsehn« Rilkes ist ein zweifaches. Es ist einerseits das ersehnte Verständnis vom Ort der Menschen (Rilke verwendet den Plural »wir«) in der Welt, diese Menschen, die im Unterschied zu Maria auf der Erde bleiben und den Himmel nicht erreichen können, von dem aus die Jungfrau, der einzige Mensch der Zugang zu ihm hat, ohne zuerst gestorben zu sein, die Perspektive der Engel erreicht, von der auch später in den Elegien die Rede sein wird. Gleichzeitig ist das »Einsehn« Rilkes ein ästhetisches Ersehnen, der Wunsch, das absolute Werk zu schreiben. Die Wiedererschaffung der Werke El Grecos in der rilkeschen Ekphrasis nähert sich paradoxerweise durch die Säkularisierung seines Inhalts weit mehr dem Geist El Grecos, der im Gegensatz zu der so oft wiederholten Idee, kein bloßer Maler der Gegenreformation, sondern ein Beispiel eines extrem komplexen Künstlers war, der so verschiedenartige Einflüsse wie die byzantinischen und die spanischen zu vereinigen wußte, um einen sehr persönlichen Stil zu schaffen. Das ist gerade, was ihn in Rilkes Augen zu einem Zeitgenossen macht.[52]

* * *

Als Rilke im März 1913 Spanien verließ, endete die Wirkung der spanischen Erfahrung im allgemeinen und der spanischen Malerei im besonderen auf Rilkes Werk nicht. Im Gegenteil, diese Präsenz des Spanischen kann in vielen Briefen aus Rilkes Spätzeit verfolgt werden. Jedoch scheint die Dominanz El Grecos in den Jahren vor der spanischen Reise nach dem Toledo-Erlebnis etwas nachzulassen. In diesem Sinne scheint es berechtigt, von einer Verminderung der Bedeutung der Malerei als eines ästhetischen Modells zu sprechen.[53] In den Jahren nach der spanischen Reise spricht Rilke von einer »Wendung«, die er im Gedicht desselben Titels von 1914 beschreibt (SW II, 82 f.). In diesem Gedicht stellt Rilke, was er »Werk des Gesichts« nennt, dem »Herzwerk« entgegen. Dies ist oft als eine klare Ablehnung der Ziele verstanden worden, denen Rilke während der Zeit der »Neuen Gedichte« gefolgt war. Auf diese Weise verliert das »Ding«, das oft dem Kunstwerk oder »Kunst-Ding« gleichgestellt worden ist, seine ontologische Unabhängigkeit in bezug auf das Subjekt, das es wahrnimmt oder zu kennen versucht.[54] Philosophisch gesehen ist diese Wendung symptomatisch und signalisiert den Übergang von einer idealistischen Anschauung zu einer phänomenologischen oder existentialistischen.

Trotz des bereits Gesagten hörte der Einfluß der Malerei nicht auf, sondern unterlag einer neuen Verwandlung, eine Entwicklung, die dem vom Ersten Weltkrieg verursachten Perspektivwechsel entsprach, und blieb so weiter im rilkeschen Werk präsent. Im ästhetischen Bereich erschütterte die Avantgarde zwischen 1905 und 1920 die Fundamente der Konzeption der Kunst sowohl in der Literatur als auch in den bildenden Künsten. Diese Wendung konnte der regen Sensibilität Rilkes nicht entgehen, obwohl sie, wenn wir nach den Aussagen in seinen Briefen urteilen, mehr Unbehagen als Zustimmung verursachte. Der Übergang von der figurativen realistischen Malerei zur Abstraktion des Kubismus wurde von Rilke mit einer Mischung von Besorgnis und Ablehnung kommentiert, von der nur einige Künstler ausgenommen wurden. Einer von diesen ist einer der einflußreichsten Künstler unseres Jahrhunderts: Pablo Picasso.

Wie Herman Meyer zeigt, ist Rilke von 1905 an über die Tendenz zur Abstraktion in der Malerei tief beunruhigt.[54] Das Unbehagen Rilkes knüpft an eine Reihe von Beobachtungen über die kulturellen Wandlungen an, die damals gerade erst wahrnehmbar wurden, und beginnt, eine zentrale Stelle in den Überlegungen einzunehmen, die nach einer langen Krise den schöpferischen Ausbruch der Elegien hervorriefen.[55] Dieses Unbehagen über die ästhetischen Tendenzen und die davon angeregten Betrachtungen sind einige der wichtigsten Faktoren bei der Entwicklung der Idee von der »Verwandlung des Sichtbaren« im Herzen des Menschen. Es ist nicht notwendig, die zentrale Rolle Picassos bei dieser Entwicklung, bei der fortschreitenden Befreiung der Malerei von der darstellbaren Wirklichkeit zu unterstreichen. Meyer veröffentlichte in seinem Artikel einen bis dahin unbekannten Brief, der im Rilke-Archiv aufbewahrt ist. Diese Quelle ist wichtig, um die Rolle Picassos in Rilkes Überlegungen genau zu umreißen.[56]

Rilke äußert sich ziemlich skeptisch über die damalige Ausstellung in der »Sturm-Galerie«, einem der Zentren der Avantgarde in Berlin. Rilke gibt zu, er habe die Ausstellung nicht besucht, weil es für ihn sinnlos sei, da er nur teilweise verstehe, was dort ausgestellt werde. Trotzdem scheint ihm Picasso nach wie vor »recht und zuverlässig« im neuen Stil. Der Grund ist folgender: »vor Picassos ›kubistischer‹ Zeit liegt ja auch schon ein ganzes gekonntes Werk, das so traditional, so im besten Herkommen befestigt ist, daß bei ihm selbst die zerlegende Malerei aus der Richtung einer geraden Überlieferung nicht eigentlich herausfällt.«[57] Dieser Satz Rilkes zeigt ein gewisses Mißtrauen gegenüber der neuen Richtung der zeitgenössischen Malerei und enthüllt gleichzeitig die Gründe, die Picasso für ihn gewichtiger machten. Denn bei Picasso tritt der stilistische Wechsel nicht isoliert auf, wie eine bloße grundlose Entstellung, die von handwerklicher Unfähigkeit herrühren würde. Diese negative Beurteilung der avantgardistischen Malerei kann viel früher in Rilkes Aussagen gefunden werden, z. B. in einem Brief an seine Frau aus dem Jahr 1906: »Montag war ich einen Augenblick bei den Indépendants; aber das ist Unfug und sinnlose Spielerei. Freiheit auf das armsäligste mißbraucht, irgendwo hingebracht.« Obwohl Rilkes Einstellung von unserer heutigen Perspektive aus gesehen unverständlich scheinen mag, war sie keine unreflektierte Meinung, sondern eine durchdachte Stellungnahme Rilkes angesichts der tiefen politischen, sozialen und kulturellen Veränderungen zur Zeit des Ersten Weltkrieges.[58]

Im obigen Zitat über Picasso hebt Rilke ebenfalls die Wichtigkeit der malerischen Entwicklung »im besten Herkommen« hervor, das deswegen nicht »aus der Richtung einer geraden Überlieferung« herausfällt. Diese Idee knüpft geradewegs an die Überlegungen an, die Rilke zu seinem Kunstbegriff in der siebten und neunten Elegie führen werden. Die enge Verbindung mit Picasso wird auch in einem anderen Brief über das Bild »La mort d'Arlequin« deutlich: »Man möchte fast versucht sein, von diesem viertönigen Anschlag aus den späteren Picasso zu begreifen, als ob, nach Pierrots Tode, die zerschlagene Welt nur noch in solchen schönen Scherben zusammenkäme.« In beiden Zitaten wird die Rolle, die Rilke der Tradition beimißt, evident; sie ist die Garantin der Kunst selbst und jeder heftige Bruch oder jede tiefgreifende qualitative Änderung sind negativ, wenn diese nicht durch diese »gerade Überlieferung«[59] motiviert und sozusagen gefordert werden. Jedoch ist Rilke aufgrund der Erfahrung des Weltkrieges bereit, Picassos Kubismus als eine notwendige Entwicklung in der Malerei anzusehen. Nach einer erneuten Perspektivänderung, die das Ende des Krieges mit sich brachte, war Rilke nicht mehr der Meinung, der Kubismus sei die einzig mögliche Art und Weise, die damalige Welt darzustellen, doch gesteht er im erwähnten Brief an Elisabeth Taubmann zu, daß diese Bewegung sich mit etwas Grundlegendem beschäftigt, da die Kubisten »die Bildstruktur gewissermaßen bloßlegen, das (sagt man so?) subcutane Netz unter der Bildhaut ans Licht schälen«. Aber er gebraucht dies, um zu behaupten, daß jedes Gemälde in Wirklichkeit kubistisch sei und in einer anderen »weniger schamlosen und neugierigen, weniger drängenden und zudringlichen Zeit« diese Bewegung eine »Sache des Ateliers geblieben wäre«. Und Rilke macht mit einer Formulierung weiter, die ihn den Sätzen der siebten und neunten Elegien und besonders seinem bekannten Brief an Witold Hulewicz sehr nähern:

»als solche könnte sie [die Richtung des Kubismus] außerordentlich fruchtbar sein, indem durch eine Beschäftigung mit dem Zellengewebe des Bildes die Gesetzmäßigkeit der Malerei besser erforscht und verstanden, die Verwandlung der wirklichen Dinge in bildmäßige unterstützt und die gegenständliche Bedeutung der zum Bildganzen geordneten Einzelheiten erst völlig aufgehoben wird. Ich möchte einen großen Maler erleben, der – wie das übrigens bei Picasso zu sein scheint – auf seiner eigenen Spur durch den Cubismus hindurchgegangen ist; erst er wäre imstande restlos zu lösen, was Cézanne's unsägliche, heroische und verzweifelte Arbeit war: die Gleichberechtigung aller Bildstellen durch eine gegenständliche Indifferenz der dargestellten Dinge wirklich durchzusetzen.«[60]

In diesem wichtigen Kommentar behauptet Rilke, daß der Kubismus nur eine vorläufige Periode der Malerei auf ihrem Weg zu einer neuen Art figurativer Darstellung sei. Die »Verwandlung der wirklichen Dinge in bildmäßige« ist für Rilke ein Vorgang, der die Unterstützung der kubistischen Technik braucht. Die Verwandlung der wirklichen Gegenstände in Bilder ist eine auf die Malerei bezogene Formulierung, die jener der neunten Elegie ähnlich ist: »Preise dem Engel die Welt«. Gleichzeitig stützen sich die »Verwandlung des Sichtbaren ins Unsichtbare« und die »Bewahrung der noch erkannten Gestalt« wieder auf einen visuellen Begriff, der diese Formulierungen direkt auf die ekphrastische Technik bezieht, die im ganzen rilkeschen Werk präsent ist und besonders in der Pariser Zeit vorherrscht. Die Formulierung, die Rilke in diesem Brief verwendet, kann als eine kuriose Homologie, als eine Denkstruktur verstanden werden, die sich in seiner Konzeption der Malerei und seinem eigenen Gebrauch derselben als Modell für sein Literaturwerk wiederholt. Der Bezug zu Picasso ist ein unmittelbarer, da Rilke der Meinung ist, Picasso sei vermutlich einer der wenigen Maler, der durch den Kubismus fähig wäre, die »unsägliche, heroische und verzweifelte Arbeit« Cézannes, der nach wie vor das Maß der malerischen Vollkommenheit für Rilke darstellt, zu erfüllen.[61] Rilke hat sich in bezug auf Picasso nicht geirrt; nur interpretiert er seine momentane Rückkehr zum Realismus der Kriegsjahre als etwas Endgültiges. Ein Vergleich von Rilkes Ideen in unserem Brief mit der Theorie in Max Raphaels Buch, das Rilke Elisabeth Taubmann empfiehlt, ist aufschlußreich. Raphael beurteilt Picasso auf eine ähnliche Weise. Er lehnt die Prinzipien des Kubismus entschieden ab, aber erkennt die künstlerische Statur Picassos an.[62]

All die oben erwähnten Aussagen Rilkes und seine jahrelange Beschäftigung mit den Bildern Picassos zeigen die genaue und eingehende Kenntnis, die Rilke vom Werk Picassos hatte. Der letzte Satz im Brief an Elisabeth Taubmann erlaubt uns, wieder einen unerwarteten Anschluß an Rilkes vergangene Beziehung zur spanischen Malerei zu finden. Rilke erwähnt Emile Bernards »Briefe und Erinnerungen«, die von der Figur Cézannes handeln und wiederum die ablehnende Meinung Rilkes über die Nachfolger des französischen Meisters bestätigen. Bernard war ein enger Freund Ignacio Zuloagas und teilte mit ihm eine traditionelle Auffassung der Malerei. Der Stil beider Maler überschritt nie die Grenze des Gegenständlichen. Dieses Detail bestätigt die ästhetische Affinität, die Zuloagas Bilder für Rilkes Augen wesentlich verwandt machen mußten. Diese ästhetische Affinität beider Künstler verweist auf eine tiefgehende Ähnlichkeit ihrer Weltanschauung.

Die Linien von Rilkes Beschäftigung mit der spanischen Malerei zeichnen also ein Bild von überraschender Konsequenz. Sie beginnt mit Murillo, einem religiösen Maler der spanischen Schule, und setzt sich mit einem universellen Maler wie Velázquez fort, durch den Rilke seine Ästhetik des Genies, die später in Rodin ihre prägnanteste Verkörperung fand, zu entfalten begann. Zuloaga stellte danach die für Rilke immer notwendige Anknüpfung an die Tradition dar und wies Rilke einerseits auf die verschiedenen »Dinge« der spanischen Kultur hin, die durch den ekphrastischen Vergleich mit den Bildern Goyas einen angemessenen Ausdruck in zwei Gedichten der Pariser Zeit fanden, die durch die Vorherrschaft des Objekts über das Subjekt charakterisiert ist. Zuloaga selbst führte Rilke in ein künstlerisches Erlebnis ein, das in der Zeit vor und während der spanischen Reise maßgebend wurde: El Greco. Der zuerst ekstatisch empfundene Einfluß El Grecos fällt mit dem Anfang der Duineser Elegien zusammen und verarbeitet teilweise verschiedene Elemente wie den Engel, der in den Elegien eine bedeutende Rolle spielt. In dieser Zeit findet auch die existentielle Wendung in Rilkes Anschauung statt, die durch die langsame Entwicklung in den Kriegsjahren ihren endgültigen Ausdruck in den Elegien hat. Schließlich hatte Picasso auf die ästhetische Entwicklung Rilkes einen Einfluß. In bezug auf Picasso blieb Rilke ein Bewunderer seiner blauen und rosa Periode. In diesem Sinne ist es wichtig darauf hinzuweisen, daß Rilkes ästhetische Einstellung am Ende seines Lebens in gewisser Hinsicht eng mit jener am Anfang seines Schaffens verbunden ist. Der idealistische Dualismus, der in »Murillo« und »Velásquez« bemerkbar ist, ist im Grunde genommen nicht anders als die Konzeption von Cézannes »heroischer« Arbeit, von der Rilke im Brief an Elisabeth Taubmann spricht. In beiden ist die Bedeutung der Figur des Künstlers als Genie weitgehend unverändert geblieben. Aus diesen Gründen konnte Rilke der avantgardistischen Kunst nichts abgewinnen. Die elf Jahre, die die Geburtsdaten von Zuloaga (1870) und Picasso (1881) trennen, sind in der Malerei die Grenze, die die letzte figurativ-realistische Generation von der ersten nicht-realistischen trennt. Rilke wurde gerade in der Mitte dieser Grenze geboren und bewegte sich so als Grenzgänger, was die ästhetischen Anschauungen angeht.

* Ich möchte Raimund Friedrich und besonders Suzanne Black für ihre aufmerksame Lektüre dieser Arbeit herzlich danken.

1 Verschiedene Autoren haben Monographien über die Rolle der bildenden Künste in Rilkes Werk geschrieben: BARON, Frank (Hg.), Rilke and the Visual Arts, Lawrence KS 1982; BOEHM, Gottfried (Hg.), Rilke und die bildende Kunst. Insel-Almanach auf das Jahr 1986, Frankfurt a. M. 1985; GÖTTE, Gisela und BIRNIE DANZKER, Jo-Anne (Hg.), Rainer Maria Rilke und die bildende Kunst seiner Zeit, München und New York 1996; SCHEIBEL, Gertrud, Rainer Maria Rilke und die bildende Kunst, Gießen 1933. Es ist zu bedauern, daß nur BARON einige Aspekte der spanischen Kunst in Rilkes Werk behandelt. Andere Autoren haben sich mit der allgemeinen Präsenz von Spanien in Rilkes Werk, sowohl in Büchern als auch in Artikeln, beschäftigt. Ich werde im Laufe dieses Beitrags auf sie hinweisen.
2 Vgl. Howard ROMAN, »Rilkes Psychodramen«. In: GÖRNER, Rüdiger (Hg.), Rainer Maria Rilke, Darmstadt 1987, S. 26–39 (= Wege der Forschung, Bd. 638). (Zuerst ver-

öffentlicht in: The Journal of English and Germanic Philology 43 (1944), S. 402–410). Dieser Kritiker hat die zwei von Rilke geschriebenen Psychodramen behandelt und gibt wichtige Angaben, um Rilkes Inspirationsquellen herauszuarbeiten. Doch kann ich viele seiner Vermutungen nicht teilen, unter anderem die, daß »Murillo« mit der Figur des spanischen Malers wenig zu tun haben soll.

3 Die Analyse des anderen Psychodramas, das Rilke schrieb, »Das Hochzeitsmenuett« (SW III, 101–109), bestätigt Rilkes Suche nach Musterbeispielen. Die Protagonisten dieses Textes sind auch Maler, obwohl sein Thema nicht so sehr die Kunst, sondern die eheliche Treue ist.

4 Diese grundlegende Einstellung Rilkes angesichts des Schreibaktes spiegelt sich z. B. in seinen Briefen aus Paris an Lou Andreas-Salomé wider, in denen er ihr von Rodins Arbeitsethos, das Rilke als höchstes Beispiel nimmt, erzählt. In seiner Spätzeit hat diese Besessenheit mit seiner eigenen Produktivität und dem Bedürfnis, das geniale Werk der Elegien zu schreiben, ihren Ausdruck in verschiedenen Briefen aus Toledo. Die Beispiele sind zahlreich.

5 Vgl. Carl Sieber, René Rilke. Die Jugend Rainer Maria Rilkes, Leipzig 1932, S. 103–107.

6 Vgl. Manfred ENGEL, Rainer Maria Rilkes »Duineser Elegien« und die moderne deutsche Lyrik, Stuttgart 1986, wo der Autor die Bedeutung des poetischen Gelingens Rilkes im Kontext des herrschenden Begriffs der Kunst am Ende des 19. Jahrhunderts diskutiert. Vgl. auch die Interpretation von Rilkes ästhetischen Ideen als einer »Genieästhetik« bei WILKENS, Manja, »Etappen einer Genieästhetik. Lebensstationen und Kunsterfahrungen Rilkes«. In: GÖTTE, Gisela und BIRNIE DANZKER, Jo-Anne (Hg.), Rainer Maria Rilke und die bildende Kunst seiner Zeit, München und New York 1996, S. 9–29.

7 Unter Schacks Büchern über Spanien sind »Geschichte der dramatischen Literatur und Kunst in Spanien« (1845), »Romanzero der Spanier und Portugiesen« (1860), »Poesie und Kunst der Araber in Spanien und Sizilien« (1865) und »Anthologie abendländischer und morgenländischer Dichtungen in deutschen Nachbildungen« (1893) hervorzuheben. FERREIRO ALEMPARTE, Jaime, España en Rilke, Madrid 1966, S. 26 f., nimmt an, daß Rilke in Prag Schacks Bücher las. Jedoch hat keines von den zitierten Büchern die spanische Malerei zum Thema. Rilkes Kenntnisse der spanischen Malerei stammen aus anderen deutschen Quellen.

8 Dieser Punkt ist besonders wichtig und steht in engem Bezug zu unserem Thema. Es ist nicht möglich, diesen Aspekt im Rahmen dieser Arbeit zu behandeln. Ich werde mich darauf beschränken, die Meinungen einiger Autoren zu zitieren. Ulrich FÜLLEBORN, Das Strukturproblem der späten Lyrik Rilkes, Heidelberg 1960, S. 305: »Lehre und Bild dieses Passus drücken aus, was das ganze Florenzer Tagebuch bezeugt: daß am Anfang von Rilkes eigentlichem Künstlerleben ein bewußter und ›großgewagter‹ *Existenzentwurf* steht« (Hervorhebung vom Autor), und etwas weiter, S. 309: »Mit dieser Frage rühren wir an das tiefste Geheimnis seiner Existenz [Rilkes], an seinen Glauben; wir zögern nicht, das schwer wiegende Wort zu gebrauchen. Rilke hat ihn mit dem Existenzentwurf zugleich ergriffen, als dessen innerstem Kern er gelten darf. Ist Glaube auch etwas Unableitbares, wesentlich Unergründbares, so tritt er bei Rilke doch als ein *Glaube an die Kunst* in Erscheinung, der geistes- und dichtungsgeschichtlich einen ganz bestimmten Ort hat.« (Hervorhebung vom Autor). In dieselbe Richtung geht BLUME, Bernhard, »Das Motiv des Fallens bei Rilke«. In: GÖRNER, Rüdiger, a. a. O., S. 45: »Rilke war ein Künstler und entschied sich, sein Leben als Künstler zu leben. Selbst wenn dies Nicht-Leben hieß.« Besonders bedeutsam ist folgende Passage bei MASON, Eudo C., Rainer Maria Rilke: sein Leben und sein Werk, Göttingen 1964, S. 53. »Obwohl Rilkes erster Pariser Aufenthalt mit Recht als einer der wichtigsten Wendepunkte seiner Entwicklung betrachtet wird, darf man nicht übersehen, daß die verborgenen Anfänge des neuen Abschnitts, der damit für seine Kunst und sein Leben *sichtbar* beginnt, schon gut drei Jahre zurückliegen, ja sogar keimartig schon in seiner ersten Begegnung mit der Kunst Georges und Rodins im November 1897 zu erkennen sind. Paris bedeutete für

ihn nicht nur einen neuen Anfang, sondern auch gleichsam den Abschluß eines langsamen inneren Vorgangs, der schon während der Worpsweder Jahre 1900–1902 weit gediehen war.« (Hervorhebung vom Autor. Ich kann nur hinzufügen, daß der Keim von Rilkes poetischer Berufung noch einige Jahre zurückliegt und schon in der Prager Zeit und in seinen Gedichten über spanische Maler präsent ist.

9 Der unveröffentlichte Brief wird von ROMAN, a. a. O., S. 38, zitiert und hat den Titel »Musenhaus, 15/9/96.« Der Brief beginnt: »Wieder einmal Dresden-Gallerie / Die ich aufzusuchen nie vergesse«. ROMAN bemerkt, daß dieser Brief, außer dem Zitat der Gemälde der Dresdener Galerie in »Das Hochzeitsmenuett«, auf eine gute Kenntnis der Galerie seitens Rilkes schon zu dieser Zeit hinweist.

10 Nach dem Katalog des damaligen Direktors der Dresdener Gemäldegalerie, Henner MENZ, La galérie de Dresde. Maîtres italiens, espagnols et français, Leipzig 1961, S. 4, wurden die meisten Gemälde spanischer Meister Mitte des 19. Jahrhunderts gekauft. ROMAN, a. a. O., S. 30, zitiert folgende Werke von Murillo: »Der Tod der Hl. Clara«, »Der Hl. Rodriguez« und »Maria mit dem Kinde«. Nach Hans F. SCHWEERS, Gemälde in deutschen Museen, München 1994, Bd. 8, S. 323–332, befinden sich in diesem Museum außer den schon erwähnten folgende Werke von Velázquez: »Bildnis des Gaspar de Guzman, Graf von Olivares, Herzog von San Lucar«, »Bildnis eines Herren, wahrscheinlich des Königlichen Oberjägermeisters Juan Mateos« und »Bildnis eines Ritters des Santiago-Ordens«. Das Werk El Grecos »Die Heilung des Blinden« befindet sich ebenfalls in Dresden.

11 Vgl. STAHL, August, »Rilke und Richard Muther. Ein Beitrag zur Bildungsgeschichte des Dichters«. In: MAI, Ekkehard u. a., Ideengeschichte und Kunstwissenschaft. Philosophie und bildende Kunst im Kaiserreich, Berlin 1983, S. 223–251 (= Kunst, Kultur und Politik im Deutschen Kaiserreich. Schriften eines Projekt-Kreises der Fritz Thyssen Stiftung, 3), und WILKENS, Manja, »›... ein Stück Kunstgeschichte, gesehen durch ein Temperament: Rilke und die Kunstgeschichte«. In: GÖTTE, Gisela und BIRNIE DANZKER, Jo-Anne (Hg.), a. a. O., S. 113–118.

12 Vgl. STAHL, August, a. a. O., und beide Beiträge von WILKENS, Manja, a. a. O.

13 Vgl. FERREIRO ALEMPARTE, Jaime, a. a. O., S. 27. Außer den bereits erwähnten Kunsthistorikern las Rilke sicherlich Bücher von anderen deutschen Kritikern, die sich mit spanischer Malerei beschäftigten. FERREIRO ALEMPARTE zitiert z. B. August L. Mayer und sein Buch »Die Geschichte der spanischen Malerei« aus dem Jahre 1913, das sich im Rilke-Archiv befindet (a. a. O., S. 28). Aber besonders wichtig sind Carl Justi: »Diego Velasquez und sein Jahrhundert«, 1888, und die Bücher von Valerian von Loga, den Rilke in einem Brief zitiert, wie wir unten sehen werden.

14 Dieses Gemälde weist einen starken Einfluß von Velázquez' Stil auf. Vgl. LAFUENTE FERRARI, Enrique, La vida y el arte de Ignacio Zuloaga, San Sebastian 1950. Dies ist die ausführlichste Biographie von Zuloaga und enthält einen Katalog seiner Werke. »Die Zwergin Doña Mercedes« hat die Nummer 94 (im folgenden LF 94).

15 Man kennt das Datum des ersten Treffens mit Zuloaga nicht genau. FERREIRO ALEMPARTE, a. a. O., S. 29 ff., behauptet, es wäre Ende September 1902 erfolgt, aber es ist wahrscheinlicher, daß es im Juni 1903 stattfand, wie Rilkes fünfter Brief an Zuloaga vermuten läßt (Vgl. dazu GEBSER, Jean, Rilke und Spanien, S. 62), da man vom zweiten Brief (a. a. O., S. 56) ableiten muß, daß Zuloaga im September 1902 nicht in Paris war. Auf jeden Fall bezeugen Rilkes Briefe von 1903–04 ihre Freundschaft.

16 Vgl. GEBSER, a. a. O., S. 14: »Wie sehr Rilke Zuloaga nicht nur als Künstler, sondern auch als Menschen schätzte, geht aus diesen Briefen [Rilkes Briefe an Zuloaga] hervor, deren Aufrichtigkeit, wie nicht anders zu erwarten, durch andere Briefstellen erhärtet wird.« In einer Fußnote zitiert Gebser eine Reihe von Briefen, in denen Rilke mit Bewunderung über Zuloaga spricht.

17 Vgl. den Brief an Lou Andreas-Salomé aus Rom vom 12. 5. 1904, in dem Rilke anerkennt, daß Zuloaga zusammen mit Rodin der einzige Mensch in Paris ist, der ihn stark beeindruckt hat.

18 Vgl. Ghislaine PLESSIER, Ignacio Zuloaga et ses amis français, Paris 1995. Diese Autorin hat auch den Briefwechsel zwischen Zuloaga und Rodin veröffentlicht. Vgl. auch LAFUENTE FERRARI, a. a. O., S. 37–56.
19 Es handelt sich um den Begriff der »Dinge«, von dem Rilke in mehreren Briefen an Lou Andreas-Salomé spricht. Vgl. besonders die Briefe vom 8. 8., 10. 8., 11. 8. und 15. 8. 1903. Vgl. auch STEPHENS, Anthony, »Ästhetik und Existenzentwurf beim frühen Rilke«. In: Rilke heute. Beziehungen und Wirkungen, 2. Bd., Frankfurt 1976, S. 95–114.
20 Vgl. FERREIRO ALEMPARTE, a. a. O., S. 33–35.
21 In seiner Jugend war Zuloaga nach einer ersten Zeit der Enttäuschung bei seinen Versuchen, ein berühmter Maler zu werden, während einiger Monate beruflich als Stierkämpfer aufgetreten. Vgl. Catalogue of paintings by Ignacio Zuloaga exhibited by The Hispanic Society of America with Introduction by Christian BRINTON, New York 1909, S. 55. Auch bei LAFUENTE FERRARI, a. a. O., S. 42 f.
22 Zitiert bei AROZAMENA, Jesús María de, Ignacio Zuloaga, el pintor, el hombre, San Sebastian 1970, S. 132. Das Porträt bei LAFUENTE FERRARI, a. a. O., mit dem Titel »Retrato del poeta Don Miguel« (Bildnis des Dichters Don Miguel, LF 84).
23 Vgl. BRINTON, a. a. O., S. 79. Dieser Kritiker bemerkt auch, daß Zuloaga den Gewinn seines Erfolgs in den Kauf von mehr als 300 Gemälden von spanischen Meistern, insbesondere von El Greco und Goya, investiert hatte (a. a. O., S. 97 f.).
24 Dieser Punkt ist wichtig und wurde von mehreren Autoren bestätigt. AROZAMENA, a. a. O., S. 167–172, gibt einen Artikel von Zuloaga selbst für seine Ausstellung in London 1908 wieder; COSSIO, Manuel Bartolomé, El Greco, Madrid 1908, bestätigt in der Einführung die Vergessenheit, in die El Greco geraten war.
25 Rilke hatte auch keinen Stierkampf vor seiner Spanienreise gesehen, wie es aus dem Brief an seine Frau Clara vom 1. 10. 1907 hervorgeht.
26 Vgl. STEPHENS, a. a. O.
27 Vgl. LAFUENTE FERRARI, a. a. O., S. 57 und FERREIRO ALEMPARTE, a. a. O., S. 34 f.
28 Vgl. FERREIRO ALEMPARTE, a. a. O., S. 35. Ich muß hier auf einen Fehler hinweisen, der offensichtlich aus dem Mißverständnis dieser Passage entstanden ist. KRAMER-LAUFF, Dietgard, Tanz und Tänzerisches in Rilkes Lyrik, München 1969, S. 77 und STAHL, August L., Rilke-Kommentar zum lyrischen Werk, München 1978, S. 206, geben an, daß das Bild »La bailarina Carmen, la gitana« von Goya gemalt wurde. Der Fehler geht auf die Aussage Rilkes im bereits erwähnten Brief an Clara vom 26. April 1906 zurück: »Aber die eng von Zuschauern umstandene Tänzerin Goyas war mehr«. Obwohl Rilke Goya erwähnt, ist Zuloaga der Maler von »La bailarina Carmen, la gitana«. Das Bild trägt im Katalog von LAFUENTE FERRARI die Nummer LF 143.
29 In seinem vierten Brief an Zuloaga aus Viareggio vom 9. April 1903. In GEBSER, a. a. O., S. 60. In deutscher Übersetzung auf S. 73. Vgl. FERREIRO ALEMPARTE, a. a. O., S. 35.
30 Vgl. KRAMER-LAUFF, a. a. O., S. 11.
31 Für einige Beispiele von Bildern tanzender Frauen in typischen Kostümen der Zeit, die von Goya gemalt wurden, siehe GUDIOL, José, Goya (1746–1828), 4 Bde., New York 1971: »La gallina ciega« (cat. 256), »El baile a orillas del manzanares« (cat. 63), »La maja y los embozados« (cat. 66). Von Zuloaga sind außer »La bailarina Carmen, la gitana« (Die Tänzerin Carmen, die Zigeunerin) auch hervorzuheben: »Retrato de Lolita, la bailarina« (LF 91), »Bailarinas andaluzas« (LF 168).
32 Diese Problematik, die auf verschiedene Weise in Rilkes Dichtung präsent ist, ist von STEPHENS, a. a. O., eingehend untersucht worden. Wiederum kann ich im Rahmen dieser Arbeit dieser Problematik nicht gerecht werden. Ich verweise nur darauf, daß die neue Perspektive von »Spanische Tänzerin« die von »Murillo« und »Velasquez« ergänzt.
33 Rilke hatte schon 1903 Gemälde Zuloagas, die er diesem Thema gewidmet hatte, gesehen. Vgl. den Brief an Lou Andreas-Salomé vom 15. 8. 1903, in dem Rilke sagt, er habe »Die Familie eines Stierkämpfers« gesehen. Im Katalog von LAFUENTE FERRARI, a. a. O., unter dem Titel »Gallito y su familia« (›Gallito‹ und seine Familie) LF 173.

34 Ich verwende diesen Fachausdruck, der in letzter Zeit wieder sehr beliebt ist. Mit diesem Ausdruck meine ich nicht die rhetorischen Mittel, die Rilke im Gedicht gebraucht, sondern das Gedicht selbst als Nachschaffung der Gemälde. Vgl. The Dictionary of Art, Hg. von Jane TURNER, Bd. 10, London 1996, S. 128 ff: Ekphrasis ist »a vivid description intended to bring the subject before the mind's eye of the listener. [...] An ekphrasis generally attempted to convey the visual impression and the emotional responses evoked by the painting or building, not to leave a detailed, factual account.
35 In den Fachenzyklopädien herrscht keine Einstimmigkeit darüber, wer der Erfinder dieser Bewegung ist oder wie man sie ausführt. Die meisten meinen, der Erfinder sei Pepe-Hillo, ein anderer berühmter Stierkämpfer am Ende des 18. Jahrhunderts, aber Montes wäre der Verbesserer der Bewegung gewesen. Die Enzyklopädien erklären auch nicht völlig, was der Unterschied zwischen »galleo« und »recorte« ist. Einige meinen, beide Fachausdrücke seien praktisch identisch, andere meinen, der moderne Fachausdruck »recorte« schließt das alte »galleo« ein, das beim heutigen Stierkampf nicht mehr verwendet wird. Vgl. Jose María de COSSIO, Los toros; tratado técnico e histórico, Madrid 1951–61, Bd. 1, S. 928–929, und Bd. 3, S. 630. Vgl. auch FERREIRO ALEMPARTE, a. a. O., S. 36 f. Ich werde unten zeigen, warum der Fachausdruck »recorte« auch für unsere Diskussion relevant ist.
36 Vgl. COSSIO, José María, a. a. O., Bd. 3, Artikel »Francisco Montes«. Seine Karriere befand sich also nur in den Anfängen. Es scheint aber doch attestiert zu sein, daß er einen großen Erfolg errang, obwohl er das »alternativa« (Bestätigung seitens eines Toreros) nur im folgenden Jahr in Madrid erhielt. Von diesem Moment an wurde er einer der wichtigsten Stierkämpfer seiner Zeit. Dagegen FERREIRO ALEMPARTE, a. a. O., S. 36 f.
37 Einige motivisch verwandte Beispiele sind »Torerillos de pueblo« (LF 233), »Juan Belmonte« (LF 518), »La victima de la fiesta« (LF 326), »Gallito y su familia« (LF 173) (von Rilke in seinem Brief an Lou Andreas-Salomé vom 15. 8. 1903 zitiertes Gemälde), »Torerillos de Turégano« (LF 384), »Corrida en Eibar« (LF 96).
38 Das Buch, auf das Rilke bezug nimmt, ist mit aller Wahrscheinlichkeit die Studie: Goya, mit Oeuvreverzeichnis, o. O., 1903. Loga hat auch andere Bücher über Goya veröffentlicht.
39 Die einzige Abbildung dieses Gemäldes, das ich gefunden habe, befindet sich im Buch »Die Nationalgalerie zu Berlin. Ein kritischer Führer« von Karl SCHEFFLER, Berlin 1912, S. 229.
40 Die Radierungen der »Tauromaquia« sind die berühmtesten Darstellungen des Stierkampfs und auch einige der ersten. Der vollständige Zyklus konstituiert sich im Prinzip als eine kurze Geschichte des Stierkampfs, die von einem Werk von Nicolás Fernández de Moratín, geschrieben 1777, inspiriert wurde. Im zweiten Teil widmet Goya berühmten Toreros mehrere Radierungen, wie dem erwähnten Pepe-Hillo.
41 Vgl. die in der Edition von Logas wiedergegebene Radierung: LOGA, Valerian von, Die Tauromachie, Berlin 1910. Dies ist nicht das oben erwähnte Buch, noch das, in dem Rilke die Radierungen sehen konnte. Die Originalausgabe des Werks ist von 1816 und enthält nur 33 Radierungen. Der Zyklus wurde in Madrid 1855 wieder abgedruckt, aber eine besser zugängliche Reproduktion war die französische von Loizelet, die 1876 veröffentlicht wurde. Außerdem war diese Ausgabe die einzige, in der Rilke die vollständige Serie mit den Radierungen 34 A bis 40 G sehen konnte. Vgl. ›La Tauromaquia and The Bulls of Bordeaux by Francisco Goya y Lucientes‹, with a New Introduction by Philip HOFER, New York 1969.
42 Vgl. Catalogue of paintings by Ignacio Zuloaga exhibited by The Hispanic Society of America with Introduction by Christian BRINTON, New York 1909.
43 Vgl. GEBSER, a. a. O., S. 15.
44 Vgl. GEBSER, a. a. O., S. 14 f.

45 Vgl. Rainer Maria RILKE, Rodin. Ein Vortrag / Die Briefe an Rodin (übersetzt von Oswalt VON NOSTITZ), Frankfurt a. M. 1955, S. 104. Zitiert nach NAUMANN, »Rilke und Toledo«. In: Blätter der Rilke-Gesellschaft 18 (1991), S. 111–132.
46 Vgl. SCHNACK, Ingeborg, Rainer Maria Rilke. Chronik seines Lebens und seines Werkes, Frankfurt a. M. 1975, S. 389. Zitiert nach NAUMANN, a. a. O., S. 114.
47 Es sind die Gedichte »Mandelbäume in Blüte« (SW II, 43) und »Die Spanische Trilogie« (SW II, 43 ff.).
48 Verschiedene Autoren anerkennen den Einfluß El Grecos bei der Formulierung der Figur des Engels der Elegien und selbst bei der Konstituierung der Landschaft der »Spanischen Trilogie«. Vgl. GEBSER, a. a. O., S. 47 ff. und NAUMANN, a. a. O., S. 121 ff. Meiner Meinung nach ist El Grecos Einfluß in beiden Fällen wahrnehmbar, obwohl er mit anderen eng verbunden ist.
49 Vgl. GUDIOL, José, El Greco 1541–1614, übersetzt von Kenneth Lyons, New York 1973, S. 252. Der Kunsthistoriker Wethey war der erste, der das Gemälde so interpretierte. GEBSER, a. a. O., S. 17, reproduziert das Bild schon mit dem neuen Titel.
50 Diese Identifizierung von Religiösem und Erotischem überrascht nicht. Ein Beispiel ist das Gedicht im »Stunden-Buch«: »Lösch mir die Augen aus« (SW I, 313), das zuerst als Liebesgedicht für Lou Andreas-Salomé geschrieben wurde.
51 Laut KERENYI, Magda, »Die Chronologie von Rilkes Aufenthalt in Ronda«. In: Centro Studi »Rainer Maria Rilke e il suo tempo«. Quademo n. 7. Atti dell'ottavo convegno, Duino und Trieste 1980, S. 85–112, ist dieses Bild der Divina Commedia entlehnt, und zwar einer Szene im Paradies, in der Dante den Blick seiner Geliebten Beatrice sucht.
52 Auf diese Weise ist es möglich, die Passage über El Grecos »Himmelfahrt« im Brief an die Fürstin Thurn und Taxis vom 4. 12. 1912 zu verstehen: »Übrigens ja, ich sah noch viel Greco in Toledo, mit immer mehr Einsicht und immer reinerer Ergriffenheit; ganz zum Schluß die Himmelfahrt in San Vincente (sic): ein großer Engel drängt schräg ins Bild hinein, zwei Engel strecken sich nur, und aus dem Überschuß von alledem entsteht purer Aufstieg und kann gar nicht anders. Das ist Physik des Himmels.« Die »Physik des Himmels« versteht sich also nicht nur als eine überraschende Darstellung vom Himmel auf dem Bild, sondern auch umgekehrt als eine Verwandlung des Himmels in etwas Physisches, etwas Menschliches. Dies ist mit dem rilkeschen Begriff der Religion verbunden.
53 Andere Forscher haben auf diese allgemeine Tendenz hingewiesen; trotzdem glaube ich, daß die bildenden Künste auch im Spätwerk eine nicht unbedeutende Rolle spielten. Vgl. MEYER, Herman, »Die Verwandlung des Sichtbaren. Die Bedeutung der modernen bildenden Kunst für Rilkes späte Dichtung«. In: GÖRNER, Rüdiger (Hg.), Rainer Maria Rilke, Darmstadt 1987, S. 131–184 (= Wege der Forschung, Bd. 638). (Erst 1957 veröffentlicht). Dazu auch WILKENS, Manja, »Etappen einer Genieästhetik. Lebensstationen und Kunsterfahrungen Rilkes«, a. a. O..
54 Vgl. MEYER, a. a. O., S. 133.
55 Vgl. SCHNACK, a. a. O., S. 503.
56 Der Brief und die Aufzeichnung in Rilkes Tagebuch vom 14. Juli 1907 wurde von Bassermann auf Deutsch veröffentlicht. Vgl. BASSERMANN, Dieter, Der späte Rilke, Essen und Freiburg, 2. Ausg., 1947, S. 415. Zitiert nach BLANCKENHAGEN, Peter H. von, »Picasso and Rilke. ›La famille des saltimbanques‹«. In: Measure. A critical journal, 1 (1950), S. 165–185.
57 Ich stimme im allgemeinen mit der Meinung Steiners überein. Vgl. Jacob STEINER, Rilkes Duineser Elegien, Bern und München, S. 102 f.
58 Herman MEYER, a. a. O., S. 133, schreibt: »Rilke zeigt sich irritiert und tief beunruhigt durch den seit etwa 1905 in Frankreich und bald auch in Deutschland in Erscheinung tretenden Prozeß der »Entgegenständlichung«, durch die in mannigfaltigen Erscheinungen zutage tretende Tendenz der Malerei, sich von der konkreten Bildvorstellung zu emanzipieren. Und es wird sich zeigen, daß diese Beunruhigung, verbunden mit ge-

wissen noch zu erörternden kulturkritischen oder zivilisatorischen Beobachtungen und Gedankengängen, tief ins Zentrum von Rilkes Denken über das Wesen und die Aufgabe des Menschen hineingreift und als auslösendes Element einen wesentlichen Anteil am Aufbau der Ideenwelt und der dichterisch-symbolischen Formulierungen seiner Spätdichtung hat. Genauer gesagt: die Reflexion über Erscheinungen der bildenden Kunst ist ein wichtiges Ferment geworden im Wachstumsprozeß jener »Idee« oder »Lehrmeinung«, die einen ideellen Mittelpunkt der ›Duineser Elegien‹ bildet, der Idee nämlich der dem Menschen aufgetragenen Verwandlung des Sichtbaren im inneren Herzens«.

59 Rilke gebraucht diesen Ausdruck in einem Brief an Witold Hulewicz vom 13. 11. 1925 in bezug auf den Engel der Elegien: »Der Engel der Elegien ist dasjenige Geschöpf, in dem die Verwandlung des Sichtbaren in Unsichtbares, die wir leisten, schon vollzogen erscheint.«
60 Zitiert nach MEYER, a. a. O., S. 182.
61 Im Rahmen dieses Beitrages ist es nicht möglich, auf Rilkes Beschäftigung mit anderen Bildern Picassos einzugehen. Ich verweise hier nur auf andere von ihm ausdrücklich erwähnte Gemälde: mehrere Bilder von Nähenden und »Der Blinde«, alle aus der blauen und rosa Periode. Es kann nicht unbemerkt bleiben, daß Picassos Bilder dieser Periode stark an El Grecos Gemälde erinnern. Die Bildtitel werden nach Eudo C. MASON, Lebenshaltung und Symbolik bei Rainer Maria Rilke, 2. bericht. Ausg., Oxford 1964, S. 135, zitiert.
62 Vgl. Max RAPHAEL, Von Monet zu Picasso. Grundzüge einer Ästhetik und Entwicklung der modernen Malerei, München 1919, S. 117f. Am Schluß seines Buches (S. 121) verurteilt Raphael die moderne Kunst im allgemeinen beim Vergleich mit den Klassikern wie Poussin. Obwohl der Akzent hier etwas verschoben ist, sind die von Raphael gebrauchten Argumente nicht weit entfernt von der allgemeinen Besorgnis Rilkes über die Beziehung zwischen Subjekt und Objekt.

JAIME FERREIRO ALEMPARTE

Das Marien-Leben von Rainer Maria Rilke im Lichte der hagiographischen spanisch-deutschen Quelle, P. Ribadeneira / J. Hornig: Der Flos Sanctorum / Die Triumphierende Tugend.

I

Die unter dem Titel *Marien-Leben* zusammengefaßten fünfzehn Gedichte hat Rilke vom 15.–22. Januar 1912 im Schloß Duino geschrieben und im Juni 1913 in der Sammlung der »Insel-Bücherei« Nr. 43 in Leipzig publiziert. Nach Ernst-Zinn ist es nicht möglich, jedes einzelne Gedicht in chronologischer Folge zu datieren. Die sieben letzten Verszeilen der *Pietà*, die von den ersten fünf durch Bindestrich und Punkte getrennt sind, werden auf den 1. November 1911 zurückdatiert.

Dieser Gedichtsammlung müßte man die beiden in Ronda verfaßten Gedichte vom Januar 1913 *Himmelfahrt Mariae* I–II hinzufügen, die dieselbe geistig-seelische Strömung des *Marien-Lebens* ausdrücken. Rilke selbst betrachtet diese beiden Gedichte als einen wesentlichen Teil des Ganzen, wie sich aus einem Brief vom 27. März 1913 an Katharina Kippenberg aus Paris ergibt: *Und beiliegend noch eine Himmelfahrt Mariae, geschrieben in Ronda: lassen Sie das Blatt einheften, nächstens, in Ihr Exemplar des »Marienlebens«.*[1] Teil I war nach Ingeborg Schnack schon am 10. Januar 1913 von Ronda aus an Lou Andreas-Salomé in Wien geschickt worden; Teil II wurde in ein anderes Exemplar abgeschrieben, das am 20. Juli desselben Jahres ebenfalls Lou in Göttingen gewidmet war. Diese beiden Gedichte wurden später in *Vollendete Gedichte* (1906–26) übernommen.

Weit frühere Vorläufer in der Zeit und im Geist sind drei Gedichte: *Aus einem Marienleben: I. Verkündigung, II. Die Hirten, III. Ruhe auf der Flucht.* Unter dem Einfluß von Heinrich Vogeler entstanden am 29. September 1900 in Worpswede das zweite und dritte Gedicht. Für ihre Publikation am 25. Dezember 1901 in der Zeitschrift »Bohemia« in Prag fügte Rilke die *Verkündigung* hinzu, indem er die erste Strophe änderte, in der er sich nicht auf Maria, sondern auf die *Verkündigung über den Hirten* bezogen hatte. Rilke hat dieses Gedicht und das dritte mit leichter Änderung des Titels *Rast auf der Flucht* in eine Sammlung von Manuskripten unter dem Thema *In und nach Worpswede/ Verse für meinen lie-*

ben Vogeler/ Herbst 1900 abgeschrieben. Und konkretisiert: »Zu zwei Blättern Ihres großen Skizzenbuches.« [2]

Aus der Anregung von Heinrich Vogeler, eine gemeinsame Publikation eines illustrierten Lebens von Maria zu gestalten, wuchs nach Ernst Zinn viel später das *Marien Leben* in Duino Mitte Januar 1912.[3] Es wuchs, ja, aber unter einem sehr unterschiedlichen Stern. Rilke fühlte sich zu dieser Zeit Vogeler einerseits sehr verpflichtet, andererseits sehr von ihm entfernt und auch – das ist zu unterstreichen – von den eigenen hier aufgeführten Gedichten. Der Dichter sah sich in großer Bedrängnis, als er von Anton Kippenberg erfuhr, daß Vogeler nicht auf seinen Plan verzichtet hatte. Aber das ist besser zu verstehen, wenn wir die Vorbehalte Rilkes erfahren, die er in einem Brief an Kippenberg von Duino aus am Dreikönigstag 1912 zum Ausdruck bringt:

Heinrich Vogeler kommt da auf einen ganz alten Plan zurück, den ich, offen gestanden, für aufgegeben hielt, um so mehr, als ich seit Jahren die Fühlung mit seinen Arbeiten verloren habe, wie auch er das, was ich jetzt mache, wahrscheinlich völlig an sich muß vorübergehen lassen. Diese Tatsache hat freilich an den alten Grundsätzen der Freundschaft, die uns verbindet, nichts verdorben, und da er uns mit diesem Vorschlag kommt, so fühle ich mich mindestens angetrieben, seine Intention mit Ihnen auf das genaueste zu bedenken. Dazu bitte ich Sie, mir umgehend die Abschriften der beiden Gedichte aus Vogelers Manuskriptbuch: »Verkündigung über den Hirten« und »Rast auf der Flucht« zuzusenden; denn ich habe nur allervageste Vorstellung von ihnen. Auch müßte Vogeler uns selbst sagen, an welche Verse er denkt, wenn er von »10 Marienliedern« spricht; es kann sich nur um längst Veröffentlichtes handeln. Wahrscheinlich meint er die »Verkündigung« und »Die heiligen drei Könige« aus dem »Buch der Bilder«; diese beiden Gedichte werden, wie ich vermute, ihrer Art nach mit den zwei Gedichten aus seinem Buche zusammenstimmen; sollte er aber im weiteren an die Mädchenlieder aus »Mir zur Feier« gedacht haben, so könnt ich nicht seiner Meinung sein: diese sind zweifellos aus einer ganz anderen Schicht, ebenso wie die Mariengedichte des »Stundenbuches« nicht verwendet werden können. Ich sehe im ganzen nur vier vorhandene: Verkündigung über den Hirten (B. der B.), Die heiligen drei Könige (B. der B.) und Rast auf der Flucht; und selbst angenommen, daß diese vier sich untereinander vertragen, so ist es von da noch recht weit zu einem, unserem einstigen Plan sich nähernden Marienleben: dieses müßte unter allen Umständen noch enthalten: eine Geburt, eine Heimsuchung Mariä (das Magnificat aus den Neuen Gedichten käme ja auch kaum in Betracht), eine Maria mit dem Kind, eine Pietá, Tod und Himmelfahrt Mariens: lauter Dinge, die Vogeler nicht bei mir kann gefunden haben: denn soviel ich weiß, habe ich sie nicht gemacht.«[4]

Hier sieht man sehr deutlich Rilkes Absicht, das Projekt auf keinen Fall zu verwirklichen. Und mit Recht, da das *Marien-Leben* von 1912, an der Schwelle der beiden ersten Duineser Elegien, weder mit dem Marien-Leben von Vogeler zu tun hat, noch mit seinen eigenen Gedichten, die er zwölf Jahre zuvor verfaßte. Er vertraut darauf, daß Kippenberg taktvoll eine annehmbare Lösung für beide Seiten erreichen wird.

Acht Tage später, am 15. Januar, wendet sich Rilke bezüglich der erbetenen und erhaltenen Gedichte noch einmal an Kippenberg:

»Ich habe eben eine merkwürdige halbe Stunde mit dem Lesen der Gedichte aus Vogelers Besitz verbracht. Es sind sehr schöne darunter, die mir noch ganz gradaus nahegehn, aber die beiden Mariengedichte gehören nicht zu den besten. Je mehr ichs bedenke, es wird bei einer Zusammenstellung solcher Marienlieder, wie er sie vorschlug, nichts Gutes herauskommen ... so sind z. B. schon diese beiden, die völlig auf Vogelers Haus und Umgebung beruhen, fast unverträglich mit den zwei anderen aus dem »Buch der Bilder«. Und andere? Woher? Ich sehe keinen Ausweg.[5]

Dieser Widerstand Rilkes darf uns nicht daran hindern, den ursprünglichen Plan zu beachten, der ihm jetzt als eine völlig unannehmbare Regelung erscheint. Vom 15.–24. 1. 1912 datieren die Gedichte, die den Zyklus des *Marien-Lebens* bilden. Und im Postskriptum des Briefes an Lou Andreas-Salomé vom 24. 1. 1912 lesen wir über zwei Gedichte aus einem ganz neuen kleinen *Marien-Leben*:

Heimsuchung und Vor der Passion. Ich schrieb schnell, damit noch etwas mehr mit diesem eiligen Geschreibe zu Dir zurückkommt, zwei Gedichte ab aus einem ganz neuen kleinen »Marien-Leben.«[6]

Die Heimsuchung von Maria schließt mit der Strophe des Täufers, wie er im Schoß von Elisabeth frohlockt; eine Strophe, die Jacob Steiner unbeachtet ließ und die Gegenstand unseres Kommentars bei der Besprechung dieses Gedichts sein wird. Der Konflikt scheint sich seinem Ende zu nähern. Trotzdem müssen wir noch bis zu dem Brief vom 25. Oktober 1912 an Kippenberg warten, d. h. es ist eine Woche vor der Ankunft Rilkes in Toledo – eine sehr bedeutsame Tatsache. Schon am Anfang schreibt er:

Sie warten sicher auf meine Meinung in Sachen »Marienleben.« Also: ich schrieb Vogeler eben, um es kurz zu sagen, mir scheinen seine Zeichnungen nicht recht brauchbar und dem Text, den sie begleiten sollten, unangemessen; nicht einmal sein Vorschlag, eines von den Blättern (und am ehesten wärs noch die in dem einen Engel hinabweisende Engelgruppe) verkleinert im Innentitel zu verwenden, will mir als ein Ausweg einleuchten. Einesteils war mirs schwer, aber ich sah keine Möglichkeit als die, ihm das offen mitzuteilen... So würd ich (seine Zustimmung vorausgesetzt) in jedem Fall das kleine Buch vom »Marienleben,« wenn es sich eines Tages, ohne Zeichnungen nun verwirklicht,

Heinrich Vogeler widmen, um wenigstens so beim Gedächtnis unseres alten gemeinsamen Planes zu bleiben und innerhalb des Buches mit ihm beisammen zu sein.

Und so geschah es. Das *Marien-Leben* wurde in der Sammlung »Insel-Bücherei« ohne Zeichnungen veröffentlicht. Überdies erschien eine Luxusausgabe von 200 Exemplaren mit einem Bucheinband von Henry van de Velde. Von Vogeler blieb nichts weiter als die Widmung. Rilke fühlte sich doppelt befreit als er sah, daß Vogeler ihm seine Entscheidung nicht übel nahm, sondern sogar guthieß. Schon in Toledo schreibt er am 9. November an Kippenberg:

Heinrich Vogeler hat meinen Brief überaus freundschaftlich aufgenommen und verstanden, er schreibt mir, es schiene auch ihm das richtigste, wenn das »Marienleben« ohne seine Zeichnungen erscheint... Vogeler hat die herzliche Idee, mir von den Zeichnungen diejenige, die mir am liebsten war, zu schenken: das Blatt mit der Gruppe, die sich in dem einen, senkrecht herunterweisenden Engel zuspitzt.

Niemand kann eine tabula rasa des Vergangenen machen und Rilke versucht am Ende seines Lebens nicht ohne Grund bestimmte Abschnitte seines Werkes zu rechtfertigen, aber immer mit der neuen Modulation des letzten, denn der Mensch ist ein Einklang von Vergangenheit in der Erinnerung und der Zukunft in der Erwartung, abgewandelt in der flüchtigen Gegenwart. Und in diesem Augenblick, der uns beschäftigt, mußte Rilke sich von einer Last befreien, die ihn gehindert hätte, neues Festland zu betreten. Am 2. Oktober hatte er schon an Kippenberg geschrieben:

Wenn ich... noch hier bin, so hängt das mit der verhältnismäßigen Größe der Pläne zusammen, die mehr und mehr alles andere Vorhaben überwogen und nun endlich so weit sind, daß ich selbst anfange, an sie zu glauben und in ihrer Richtung zu handeln. Ich gedenke nämlich diesen Herbst und soweit als möglich einen Teil des Winters in Spanien zu verbringen, wie Sie gleich verstehen werden, nicht als Tourist, der sich eilt, sondern ich meine, mich in Toledo niederzulassen und dort zu wohnen.
Sie wissen, daß Greco zu den größten Ereignissen meiner letzten zwei oder drei Jahre gehört; das Bedürfnis, sich gewissenhafter mit ihm einzulassen, sieht beinah wie eine Berufung aus, wie eine tief innen eingesetzte Pflicht; – aber weit darüber hinaus, bis in jene römischen Tage, da ich, ohne es zu wissen, den »Malte Laurids Brigge« begann, recht der Antrieb zu einem Aufenthalt in Spanien – und über dem Gang der Jahre seither, während eines sich erfüllte, ein anderes abfiel, ist mir dieser Wunsch so rüstig und lebhaft geblieben, daß er jetzt fast der einzige ist, auf den ich mich in mir verlassen kann. Vielleicht übertreibe ich: aber mir will scheinen, als ob diese Reise von ähnlicher Bedeutung für meinen Fortschritt sein würde, wie es einst die russi-

sche war; als ob sie die Vollmacht vieles Ausdrucks der jetzt noch nicht gewährt ist, mit sich bringen sollte; – der immer noch abwartende Zustand, in dem ich mich seit Abschluß der letzten großen Arbeit finde, mag auch dazu beitragen, daß ich mich aufmerksam an diesem Neuen versuchen möchte, darin die verschiedensten Richtungen meiner Arbeit, wie ich vermute, zusammen kommen.

Es fällt auf, daß er schon in diesem Brief, bevor er überhaupt Toledo betreten hat, den treffendsten Satz für die Stadt am Tajo gefunden hatte: *Dieses bisher noch so ununterbrochene irdische Sternbild, das Toledo ist.* Ist dies nicht schon eine Enthüllung seiner hispano-augustinischen Lektüre von Duino und derjenigen, auf die ich mich im folgenden beziehen werde? In Spanien hoffte Rilke, jene »nouvelle opération« verwirklichen zu können, über die er in den *Instructions* von Beata da Foligno gelesen hatte. Also war nicht nur El Greco der Grund für seine Spanienreise.

Es gibt eine weitere Quelle, die in der Rilkeforschung unbeachtet blieb und wenn ich mich nicht irre, wird sie auch heute noch übergangen. Hier soll darauf eingegangen werden. In einem Brief an die Gräfin Manon zu Solms-Laubach vom 12. 1. 1912, also zwei Tage vor dem Beginn des *Marien-Lebens,* schreibt Rilke:

Wahrscheinlich bleib ich da noch eine Weile, ganz allein, es ist ein strenger Aufenthalt in riesigen Mauern zwischen Karst und Meer, als Lektüre den heiligen Augustinus und die schönen alten Heiligenlegenden des Spaniers Ribadaneira [sic].[7]

Dieser Text fehlt in den beiden Briefbänden, herausgegeben vom Rilke-Archiv und besorgt durch Karl Altheim. Er wurde später von Ingeborg Schnack eingefügt. Die bibliographische Information dieser Quelle, die ihr von mir mitgeteilt wurde, findet sich nicht korrekt wiedergegeben.[8]

Daß beide Autoren gleichzeitig Rilkes Lektüre bildeten, konnte nicht reiner Zufall sein. Es handelt sich ohne Zweifel um eine parallele oder simultane Lektüre der *Bekenntnisse des heiligen Augustinus* und des *Flos Sanctorum* oder *Heiligenleben* des toledanischen Jesuiten P. Pedro Ribadeneira, der Augustiner war und außerdem Übersetzer der *Bekenntnisse* und anderer Werke des »Genies des Herzens.« Rilke konnte ausführliche Stellen in den Werken des Bischofs von Hippo lesen, die Ribadeneira in seiner monumentalen *Hagiographie* zusammengestellt hatte. Das Wissen Rilkes um beide Autoren läßt sich auf die Jahre 1902/03 zurückführen, obgleich die zahlreichen ausdrücklichen Referenzen zwischen 1911 und 1913 liegen. Noch am 19. 8. 1917 bestellte er in München beim Buchhändler Horst Stoble die *Bekenntnisse* in der Übersetzung von Alfred Hoffmann, die im Band VII der Werke der Kirchenväter publiziert wurden. Rilke las sie nicht nur, sondern er selbst machte davon eine gewissenhafte Übersetzung, die im Rilke-Archiv zu finden ist. Diese umfaßt die ersten 12 Kapitel des ersten Buches der Bekenntnisse. Zinn wußte von diesem Vorhaben, aber sollte ihm damals, um 1948, die Stelle des Briefes an die Gräfin Manon bekannt gewesen sein, dann übersah er diese wichtige Assoziation, die ich darlegte. Rilke las nicht nur mit Beharrlichkeit das Werk des Heiligen, sondern er verstand es, auch andere Personen dafür zu begeistern und die Bücher zu lesen. Und so schreibt ihm am 7. 9. 1915 die französische Arbeiterin, Marthe Hennebert, die vom Dichter begünstigt wird, daß sie nachts »les meditations de S. Augustin et tout ce que j'en lis il me semble que c'est vous qui me lisez á haute voix.« Und am 24. 7. 1915 schreibt Rilke an Marianne Mitford:

> Mit einer Gier hab ich heute morgen meine Schriften durchgesehen, die Elegien, die Übertragungen aus dem Heiligen Augustinus, die Gedichte Michelangelus, und wieder eigene Verse, was für zerbrochene Anfänge. Ein Anfang war da, ich weiß nicht wovon, der mich erschüttert hat – sechs Zeilen, ich konnte mich nicht erinnern, sie je aufgeschrieben zu haben.[9]

Außer den beiden Elegien, womit er sich ohne Zweifel hier auf die dritte in Duino 1912 begonnene bezieht, führt er diese weiter aus und schließt sie später im Herbst 1913 in Paris ab. Die sechste, ihr *erster Ansatz*, wie Ernst Zinn sich vage ausdrückt, entsteht im Februar/März 1912 in Duino. In der Tat verfaßte Rilke diese fast ganz, d. h. Vers 1–31, zwischen Januar/Februar 1913 in Ronda; die Verse 42–44 schon fortgeschritten im Herbst 1913 in Paris und die mittleren Verse 32–41 am 9. 2. 1922 nachts in Muzot. Die ersten sechs Verszeilen, von denen er spricht und die mit jenen übereinstimmen, mit denen die neunte Elegie beginnt, zusammen mit den drei letzten, womit sie schließt, datieren von März 1912 in Duino. Die ersten fünfzehn Verszeilen der zehnten Elegie haben ihren Ursprung ebenfalls in Duino. Die dritte mit der komplexen Kindheit und die neunte mit der Intuition der seelischen Zeit sind eine deutliche augustinische Inspiration. Das Überschreiten der Grenzen des Bewußtseins, die Transzendenz in den *Bekenntnissen* von Augustinus im Werk von Rilke, kann in dem von mir publizierten Büchlein *Rilke y San Agustín*[10] nachgelesen werden.

Hinsichtlich der Lektüre von Ribadeneira gibt es keinen Zweifel, daß es sich um den *Flos Sanctorum* handelt, der in unmittelbarer Weise die Reise Rilkes nach Toledo entscheidet, wo er am Allerseelentag des 2. 11. 1912 eintrifft, ein schon vorher gut überlegtes Datum. Und somit verwundert es nicht, daß in dem Brief vom 13. 11. 1912 aus Toledo an die Fürstin Marie von Thurn und Taxis-Hohenlohe schon das Zitat zu lesen ist, das mir den Anlaß zu einer detaillierten Forschung geben sollte, wenngleich nicht ganz so erschöpfend in bezug auf das *Marien-Leben*, und das einen großen Teil meines Buches *España en Rilke*[11] umfaßt, das schon 1966 erschienen ist.

Aber warum haben die Rilke-Forscher von dem Einfluß auf das Werk Rilkes durch einen klassischen Spanier im goldenen Zeitalter des 17. Jahrhunderts keine Kenntnis genommen, eines Autors, der im Barock die mittelalterliche *Legenda Aurea* von Jacobus de Voragine ersetzte und der es verdiente, in fast alle Sprachen der Welt übersetzt worden zu sein?

In dem erwähnten Brief an die Fürstin Marie sagt Rilke:

»Eine Frau Himmels und der Erden« hat der Jesuit Ribadaneira [sic]... von der Jungfrau Maria gesagt, dies ließe sich auf diese Stadt anwenden: eine Stadt Himmels und der Erden, denn sie ist wirklich in beidem, sie geht durch alles Seiende durch, ich versuchte neulich, der Pia es in einem Satz verständlich zu machen, indem ich sagte, sie sei in gleichem Maaße für die Augen der Verstorbenen, der Lebenden und der Engel da, – ja, hier ist ein Gegenstand, der allen den drei, so weit verschiedenen Gesichtern zugänglich sein möchte...«[12]

Der Leser beachte schon diese Triade, deutlich erkennbar in den *Duineser Elegien*. Nachdem ich die deutsche Übersetzung des *Flos Sanctorum* von Hornig, *Die Triumphierende Tugend*, konsultiert hatte, fand ich den richtigen Satz, der wörtlich zitiert *ein Frau Himmels und der Erden* heißt. Von meinem Fund berichtete Walter Haubrich im Feuilleton der Frankfurter Allgemeinen Zeitung vom 9. 1. 1965 unter dem Titel: *Spanisches in der Dichtung Rainer Maria Rilkes. Neue Untersuchungen von Jaime Ferreiro Alemparte.* Wurden diese einfach ignoriert? Die Chronistin, Ingeborg Schnack, berichtete zehn Jahre später bezüglich des *Marien-Lebens*: »Der kleine Zyklus *Marien-Leben* umfaßt 12 Gedichte; er beginnt mit der *Geburt Mariae* und schließt *Vom Tode Mariae*. In der Reihenfolge der Gedichte folgt Rilke P. Ribadaneira.«[13] Hier fehlt der Hinweis: »wie Ferreiro Alemparte nachgewiesen hat.« Es darf angenommen werden, daß ich ihr diese Angabe persönlich mitteilte. – Im *Rilke Kommentar zum lyrischen Werk* von August Stahl wird mein Name ebenso verschwiegen.

Hier wäre noch ein anderes Datum in Verbindung mit dem *Flos Sanctorum* zu erwähnen. Das damals von Ruth Sieber-Rilke geleitete Rilke-Archiv hatte mir ein weiteres Zitat aus einem drei Monate später datierten Brief vom 13. 3. 1913 zur Verfügung gestellt, in dem wieder Ribadaneira mit Bezug auf die seelige Rose von Lima angeführt wird: *Über die seelige Rose von Lima können Sie dreissig doppelspaltige grossfolio Seiten in Ribadaneira lesen.* Dieses Zitat findet man im 3. Teil, der die *Heiligenleben* enthält, die später von dem Jesuiten Maximilian Rassler (1645–1719) hinzugefügt wurden als Ergänzung zum 2. Teil, dem *Leben der Heiligen* von Pedro Ribadeneira (1526–1611), publiziert 1731 in demselben Verlag von J. Caspar Bencards, Augsburg und Dillingen. Die Rose von Lima (1586–1617) wurde von Clemens IX. 1668 selig und 1671 von Clemens X. heilig gesprochen. Im Malte, 1904 begonnen und 1910 beendet, bezieht sich Rilke auf die mystisch Liebenden, denen er eine andere herzzerreißende selige Rose von Lima anfügt:

Fast glaube ich es, wenn ich bedenke, wie an dieser Erleichterung Gottes eine so einfältige Liebende wie Mechtild, eine so hinreißende wie Therese von Avila, eine so wunde wie die Selige Rose von Lima, hinsinken konnte, nachgiebig, doch geliebt.[14]

Damit ist der Beweis gegeben, daß Rilke schon seit langem durch diese Quelle mit dem Leben und den mystischen Visionen der Nonne von Lima vertraut war.

Jetzt muß gefragt werden, wie stand es bei Rilke um die Wertschätzung des *Marien-Lebens* nach zehn Jahren? Es handelt sich um einen sehr beachtenswerten Zeitraum. Im Januar 1922 war er dabei, den höchsten Gipfel seines lyrischen Erfolges zu erreichen: Die *Duineser Elegien*, und wie ein Geschenk kamen im Februar 1922 *Die Sonette an Orpheus* hinzu. Es darf uns nicht überraschen, daß er das *Marien-Leben* in weite Ferne gerückt sah. Aber, wie wir sehen werden, deutet der Dichter für die Entstehung dieses marianischen Gedicht-Zyklus' auf ähnliche Umstände hin wie jene, unter denen er die *Sonette* verfaßte. Das *Marien-Leben* steht also an der Schwelle der beiden ersten *Elegien*. Es ist wie ein Prolog, ein Präludium der Elegien. Die Sonette würden den Epilog bilden, das Finale. In der Mitte erhebt sich die dunkle Größe der Elegien.

Die erste ausführliche Erklärung über das *Marien-Leben* findet sich in einem Brief vom 6. 1. 1922 – Dreikönigstag, ein sehr wichtiges Datum in dem Erinnerungskalender des Dichters – an die Gräfin Sizzo, die sich dafür begeisterte, was Rilke zu dämpfen versuchte:

Ich rechne dieses kleine Buch nur sehr nebenbei zu meiner Produktion; denn es ist auch nur nebenbei entstanden, als eine äußerlich veranlaßte Rückkehr zu einem alten Plan. Ich glaube der Name »Duino« steht irgendwo darin, es war ein wunderbarer Winter, den ich ganz einsam auf diesem starken (nun auch im Kriege untergegangenen) Schlosse, allein mit den Stürmen des Karst und dem Meer, zubrachte –; ein memorabler Winter: ich begann in dieser, nur durch die Leidenschaften des Weltraums erregten Einsamkeit die vielleicht größeste und reinste Arbeit meines Herzens – (auch sie durch den Krieg, wo nicht Duino selbst, zerstört, so doch tief unterbrochen –) und der Strom des begnadeten Geistes war so gewaltig in mir, daß ich, nebenan, auch noch diese kleine Mühle des Marien-Lebens mit unterhalten durfte.
Vieles in den Details und der Anordnung dieser Bilderfolge stammt nicht aus meiner Erfindung: in dem Aufstieg der kleinen Maria zum Tempel wird man unschwer Reminiszenzen an italienische Bilder erkennen (an Tizian z. B. der Akademie in Venedig, mehr noch an den so ergreifenden Tintoretto in Santa Madonna dell Orto) – sonst ist mir das berühmte Rezept-Buch aller Heiligenmalerei, das Maler-Buch vom Berge Athos, ja sogar der sogenannte Kiewski Paterik (eine altrussische Sammlung von Ratschlägen und Vorschriften für die Darstellung biblischer Gegenstände) an vielen Stellen anleitend und anregend gewesen. Sie sehen, daß ich da oft zweite und dritte Hand gewesen bin, übernehmend statt erfindend –, aber auch im Ton griff ich auf einen zwar meinigen, aber schon älteren, vorhandenen, gewissermaßen zurück und bediente mich seiner wie der Weise eines Vorgängers. (Mit Ausnahme vielleicht eines einzigen Stückes, das aus damals neuen, gegenwärtigen Mitteln gebildet wurde, und, wenn ich nicht irre, die Überschrift trägt: »Stillung Mariä mit dem Auferstandenen«.)[15]

Wie Rilke weiterhin der Gräfin erzählt, hatte er nicht seinen Originaltext vom *Marien-Leben* zur Hand, sondern eine Übersetzung aus dem Englischen von

R. G. L. Barrett 1921, und er gesteht ein, daß diese Sprache nicht seine Stärke sei, obgleich er die *Sonnets from the Portuguese* von Elisabeth Barrett-Browning selbst übersetzt habe.

Trotzdem gibt es in diesem Brief sehr deutliche Nachklänge des seelischen Zustandes von damals und nicht nur von Duino, wie er zugibt, sondern auch von Spanien und sogar von Ribadeneira. Das Wichtigste steht schon am Briefanfang: »Dieser besondere Tag des 6. Januars, das Fest der Heiligen Drei Könige.« Rilke denkt an Ronda, an die Kirche von Santa Isabel de los Angeles, wo er die »Villancicos« hörte. Der Briefanfang ist sehr feierlich:

> Seit ich vor Jahren einmal, in meinem spanischen Winter dort den Drei-Königs-Tag mitfeiern durfte, wo Weihnachten fast unbeachtet – mit Ausnahme der messe de minuit – vorübergeht, während dieses heutige Fest den eigentlichen Bescherungsabend bringt, mit allen seinen schimmernden Überraschungen –, mag ich den Tag nie ganz ohne feierlichere Betonung lassen: erlauben Sie mir (daß ich diesem Vorsatz nicht untreu werde), die Heiligen Drei-Könige heute zu feiern.[16]

Dieses Fest war es, wie ich auch schon nachgewiesen habe, das den Anlaß gab zur Erinnerung an den ersten Teil im 21. Sonett der *Sonette an Orpheus* mit dem Titel »Frühlingskinderlied.«[17] Aber ein bißchen weiter überrascht uns die Anspielung auf den *Flos Sanctorum*, als er gerade davon spricht, daß »... die böswilligen Wirrungen etc ... in den ungeheuersten Verlust *Himmels und der Erde* –, ... « führen: ... *die böswilligen Wirrungen und Hemmungen, die Menschen einander gegenseitig bereiten ... in immer größerer Abwandlung bis in den ungeheuersten Verlust Himmels und der Erde* – ...[18]

In dem Brief an die Gräfin Sizzo, einen Monat vor dem endgültigen Gelingen der Elegien, als er sich »die vielleicht größeste und reinste Arbeit« des Herzens in die Erinnerung zurückruft, angeregt in der Einsamkeit von Duino »nur durch die Leidenschaften des Weltraums,« bezieht er sich nicht nur auf die ersten beiden Elegien mit den Fragmenten der restlichen, schon in der Erwartung, sondern auch auf andere zeitlich parallel laufende Gedichte (hier denke ich vor allem an die *Gedichte an die Nacht,* die in Ronda entstanden sind, mit der »Spanischen Trilogie« und »An den Engel«, obgleich diese Anschauung des Raums schon sehr weit zurückgreift auf das Jahr 1907 in Capri mit den Gedichten »Improvisationen aus dem Capreser Winter« und »Die Nacht der Frühlingswende«, die er so beredt in dem Brief an Clara vom 1. 1. 1907 aus Capri bestätigt.) Auch wenn es gegen Rilkes Meinung ist, kann man das *Marien-Leben* nicht von diesen gerade aufgezeigten Gedichten losreißen, wozu an erster Stelle das mächtige Gedicht *An den Engel* gehört, das abends auf einer Weide am 14. 1. 1913 in Ronda entstanden ist.

Die beiden ersten Verse der vorletzten Strophe: »Engel, klag ich, klag ich? / Doch wie wäre dann die Klage mein?« stehen in augenscheinlicher Verbindung mit dem Anfang der ersten Elegie: »Wer, wenn ich schriee hörte mich denn aus der Engel Ordnungen?« Und schon in dem ersten Gedicht des *Marien-Lebens*,

in *Geburt Mariae*, finden wir den Raum, der seelische Substanz geworden ist kraft der Engel: »Ach, sie fühlten in sich und im Raum die reine Verdichtung.«
Vor der Betrachtung der beiden ikonographischen Quellen, die Rilke gegenüber der ungarischen Gräfin erwähnte, sollen hier noch weitere Zeugnisse bezüglich desselben Kontextes erwähnt werden. In dem Brief an A. Kippenberg vom 23. 2. 1922 aus Muzot vergleicht Rilke den Umstand, der die Geburt der *Sonette an Orpheus* einleitet, mit den anderen von Duino 1912, als neben den Gedichten, die das *Marien-Leben* bilden, spontan die beiden ersten Elegien entstanden:

> Wie beim Entstehen der ersten Elegien auf Duino nach- und vorbewegte Nebenstunden das »Marienleben« ergeben haben, so ist auch diesmal, gleichzeitig mit dem Empordrängen der großen Gedichte, ein kleiner Zusammenhang mitaufsteigender Arbeiten mir, gewissermaßen als das Natürliche des Überflusses, hinzugeschenkt worden. Diese Sonette an Orpheus, ...[19]

Zwei Tage später, am 25. 2. 1922, schreibt er mit fast denselben Worten an die Fürstin Marie v. Thurn und Taxis:

> Denken Sie, ein solcher Überfluß! – So wie damals neben den ersten großen Elegien (auf Duino), in vor und nachbewegten Nebenstunden, das Marien-Leben sich einstellen mochte, so ist diesmal eine Reihe von (etwas über fünfzig Sonetten entstanden, ...[20]

Die Kritiker stützen sich auf dieses in dem Brief an die Gräfin Sizzo von Rilke entwertete und ziemlich zweideutige Urteil, vielleicht, weil sie die Bedeutung des *Marien-Lebens* nicht vollends gesehen haben oder diese zu mindern, um so die mögliche Nachwirkung dieses Zyklus nicht nur auf die beiden ersten Elegien zu schmälern, sondern auch auf andere Fragmente derselben Zeit, die dann teils in die weiteren Elegien einmündeten. Scholz bringt ein anderes, sehr unterschiedliches Urteil vom 15. 4. 1913, d. h. zwei Monate vor der Publikation des *Marien-Lebens,* das er dem Gynäkologen, Romanschriftsteller und Lyriker Hugo Salus (1876–1929) mitteilt und das sich dem Lob der Gräfin Sizzo angleicht. Sie sagt:

> Das Gute und Zustimmende, das Sie mir zu meinem Marien-Leben sagen, ist mir aufrichtig werth; es ist ein kleines Buch, das mir so recht über mich hinaus von einem stillen großmütigen Geist ist geschenkt worden, und ich werde mich immer herzlich damit vertragen, genau wie ichs that, da ichs schrieb.[21]

Zur Stützung dieses gleichzeitigen Zeugnisses zur Geburt des *Marien-Lebens* fordert Scholz den von Goethe formulierten Anspruch: *Ein echtes Kunstwerk soll wie ein gesundes Naturprodukt aus sich selbst heraus beurteilt werden.*[22] Und ich würde hinzufügen – und seinen unmittelbaren Quellen für das bessere Verständnis.

Scholz war, so glaube ich, der erste, der eine monographische Studie des *Marien-Lebens* angefertigt hat. Indem er sich auf die Gleichzeitigkeit der beiden ersten Elegien mit diesem marianischen Gedichtzyklus stützte, neben der eigenen Erklärung des Dichters in den beiden Briefen vom 22. und 25. 2. 1922 an Anton Kippenberg und die Fürstin Thurn und Taxis, konnte er gewisse Ähnlichkeiten und Gleichheiten zwischen beiden literarischen Werken aufspüren. Schon bald bemerkte er die formale Übereinstimmung zwischen den beiden ersten Versen, womit das *Marien-Leben* beginnt, und der Frage, die tatsächlich gleichbedeutend mit der ersten Elegie ist. Aber das Schlüsselzitat für eine erfolgreiche Forschung findet sich in dem Brief an die Gräfin Manon vom 12. 1. 1912. Bedauerlicherweise sprach es ihn nicht an und damit ging zunächst ein großer Fund verloren. Folglich lenkte er seine Aufmerksamkeit auch nicht auf das Zitat in dem Brief vom 13. 11. desselben Jahres an die Fürstin Marie. Trotzdem weist er auf die wesentliche Verbindung der Engel im *Marien-Leben* mit dem reinen Raum hin: »Ach, sie fühlten in sich und im Raum reine Verdichtung.« Und er kommentiert: »Damit berührt Rilke hier schon sein später voll entwickeltes Konzept vom Raum »außen« und »innen«, vom *Weltraum* und dem *Seeleninnersten* bis zur letzten Formulierung, dem *Weltinnenraum*.« Aber, weil er nicht die Quelle kannte, aus der Rilke sich inspirieren ließ, konnte er zu keinem befriedigenden Kommentar der letzten Strophe kommen. Joachim beabsichtigte nicht, das Gebrüll der Kuh zurückzuhalten, damit die Wöchnerin nicht durch ihren Lärm gestört werde; er tut es, um nicht noch mehr Öl in das Feuer der Gerüchte zu gießen, die wegen solch unerhörtem Ereignis kursierten. Er wußte – und jetzt wissen wir es auch – daß nach unserer Quelle das Blöken der Schafe ehrliche und echte Beweise der Freude über die Geburt Mariens bedeuteten.

Sehen wir uns nun die beiden anderen Quellen an, die der Dichter in seinem Brief an die Gräfin Sizzo zitiert, nicht wegen der eigentlichen Belange, sondern vielmehr wegen dem, was zwischen den Zeilen steht, besonders auffällig im ersten, dem *Marien-Leben*, mit folgendem Satz in Griechisch: ζ'άλην 'ένδοθεν 'έχων, »Der Sturm ist innen.« Dieser Satz ist tatsächlich im *Buch der Maler vom Berg Athos* zu finden. Es ist ein ikonographisches Handbuch der griechisch-katholischen Kirche, dessen Ursprung weit zurückgreift auf die frühe Zeit in Byzanz. Seine Verbreitung in verschiedenen Sprachen der orientalischen Kirchen war enorm. Die bekannteste Fassung im Abendland ist die des Mönchs Dionysius de Furna (c. 1670–1745), die im ersten Drittel des 18. Jh. unter dem Titel Ἑρμηνεία τῆσ ζωγραφικῆσ τέχνε erschien. Sie wurde 1839 im Kloster auf dem Berg Athos entdeckt und sorgfältig von A. Papadopoulus-Kerameus, St. Petersburg, 1909 in der modernen griechischen Sprache veröffentlicht. Aber seit 1845 existiert eine französische Übersetzung von J. A. Didron (Manuel d'íconographie crét. et lat.); zehn Jahre später erschien die deutsche Übersetzung des Pfarrers Godehard Schäffer (Trier 1885). Diese sah Rilke in der Bibliothek zu Duino. Es ist ein Lehrbuch, das die 24 Strophen der berühmten byzantinischen Hymnen zu Ehren der Jungfrau Maria erläutert, den Akathistos-Hymnus, so genannt, weil er von den Gläubigen stehenden Fußes gesungen wird. Die Strophen sind in alphabetischer Folge angeordnet. Die sechste, dem Buchstaben ζ entsprechend, ist diejenige, welche den Satz enthält, den Rilke verwandt hat, und er bezieht sich auf den Argwohn Josephs; das fünfte Gedicht in der Reihenfolge Rilkes. Den vollständigen Text kann man so übersetzen: »Der ehrbare Joseph ist bestürzt wegen des Sturms von Gedanken, die sich in seinem Innern bewegen.« Rilke benutzte die deutsche Übersetzung, die auf der französischen von Didron beruht. Aber zu Beginn des Satzes in der deutschen Übersetzung heißt es nicht *Sturm*, wie zu erwarten wäre, sondern *Raum*. Dieser Irrtum ist nach Zinn der Nachlässigkeit eines Setzers zuzuschreiben, der in dem Manuskript von Schäffer Sturm mit Raum verwechselte. Der unvollständige Satz, der das *Marien-Leben* einleitet, bezieht sich, wie anzunehmen ist, nicht auf Joseph, sondern auf Rilke selbst, denn er kam ihm sehr gelegen für seine Auffassung vom innersten Raum. Damals entwickelte er schon den »Herzraum,« der in Kontakt mit dem Werk des heiligen Augustinus gereift war. *Rilke* – sagt Zinn –

fand in diesen drei Worten ζαλην ενδοθεν εχων ... gewissermaßen die kürzeste Formel für die ihn immer völliger beherrschende »Raum« Vorstellung, die sich eben damals um die Jahreswende von 1911 auf 1912 in ihm ein bedeutendes Stück weiter auffaltete, wie man gerade auch an einigen Gedichten des »Marienlebens« beobachten kann (besonders an der »Darstellung Mariae im Tempel,« auch an der »Verkündigung über den Hirten«).[23]

Was Zinn sagt, ist richtig, aber es bleibt die Frage, woher diese würdevolle Entfaltung des Raums im *Marien-Leben* kommt? Wie ich schon vor vielen Jahren geschrieben habe, stellen für Rilke die bildenden Künste das letzte Stadium dar, das letzte Hilfsmittel, um in der Verdichtung des Gedichts das zu gestalten, was er durch langsame und vortreffliche Lektüre ständig gesammelt hatte. Das Ziel lag in dem Bild und er brauchte es als Anregung, um das real Betrachtete oder literarisch Erlebte in poetische Form zu bringen. Die nicht von Zinn hinzugefügten Lektüren, welche es Rilke bis zu diesem Augenblick ermöglicht hatten, zu seiner höchsten Reife zu gelangen, sind diejenigen, die der Dichter im *Flos Sanctorum* des P. Ribadeneira unter Zuhilfenahme der deutschen Übersetzung von Hornig fand, besonders auffällig in den beiden ersten Kapiteln vom *Leben unseres Erlösers und Seligmachers Jessuchrist* und in *Kurze Beschreibung des Lebens der Allerseelichste Jungfrauen Mariae* sowie in den Kapiteln, die den bestimmten Marienfesten gewidmet sind.

Wollen wir hier verweilen, um mit größerer Aufmerksamkeit die vorherrschende Charakteristik dieser Lektüren zu betrachten, dann müssen wir zugeben, daß die von Rilke erwähnten Kunstwerke nicht diejenigen sein konnten, die in ihm diese Raumvorstellungen erweckten, auf die Zinn im *Marien-Leben* hindeutet, weil eine der Eigentümlichkeiten des literarischen Barock der Gegenreformation gerade die Weite der Räume ist – die barocke Übersetzung von Hornig mit einem so auffälligen Titel *Die Triumphierende Tugend* ist schon ein ziemlich einleuchtender Beweis in diesem Sinne. Konkret gesagt, was sichtbar wird, ist die große Vision des Himmlischen und ihre mystische Vereinigung mit dem Irdischen in paralleler Gemeinsamkeit mit der humanen und göttlichen Natur.

Der Satz *Himmels und der Erden*, von Rilke in Toledo mit Bezug auf die Stadt erwähnt und im *Flos Sanctorum* mit Bezug auf Maria angewandt, wiederholt sich in bestimmten Situationen unendlich viele Male in dem Text von Ribadeneira und dessen Übersetzern. Rilke benötigte in Toledo kein Exemplar dieses Werkes; er hatte es gut in sein Gedächtnis eingeprägt. Und wenn es in Toledo herausbricht, ist das kein Zufall. Er lebt hier in reiner Theophanie. Daß Toledo ihm als eine *Stadt Himmels und der Erden* erscheinen würde, ist selbstverständlich.

Auch kannte der Dichter die Legende vom heiligen Ildefonsus, so populär und so schön erzählt von Ribadeneira, daß die Jungfrau vom Himmel in die Kirche von Toledo herabgestiegen sei, um ihrem heiligen und gelehrten Erzbischof das berühmte Meßgewand überzuwerfen, das Engel im Paradies gewoben hatten.

Schon der Dichter *Ludwig Uhland* hatte vor Rilke diese Legende durch das Stück *Der König Bamba* von Lope de Vega kennengelernt. Uhland hat sie mit großer Treue und nicht weniger großer Schönheit in 24 Strophen in Romanzen ins Deutsche übersetzt. Aber, soweit ich weiß, blieb diese Quelle den Rilke-Forschern bisher noch verborgen und damit auch unbekannt.

Kommen wir nach dieser abweichenden aber wichtigen Erläuterung wieder zurück zu dem Satz, der Gegenstand des gelehrten Kommentars von Ernst Zinn ist. Kann es möglich sein, wie dieser Gelehrte annimmt, daß Rilke darauf aufmerksam gemacht wurde, daß das Wort ζάλη nicht »Raum« bedeutet, sondern »Sturm«? Rilke war nicht enttäuscht; letzten Endes hatte der Satz für ihn nichts zu tun mit Joseph, sondern er bezog ihn auf sich selbst und so kam ihm diese Interpretation ganz gelegen, um später auf seinen eigenen geistigen Zustand hinzuweisen, in dem die beiden Elegien entstanden sind. Im Brief an die Gräfin Manon von 1912 ist keine Rede vom Sturm, sondern nur von Karst und Meer. Aber am Vorabend der großen »Geburt« spricht Rilke vom Rest der Elegien. Und noch akzentuierter in dem Brief vom 11. 2. desselben Jahres 1922 an die Fürstin Marie mit der glücklichen Nachricht der endgültigen Geburt der Elegien: *Alles in ein paar Tagen, es war ein namenloser Sturm, ein Orkan im Geist (wie damals auf Duino).*[24]

Über den Zustand Rilkes, in dem sich die Geburt der ersten Elegie am 21. 1. 1912 ereignet, hören wir später den »apokryphen« Bericht der Fürstin Marie:

Die Felsen fallen dort steil ... ins Meer herab. Rilke ging ganz in Gedanken versunken auf und ab ... da, auf einmal mitten in seinem Grübeln, blieb er stehen, plötzlich, denn es war ihm, als ob im Brausen des Sturmes eine Stimme ihm zugerufen hätte: »Wer, wenn ich schriee, hörte mich denn aus der Engel Ordnung?[25]

Wenn die Erzählung nicht eine spätere Bearbeitung der Fürstin ist, wie es scheint, wäre dies der allernächste Beweis, auch hinsichtlich seiner Bedeutung, weil der von ihr angewandte Ausdruck »im Brausen des Sturms« die genaue Übersetzung des Wortes ζάλη ist.

In demselben Kontext stehen die Erklärungen Rilkes in bezug auf das *Marien-Leben*, die Magda Hattingberg, seine Benvenuta, aufbewahrte. Es handelt sich um eine für uns sehr bekannte Geschichte, jetzt aber in anderer Weise dargestellt:

»Ich will dir eine wunderlich Geschichte vom unbewußten Schaffen erzählen: Heinrich Vogeler und ich wollten einmal gemeinsam ein Buch herausgeben; es waren meine Gedichte aus dem Leben Mariä, Vogeler sollte die Bilder dazu machen und ich sandte ihm das Manuscript. Es ist lange her – und unbedacht, wie man in der Jugend ist, hatte ich keine Abschrift davon hergestellt. Nach Monaten schrieb mir Vogeler, er könne die Gedichte nicht mehr finden, ich solle sie ihm nochmals schicken. Dies war nun freilich unmöglich, denn ich erinnerte sie nicht mehr und jeder Versuch, sie aus dem Gedächtnis niederzuschreiben, schien mir in einer völlig klaren Überlegung aussichtslos. Ich gab sie also verloren und sie blieben verloren – Jahre später lebte ich durch Monate allein in Duino in grösster Einsamkeit, herrlich allein, viel lesend, wenig arbeitend, als mir auf meinem Gang durch den Garten, ...Verse kamen. Ich nahm mein Tagebuch und schrieb, las, schrieb weiter – mit einemmal war alles wieder da, die Marien-Lieder wurden mir lebendig und offenbar, in einer kaum faßbaren Weise, beglückend, vertraut und seit jeher gewußt.«
Wir schwiegen beide... Endlich sagte ich: »Glaubst du, daß sie in dir geschlafen hatten und nun wieder erwacht waren?« ... »Nein,« erwiderte er leise, »denn nun kommt das Unfaßbare: kurze Zeit nachher schickte mir Vogeler das durch einen seltsamen Zufall nach Jahren wiedergefundene Manuscript, aber die Gedichte waren völlig andere als jene, die ich im Garten von Duino wiedergefunden zu haben glaubte. Die ersten schienen mir beim Wiederlesen verblaßt, fast ohne Bedeutung, ja sie waren sogar im Inhalt verschieden. Die eigentlichen Marienlieder aber blieben nun diese, die ich angesichts des Meeres hier niederschrieb, ohne zu ahnen, daß sie eine völlig neue Dichtung bedeuteten.«[26]

Wer mit den unbeständigen Aussagen des Dichters über seine eigenen Schöpfungen vertraut ist, wird nicht an der Wahrheit dieses von Magda Hattingberg überlieferten Zeugnisses zweifeln, das im Grunde authentisch ist. Die letzte Aussage ersetzt oder vermindert die erste. Also kann uns nicht mehr Rilkes eigenes negatives Urteil über das *Marien-Leben* überraschen, das er dem Literaturwissenschaftler Hermann Pongs anläßlich der Umfrage vom 21. 10. 1925 schickte. Darin spricht Rilke von einem »längst übertroffenen« Ton, mit Ausnahme, wie wir wissen, von ein oder zwei Gedichten dieses Zyklus, »eine frühere Stimmung bewußt zurückführend.« Wie Exner vermutet, konnte Rilke Interesse daran haben, diese Meinung seine Leser wissen zu lassen. Rilkes Haltung hat zu einer Kette von Mißverständnissen geführt; unter diesen der berühmte Brief an Hullewicz vom 13. 11. 1925. Aber es ist klar, daß das Urteil eines Werkes vor allem im Licht der Quellen begründet sein muß, in seinem »hic et nunc,« damit die Meinung überwiegt, die viel später ausgedrückt wird, auch wenn sie der Meinung des eigentlichen Verfassers widerspricht.

Es steht außerhalb meiner Kompetenz, genau die Elemente anzugeben, die Rilke den russisch-byzantinischen Quellen entnehmen konnte, die er in dem Brief an die ungarische Gräfin Margot Sizzo erwähnt. Paul Hetherinton veröffentlichte das ins Englische übersetzte Handbuch von Dionysius de Fourne *The Painters Manual of Dionysius of Fourna* mit einem Kommentar des griechischen Kodex von Saltykow-Shschedrin.[27] Hier wird ausführlich beschrieben, wie man die Hauptfeste, Taten und Wunder von Christus nach den Evangelien darstellen sollte. Auch schließt es selbstverständlich einige Episoden oder Szenen in direkter Verbindung mit Maria, wie die Verkündigung, den Argwohn Josephs, Empfängnis, Geburt, Beerdigung und Himmelfahrt ein. Diese Anweisungen erlauben uns wegen ihres schematischen Charakters keine entscheidende Betrachtungsweise über den angenommenen Einfluß auf das *Marien-Leben* trotz der öffentlichen Erwähnung des Dichters. Dasselbe geschieht mit dem »Kiever-Patricon« oder »Buch der Heiligen Väter des Klosters unter der Erde von Kiew«, einer Sammlung von alten russischen Legenden religiösen Inhalts. Abramovic publizierte 1911 eine wissenschaftliche Ausgabe dieses Werkes, das vielleicht dasjenige war, das Rilke in Duino sah. Übrigens war Rilke während der Reise nach Rußland 1900 in Kiew und besuchte selbstverständlich das berühmte unterirdische Kloster mit seinen asketischen Zellen. In einem Brief an seine Mutter vom 8. 6. 1900 schreibt er:

> Dies ist das heiligste Kloster im ganzen Reiche. Ich habe, eine brennende Kerze in Händen, alle diese Gänge durchschritten, einmal allein und einmal im betenden Volke... und habe mir vorgenommen, ehe ich Kiew verlasse, noch einmal die seltsamen Katakomben zu besuchen.[28]

Zusammenfassend glaube ich, daß im Vordergrund die literarische Information steht und erst dann die ikonographische Quelle. Für diese These stehen die beiden Gedichte *Himmelfahrt* und *Tod Mariae*, geschrieben in Ronda, die zu derselben Sammlung des *Marien-Lebens* gehören, wie schon anfangs erwähnt, aber sie sind mit all ihrer plastischen Unmittelbarkeit nach ständiger Betrachtung des Bildes *Himmelfahrt* von El Greco in Toledo entstanden.

Schließlich möchte ich hier noch einen anderen Beweis erbringen, der näher liegt, als die Erzählung der Fürstin Marie von Thurn und Taxis und der, weil er von Rilke selbst stammt, mir daher vertrauenswürdiger erscheint. Ich betrachte ihn in engerem Zusammenhang mit jener vorherigen numinösen Erwartung, die auch die Geburt des *Marien-Lebens* begleitete und die beiden ersten Elegien, und die sich noch in ekstatischer Betrachtung in Toledo und Ronda verlängerte. Ich meine das *Erlebnis* I, eine Aufzeichnung, die Ende Januar oder Anfang Februar 1913 in das Tagebuch in Ronda eingetragen wurde. Aber wie Rilke selbst schon am Anfang der Erzählung bekennt, widerfuhr ihm »etwas Wunderliches«. Es handelt sich um ein Erlebnis, das man mystisch nennen könnte:

Es mochte wenig mehr als ein Jahr her sein, als ihm im Garten des Schlosses, der sich den Hang ziemlich steil zum Meer hinunterzog, etwas Wunderliches widerfuhr. Seiner Gewohnheit nach mit einem Buch auf und abgehend, war er darauf gekommen, sich in die etwa schulterhohe Gabelung eines strauchartigen Baumes zu lehnen, und sofort fühlte er sich in dieser Haltung so angenehm unterstützt und so reichlich eingeruht, daß er so, ohne zu lesen, völlig eingelassen in die Natur, in einem beinah unbewußten Anschaun verweilte. Nach und nach erwachte seine Aufmerksamkeit über einem niegekannten Gefühl: es war, als ob aus dem Innern des Baumes fast unmerkliche Schwingungen in ihn übergingen ... er meinte nie von leiseren Bewegungen erfüllt worden zu sein, sein Körper wurde gewissermaßen wie eine Seele behandelt und in den Stand gesetzt, einen Grad von Einfluß aufzunehmen, der bei der sonstigen Deutlichkeit leiblicher Verhältnisse eigentlich gar nicht hätte empfunden werden können. Dazu kam, daß er in den ersten Augenblicken den Sinn nicht recht feststellen konnte, durch den er eine derartig feine und ausgebreitete Mitteilung empfing; auch war der Zustand, den sie in ihm herausbildete, so vollkommen und anhaltend, anders als alles andere, aber so wenig durch Steigerung über bisher Erfahrenes hinaus vorstellbar, daß er bei aller Köstlichkeit nicht daran denken konnte, ihn einen Genuß zu nennen. Gleichwohl, bestrebt, sich gerade im Leisesten immer Rechenschaft zu geben, fragte er sich dringend, was ihm da geschehe, und fand fast gleich einen Ausdruck, der ihn befriedigte, vor sich hinsagend: er sei auf die andere Seite der Natur geraten.[29]

In dem von mir veröffentlichten *Epistolario Español*[30] kann man zwei andere Erlebnisse ekstatischer Natur nachlesen, die sich in Toledo und Ronda ereigneten. Es ist schon sehr bezeichnend, wenn auch typisch für die rekreative Hartnäckigkeit von Rilke, daß er dieses Erlebnis in Spanien wiederbeleben und gestalten konnte. Das alles bestätigt mir, welchen entscheidenden Einfluß die Lektüren der *Bekenntnisse* von Augustinus in paralleler Gleichzeitigkeit mit dem *Flos Sanctorum* von Ribadeneira auf sein Werk gehabt haben, die ihren Höhepunkt 1912 in Duino erreichten und ohne Zweifel die Reise von dort nach Toledo bestimmten, wo Rilke alle seine Offenbarungen bestätigt zu finden hoffte.

Es ist zu fragen, welches Buch Rilke mehr als ein Jahr zuvor las, als er die steilen Felsen des Schloßgartens zum Meer hinunterstieg? Waren es nicht die *Bekenntnisse*?[31]

Am 12. 1. 1912 vertiefte sich Rilke ganz und gar in die Lektüre des Heiligen Augustinus zusammen mit dem augustinischen und toledanischen Ribadeneira. Am 4. 8. desselben Jahres schickte er aus Venedig ein Exemplar der *Bekenntnisse* in lateinischer Übersetzung von Adolf Grönninger[32] zurück, die er aus der Bibliothek von Duino mitgenommen hatte. Diese eigentümliche Verzückung, die er im Schloßgarten gehabt hatte, erinnert mich sehr lebhaft an die berühmte Verzückung des Heiligen Augustinus, am Fenster stehend, das zum Hausgarten des Landgutes in Ostia Tiburina zeigte, von wo aus man vielleicht auch das Meer sehen konnte...

Exner hat den Zyklus des *Marien-Lebens*, ausgehend von zwei Verszeilen in der *Darstellung Mariae im Tempel* betrachtet. Ich zitiere: *Die Lust sich hinzugeben an die inneren Zeichen.*[33] Dieses mit der Absicht einer Annäherung an die entsprechenden Gedichte von bestimmten Gesichtspunkten aus, auch von den Quellen, um so die »Verwogenheit des *Marien-Lebens* zu ergründen«, die gewiß nicht leicht ist. Die Auswahl dieses Satzes konnte gewiß nicht treffender sein. Der vollständige Text lautet: »...schon überwogen von dem Lob // in ihrem Herzen. Von der Lust...«. Zu Rilkes Lieblingsvokabular gehören alle diese Wörter wie Lob, Herz, sich hingeben, Innerlichkeit. Der Begriff »Lust« wurde sogar in seine berühmt gewordene Grabinschrift aufgenommen. In dem mittleren und im Spätwerk des Dichters wiederholt sich häufig das Wort »Zeichen«, das von Christen benutzte Kreuzzeichen.

Exner weist auch auf die verschiedenen Übersetzungen hin, die vom *Marien-Leben* gemacht wurden, unter anderem auf eine Japanische und eine Spanische. Ich weiß nicht, ob er sich dabei an meine in der *Antología Poética*[34] veröffentlichte erinnert hat. Aber diese Version war schon 1965 mit einer kurzen Einführung erschienen.[35] Darin ist zu lesen:

Rilke vergißt oder verschweigt absichtlich die literarische Quelle... Fast alle Gedichte des Marien-Lebens sowie die zwei Gedichte von Ronda, Himmelfahrt Mariae I und II wurden aus dem Flos Sanctorum von Ribadeneira nach der deutschen Übersetzung von Hornig »Die Triumphierende Tugend« inspiriert.

Heute kann ich bestätigen, daß nicht »fast alle«, sondern daß alle diese Gedichte im Blick auf das Werk des spanischen und toledanischen Hagiographen verfaßt wurden. Aber die Entdeckung dieser Quelle gab ich schon 1963 bekannt[36] und schließlich in meiner Doktorarbeit, die 1966 publiziert wurde und die den spanischen Lesern sowie zum Teil auch den deutschen Hispanisten sehr bekannt ist.

Exner fragt sich ebenso wie ich, warum Rilke nicht selbst einhelliger vom *Marien-Leben* gesprochen hat. Dieser Interpret spricht sogar von einer Manipulation mit dem Ziel, die Großartigkeit der Elegien deutlicher hervorzuheben. Das *Marien-Leben* erscheint verkleinert als eine »kleine Mühle«. Auch die *Sonette an Orpheus* wurden vermindert auf »das kleine rostfarbene Segel«, gegenüber blieb ein riesiges weißes Segel-Tuch der Elegien«.[37] Aber der gewaltige Strom des Geistes hat die kleine Mühle des *Marien-Lebens* weder überschwemmt noch geschliffen, die Mühle ist im wesentlichen sie selbst, aber das Mahlgut war schon Mehl aus einem anderen Sack.

Exner sammelt und zählt anschaulich die »Facten« auf, die weiter gefestigt worden wären, hätte er das Glück gehabt, die hispanisch-deutsche hagiographische Quelle vorher gekannt zu haben. Aber es wäre wünschenswert, ausgehend von diesen *vielen Zeichen*, die das *Marien-Leben* uns anbieten kann, würde er uns eine detaillierte Angabe der Nachwirkung geben, welche die Zeichen in den ersten Elegien und in den weiteren Fragmenten hatten. Wie wir aus dem Brief vom 19. 2. 1922 an Lou Andreas-Salomé wissen, wartete Rilke auf die Publikation unter dem Titel *Fragmentarisches*, als einem zweiten Teil des *Elegien-Buches*, das nicht zu Ende gebracht werden konnte.[38] Wie Exner konstatiert, ist die entwickelte Thematik im *Marien-Leben* auf das frühe Werk Rilkes zurückzuführen und reicht bis zu den Sonetten. Orpheus würde wie eine franziskanische Gestalt sein, der orphische Heilige. Von diesem Zyklus an müßte man mindestens thematisch die Texte der »spanischen« Periode ordnen.[39] Die dazu gehörenden Texte sind vor allem die *Gedichte an die Nacht*, die mit der *Spanischen Trilogie* und *An den Engel* beginnen. Diesem Kriterium bin ich gefolgt, als ich in paralleler und unmittelbar chronologischer Folge die *Duineser Elegien* und *Gedichte an die Nacht* veröffentlichte, die Rilke schon angenommen hatte, als er besagte Gedichte handschriftlich an Kassner schickte. Die chronologische Folgerung wiederholte ich gleichfalls in der *Antología Poética*, indem ich diesen Gedicht-Zyklus von den anderen trennte, die Zinn im zweiten Band der *Sämtlichen Werke* publizierte, besonders diejenigen, die sich jetzt in den sogenannten *Vollendeten Gedichten* befinden. Die Fragmente aus den *Elegien* und den *Gedichten an die Nacht* sind durch ihre Stimmung so ähnlich, daß es sehr schwierig ist, um nicht zu sagen unmöglich, sie dem einen oder anderen Zyklus beizufügen.

Der Krieg bedeutete für den Schatz der in Spanien gesammelten Eindrücke eine lange und traurige Pause für Rilke, aber sie entstanden neu gestaltet in seinem großen »Opus lyricum«, als er in der »neutralen« Landschaft des Wallis den adäquaten Zusammenhang mit der sich latent in seiner Erinnerung befindlichen spanischen Landschaft fand.

In diesem Zusammenhang scheint mir wichtig zu sein, hier eine letzte aufklärende Stelle als Abschluß des ersten Teils dieser Ausführung zu bringen. Während der Monate Februar/März 1922 begnügt sich Rilke damit, allen seinen Freunden die aufeinanderfolgende und glückliche Geburt der *Elegien* und der *Sonette* mitteilen zu können. In dem schon ausführlich dargelegten Brief an die Gräfin Sizzo vom 6. 2. 1922 hat er schon über »die vielleicht größte und reinste Arbeit meines Herzens« geschrieben, die noch nicht ganz ausgeführt war. An die Gräfin schreibt er am 17. März:

Was aber jene größeren Gedichte angeht, ja, so handelt es sich um die im Winter 1912 auf Duino begonnenen, dann in Spanien und Paris fortgeführten Arbeiten, deren Vollendung und Ausgestaltung Krieg und Nachkrieg – wie ich oft fürchten mußte – zu vereiteln drohten. Das wäre hart gewesen; denn diese Gedichte enthalten das Wichtigste und Gültigste, was ich um die Zeit meiner Lebensmitte festzustellen vermocht hatte –, und es wäre das bitterste Verhängnis gewesen, an der reifsten inneren Stelle abgesagt zu bleiben und d a s nicht gestalten zu dürfen, wofür so viel Voraussetzungen von Leid und soviel Vermutungen der Seligkeit vorgewirkt hatten. Diese »Elegien« (so waren die Gedichte von Anfang an genannt, – es werden nun z e h n sein –) sollen nun unter dem Titel: »Die Duineser Elegien« erhalten bleiben, um so mehr, als die Kriegsläufe die schützenden Mauern jenes wunderbaren adriatischen Schlosses (in dessen gastlicher Einsamkeit die ersten beiden Elegien und mehrere Fragmente, die nun in den späteren Gedichten vorkommen, entstanden sind) fast bis auf die letzte Spur zerstört haben (:»Le buste survit á la cité« schrieb Théophile Gautier, wenn ich recht zitiere, in einem seiner vollendeten Sonette).[40]

Wir wissen nichts von dem Antwortschreiben, das Rilke einen Tag vorher, also am 16. März, erhielt. Es scheint jedoch, daß Margot Sizzo erneut ihre Anerkennung für das *Marien-Leben* betont. Rilke kommt nach einer langen Auseinandersetzung mit Richard Dehmel erneut darauf zurück, daß er sich von einer zweiten Hand hat führen lassen, ohne sich darüber klar zu werden oder sich deutlicher über seine Entfernung vom *Marien-Leben* zu erklären, und fügt hinzu:

Dies ist in den Gedichten des kleinen Marien-Lebens m a n c h m a l geschehen; nicht immer. Es ist auch nicht so sehr die Existenz dieser Verse, die ich anstreite, als vielmehr ihre Entstehungszeit; wären diese Nebenproduktionen etwa zehn Jahre früher anzusetzen, so hätte ich alle Duldsamkeit für sie. Aber sie griffen, wie ich Ihnen schon schilderte, weit zurück im Ton: das werden Sie mir auf alle Fälle zugeben, später, wenn Sie die ersten Elegien (die von 1912) kennen werden; Sie werden kaum glauben wollen, daß es sich um »contemporains« des Marien-Lebens handle.[41]

Gut ist wenigstens, daß er die Gleichzeitigkeit anerkennt:

Übrigens streite er »nicht so sehr die Existenz dieser Verse« an, als ihre Entstehungszeit. Sie waren ihm ganz einfach zu nah an den ihm so unendlich bedeutenderen »Elegien« entstanden. Und die Nähe wollte er, gesetzt sie wäre ihm wirklich bewußt geworden, vielleicht nicht wahr haben.[42]

Rilke kommt nicht sehr gut aus dieser Auseinandersetzung mit sich selbst heraus. Diese vergangenen zehn Jahre, von denen er spricht, würden ihn an die Gedichte gebracht haben, die er bewußt zurückgewiesen hatte, als er sich radikal weigerte, eine gemeinsame Auflage des *Marien-Lebens* mit Heinrich Vogeler zu publizieren. Auch Magda Hattingberg hat uns durch die Stimme Rilkes erklärt, daß diese frühen Gedichte nichts mit jenen in Duino zu tun hätten; die *Himmelfahrt Mariae*, in Ronda entstanden und sofort an Lou Andreas-Salomé geschickt, hätte auch nichts mit jenen *Marien-Liedern* der frühen Epoche zu tun. Rilke erniedrigt das *Marien-Leben* mit einem nicht erklärten Vorwand. Es handelt sich nicht um den Einfluß des einen oder anderen Kunstwerkes, sondern um einen literarischen Einfluß mit katholischem Inhalt, der 1922 infolge seiner Entfernung von jeglichem religiösen Konfessionalismus ihm kein Interesse abgewinnen kann, sich zu erklären. Er zieht es vor, zu schweigen.

Wir können uns sehr gut vorstellen, wieviel Energie es Rilke gekostet haben muß, an eine unterbrochene Vergangenheit von zehn Jahren wieder anzuknüpfen; vier Jahre »in der Verbannung«, wie er sagt, in München und während des

Krieges, und fast weitere vier in der Nachkriegszeit mit großer Unruhe auf der Suche nach seinem endgültigen Domizil. Die Gegensätzlichkeiten, mit denen er sich in so schmerzlicher Weise zwischen der fernen Vergangenheit und der neuen sozialen und persönlichen Situation als Resultat des Krieges konfrontiert sah, waren so herb, daß er sich fast veranlaßt sah, die Elegien in einem fragmentarischen Zustand zu belassen. Also wundert es uns nicht, daß infolge der ihn in dieser Zeit schüttelnden Krise, gerade zwischen der zehnten und der fünften Elegie (12.– 15. 2. 1922), eine Diatribe entstand von dem fiktiven *Brief des jüngeren Arbeiters* gegen den Christus, den Rilke zu sehen glaubte oder den er sehen wollte, dargestellt in der kirchlichen Institution.

Aber das Christentum bestand überwiegend in einer Harmonisierung, nicht immer ganz gelungen zwischen dem religiös Erlebten oder Gefühlten und dem, was durch die Lehre gefestigt wurde. Und diese Harmonisierung war bereits sehr bekannt und voll anerkannt vom Heiligen Franziskus, den Rilke anruft in bezug auf die *Laudes creaturarum* und im höchsten Grade in seinem *Cantico de frate Sole*. Es handelt sich nicht um das *Lied an die Sonne*, sondern um ein Lied an den Schöpfer durch die Kreatur.

Hans Egon Holthusen ist es nicht gelungen, das *Marien-Leben* adäquat zu beurteilen:

»...eine der sublimen Parodien Rilkes auf Figuren der christlichen Heilsgeschichte. Es ist eine Kette von Hymnen auf das Frühgewaltige der weiblichen *Natur*, ein Hoheslied auf die durch den *Mann* Christus verursachte Passion seiner Mutter und ... *für* die Jungfrau und das Reich der Kinder, Frauen und Alten.«[43]

Die Vokabel »Parodie« in Begleitung des Adjektivs »sublim« ist nicht die adäquateste für dieses wunderbare Retabel, das Angelloz viel treffender »ein wahres Fresko zu Ehren der Jungfrau« nennt: Nous assistons au déroulement d'une fresque humaine à la gloire de la femme.[44] Vladimir Makkavejskij übersetzte das *Marien-Leben* ins Russische, und seine Version wurde 1914 in Kiew publiziert. Paul Hindemith übertrug es in Noten für Sopran und Klavier. Die Premiere fand am 17. 6. 1923 in Donaueschingen statt und wurde in Frankfurt am Main am 15. Oktober desselben Jahres wiederholt.

1 *RMR – Katharina Kippenberg, Briefwechsel* S. 46 f.
2 Diese beiden Fassungen von 1900 und 1901 kann man in den *Sämtlichen Werken 3*, S. 463 ff. und 699 f. nachlesen.
3 Aus Vogelers späterer Anregung ist schließlich Rilkes *Marien-Leben* erwachsen, vgl. SW, 3, S. 806.
4 *RMR – Briefe an seinen Verleger 1906 bis 1926*, 16. 1. 1912, Wiesbaden 1949, S. 156–158.
5 Ibid., 15. 1. 1912, S. 160 f.
6 *RMR – Lou Andreas-Salomé, Briefwechsel.* 24. 1. 1912. Hrsg. von Ernst Pfeiffer, Frankfurt/M. 1975, S. 253.
7 RMR – Briefe aus den Jahren 1907–1914, S. 167.
8 Ingeborg Schnack, *RMR. Chronik seines Lebens und seines Werkes*, Frankfurt 1975, S. 392.
9 Ibid., I. Schnack, S. 507.
10 Ferreiro Alemparte: *Rilke y San Agustín.* cuadernos taurus 71. Taurus-Ediciones, Madrid 1966.
11 Ferreiro Alemparte, *España en Rilke.* Taurus Ediciones, Madrid 1966.
12 *RMR und Marie von Thurn und Taxis, Briefwechsel*, I, vom 13. 11. 1912, S. 226.
13 Ibid., I. Schnack, S. 393.
14 RMR, SW, 6, *Die Aufzeichnungen des Malte Laurids Brigge*, S. 937.
15 RMR, *Die Briefe an Gräfin Sizzo (1921-1926)* Wiesbaden, 1950, S. 11 f.
16 Ibid., S. 8 f.
17 Jaime Ferreiro Alemparte. *Rilkes Frühlings-Kinderlied.* Insel-Almanach 1965, S. 72–81.
18 Ibid., S. 9.
19 *RMR-Briefe an seinen Verleger*, Wiesbaden, 1949, S. 415.
20 RMR und Marie von Thurn und Taxis, Briefwechsel, S. 700.
21 (*Die Literarische Welt*, Jg. I, 1925, Nr. 9, S. 2, cit. von A. Scholz *R's Marien-Leben* en German Quarterly Review, 33, 196, S. 133).
22 (*Goethes SW*, Jub. A., Bd. 37. II. 159 (Bei der Besprechung von Manzonis Trauerspiel I *Conte de la Carmagnola*, 1820) zitiert von A. Albert Scholz, ibid., S. 135.
23 E. Zinn, *RMR und die Antike.* In »Antike und Abendland«, hrsg. von B. Snell, III. Hamburg, 1948, S. 217.
24 *RMR und Marie von Thurn und Taxis, Briefwechsel*, S. 698.
25 Marie von Thurn und Taxis, *Erinnerung an RMR*, Frankfurt/M. 1966, S. 49.
26 Magda von Hattingberg, *Rilke und Benvenuta. Ein Buch des Dankes.* Wien 1947, S. 187 f.
27 State Public Library, Leningrad (St. Petersburg), S. 32–40.
28 I. Schnack, *RMR. Chronik seines Lebens und seines Werkes* I, S. 102.
29 *RMR SW* 6, S. 1036 ff.
30 Ferreiro Alemparte, *Epistolario Español* Selecciones Austral Espasa-Calpe, S. A., Madrid 1976, S. 259 f.
31 Ferreiro Alemparte, *Rilke y San Agustín*, S. 77 ff. / *Bekenntnisse XX*, S. 10, 24.
32 Grönninger, Münster, 1859.
33 Richard Exner, *RMR und sein Zyklus Das Marien-Leben.* Blätter der Rilke-Gesellschaft, Heft 14, 1987, S. 91–118.
34 Ferreiro Alemparte, *RMR Antología Poética.* Colec. Austral, Espasa-Calpe, Madrid 1968, 4. Ausg. 1982.
35 Ferreiro Alemparte, *La Vida de María.* In: »Poesía Española.« Segunda época, Nr. 149, Madrid, Mai 1965.
36 Ferreiro A., »Revista de Filología Moderna«, Nr. 13, Okt. 1963, Universität Madrid
37 RMR, Briefe II, an W. Hulewicz vom 13. 11. 1925.
38 *RMR – Lou Andreas-Salomé, Briefwechsel* (1897–1926). Hrsg. von Ernst Pfeiffer, Frankfurt/M 1975, S. 448.
39 Richard Exner, op. cit., S. 101.
40 *Die Briefe an Gräfin Sizzo*, S. 17.

41 Ibid, S. 22.
42 R. Exner, op. cit., S. 99.
43 Hans Egon Holthusen, *RMR. Selbstzeugnisse und Bilddokumente.* Übers. in Spanisch von J. Ferreiro Alemparte, Alianza Editorial, Madrid 1958, Kap. 7, S. 154.
44 J. F. Angelloz. *RMR L'èvolution spirituelle du poète.* Diss., Paris, 1936, S. 295.

FEDERICO BERMÚDEZ-CAÑETE

Der Einfluß Rilkes auf einige spanische Dichter

Es ist wichtig zu zeigen, wie die spanischen Dichter die Werke Rilkes kennengelernt haben, denn praktisch keiner von ihnen war der deutschen Sprache mächtig. Es ist also unvermeidlich, über die Rilke-Übersetzungen zu sprechen. Vor allem jedoch muß die entscheidende Rolle Frankreichs als kulturellem Vermittler hervorgehoben werden: Am Beispiel Rilkes verdeutlicht sich die allgemeine Tendenz in der spanischen Literaturgeschichte, daß ein großer Teil der englischen, deutschen und Einflüsse anderer, fernerer Länder durch die französischen Übersetzungen vermittelt und transportiert wurden, da Französisch die einzige oder fast die einzige Sprache war, die eine gebildete Minderheit beherrschte, nachdem Latein als Universalsprache historisch überwunden war.

Die längeren Aufenthalte Rilkes in Paris und seine Freundschaft mit Schriftstellern wie André Gide, Paul Valéry, Edmond Jaloux, Jean Cassou und anderen trugen früh zu seinem Ansehen als europäischer Dichter bei. Daher erschienen auch sehr schnell Übersetzungen seiner Werke ins Französische. Kurz nach der Veröffentlichung der »Aufzeichnungen des Malte Laurids Brigge« 1910 übersetzte André Gide drei Fragmente ins Französische[1]. In späteren Jahren stieg Rilkes Wertschätzung für Frankreich noch, nach der Veröffentlichung der »Duineser Elegien« (1923) und seiner Tätigkeit als Valéry-Übersetzer (»Le cimetiére marin«, 1920, und »Charmes«, 1923). Beeinflußt von dieser wachsenden Bewunderung machte sich Maurice Betz daran, Rilkes literarisches Werk zu übersetzen[2]. Seine Übersetzung wurde die Basis bzw. der Anlaß einiger der ersten spanischen Übersetzungen. 1923 veröffentlichte Betz eine Teilübersetzung des »Malte«. Während des letzten Aufenthaltes von Rilke in Paris half dieser ihm, die erste Übersetzung anzufertigen. Anschließend übersetzte er die »Geschichten vom guten Gott«[3], sowie andere Prosatexte und Fragmente.

Antonio Marichalar, Mitarbeiter der Zeitschrift »Revista de Occidente« und Kenner der ausländischen Literatur, hatte Rilke im Sommer 1926 zusammen mit Paul Valéry in Muzot besucht. Wenige Tage nach dem Tod des Dichters im Januar 1927 veröffentlichte er seine Version einiger Fragmente des »Malte«, zweifellos basierend auf den Textgrundlagen von Gide und Betz. Die Übersetzung Marichalars ist wertvoll, da sie durch die renommierte Zeitschrift »Revista de Occidente« als erste dazu beitrug, Rilke in spanischer Sprache bekanntzumachen. Das Datum der Veröffentlichung führte wohl auch zu der Eile, mit der diese Version hergestellt wurde; dies ist dem Artikel »El ido. Rainer Maria Rilke« zu entnehmen, der der Übersetzung vorangestellt war »este Rilke que ha muerto hace unos días (...)« und in dem der Besuch des Autors in Muzot »vor nur drei Wochen« erwähnt wird. Obwohl die Übersetzung von Marichalar lange als das erste Dokument einer spanischen Rilke-Rezeption angesehen worden ist, gibt es zwei andere Beispiele von Rilke-Übersetzungen ins Spanische. Die früheste ist eine der wenigen, die nicht als »Übersetzungen aus zweiter Hand« zu bezeichnen sind. Es handelt sich um drei Gedichte Rilkes, die Fernando Maristany in eine 1919 von ihm herausgegebene Anthologie aufgenommen hat.

Diese war inspiriert von der Anthologie R. M. Meyers aus der bekannten Taschenbuchreihe des englischen Verlages Gowans & Gray. Bemerkenswert ist jedoch, daß, was Rilke betrifft, in der Vorlage von R. M. Meyer weder dessen Texte noch irgendein Beispiel anderer junger Symbolisten zu finden ist, da, wie man vermuten kann, Meyer, als Professor in Berlin tätig, schon in reiferen Jahren seine Anthologie veröffentlichte, als Rilke und Hofmannsthal noch wenig bekannt waren.

Die drei Gedichte sind ein Fragment aus »Das Stundenbuch« (1905), das beginnt mit »Lösch mir die Augen; ich kann Dich sehen«, ein weiteres Fragment ein unreifes Gedicht aus der Sammlung »Larenopfer« von 1895 sowie das Gedicht »Die spanische Tänzerin« aus »Neue Gedichte« von 1907.

Der Fall Maristanys ist historisch gesehen interessant, da er, von der englischen und amerikanischen Verlagswelt beeinflußt, zur Rilke-Rezeption beitrug. Der innere Wert seines Beitrags ist allerdings gering: Erstens beweist er durch die Auswahl des vierten Teils der »Vigilien«, der außerdem entgegen der chronologischen Ordnung dem Fragment des »Stundenbuchs« nachgestellt ist, eine beklagenswerte Ignoranz der Werke Rilkes; zweitens ist die Übersetzung voll semantischer Ungenauigkeiten, die jedoch durch die Form in spanischen Elfsilbern verschönt werden.

Der zweite außergewöhnliche Fall ist der Abelardo Moralejos (1898–1983). Der Dozent für Latein an der Universität von Santiago de Compostela und außergewöhnliche Kenner verschiedener Sprachen lernte die »Neuen Gedichte« 1925 durch ein Exemplar kennen, das ihm eine Schülerin schenkte. Im ersten Todesjahr Rilkes, im Dezember 1927, veranlaßte ihn der Leiter der kanarischen Zeitschrift »La Rosa de los Vientos« in memoriam einen Text Rilkes zu übersetzen. So erschienen seine Versionen von »Der Panther«, »Liebeslied« und »Der König« (aus den »Neuen Gedichten« von 1907) in der Ausgabe besagter Zeitschrift vom Januar 1928.

Jahre später wurden seine Übersetzungen von Fragmenten aus »Requiem für eine Freundin«, 1909 und »Das Marienleben«, 1913 (sowie »Die spanische Tänzerin« aus den »Neuen Gedichten«) in der Zeitschrift »Gelmírez« aus Santiago (Bd. 1 und 2, 1945/46) veröffentlicht. Insgesamt ist der literarische Wert dieser Übersetzungen durch ihre Genauigkeit, ihre metrische und stilistische Eleganz und die glückliche Auswahl sehr viel größer als jene Versuche Maristanys; doch ihre Verbreitung war marginal, da sie in sehr bescheidenen Provinzzeitschriften veröffentlicht wurden.

Ich möchte wiederholen, daß es sich um zwei absolute Ausnahmen der dominanten Tendenz der Rilke-Rezeption in Spanien handelt, da Paris als Hauptstadt der europäischen Kultur angesehen wurde. Dies werden wir in diesem konzentrierten Streifzug durch die Literaturgeschichte weiterhin feststellen.

Aus der Gruppe der Zeitgenossen lernte Miguel de Unamuno (1864–1936) Rilke 1925 in Paris persönlich kennen. Rilke hatte das späte Werk Unamunos »L'agonie du Christianisme« gelesen, das nach dem Willen seines französischen Verlags zuerst auf französisch veröffentlicht wurde.

Beide, Unamuno und Rilke, schätzten die Philosophie Kierkegaards, mit dem dann auch dieses Buch in enger Beziehung steht. Rilke korrespondierte mit Unamuno und schenkte ihm ein Exemplar seiner Gedichte. Aber, wie der spanisch-französische Schriftsteller Jean Cassou zeigt, schenkte Unamuno dem deutschen Lyriker, der nur elf Jahre jünger war als er, wenig Aufmerksamkeit.

In Unamunos »Briefwechsel«, kürzlich veröffentlicht, kann man die wenigen Spuren dieses Treffens nachlesen, das viel interessanter hätte sein können, wäre Unamuno nicht so sehr mit den Sorgen des Exils belastet gewesen.

Im ganzen hinterließ das kurze Treffen zwischen Unamuno und Rilke im Hause von Jean Cassou keine Spuren im Werk Unamunos, des ältesten und vielleicht wichtigsten Autors des spanischen »Modernismo«, der spanischen Version des europäischen Symbolismus. Aber eben zu diesem Treffen bei Jean Cassou in Paris kam auch der etwa zwanzig Jahre jüngere Jorge Guillén, Mitglied der 27er Generation, dem sein Zusammentreffen mit Rilke zu späterem begeistertem Lesen und Übersetzen seiner Gedichte führen wird.

Nach Unamuno können wir Azorín (eigentlich José Martínez Ruiz) betrachten. Er wurde 1873 geboren, also zwei Jahre vor Rilke. Da er sich sein ganzes Leben lang hauptsächlich mit der französischen literarischen Welt befaßt hatte, im Gegensatz zu Unamuno, der vorzugsweise englische, deutsche und skandinavische Autoren las, konnte er sofort die Übersetzungen der »Aufzeichnungen des Malte Laurids Brigge« von Maurice Betz lesen. Unser großer Erneuerer der spanischen Prosa am Anfang des zwanzigsten Jahrhunderts hatte wahrscheinlich die Rilkeschen Gedichte noch nie gelesen, als er durch die Betzsche Übersetzung des »Malte« 1927 mit 54 Jahren mit Rilkes Werken in Berührung kam. In seinem Streben nach neuen literarischen Formen schrieb er den Roman »Félix Vargas« (1928) in offensichtlichem Kontrast zu seiner präzisen, statischen Vision des Lebens in alten dekadenten spanischen Provinzstädten. Dort erinnert uns der Protagonist gleichen Namens deutlich an den Rilkeschen »Malte«, besessen von subtilen Obsessionen. Ein Jahr später, in seinem Artikel »Los poetas« (aus der Sammlung »Andando y pensando«, 1928) lobte Azorín Rilke als »den größten deutschsprachigen modernen Dichter«. Außerdem beeindruckte ihn besonders der Topos des »eigenen Todes«, der sich später zu einem Stereotyp der oberflächlichen Rilke-Mode entwickeln sollte – und dies vor allem durch Azoríns Wirkung als Lehrer jüngerer Generationen.

In der nächsten Generation sticht Juan Ramón Jiménez (1881–1958) hervor, als der spanische Dichter mit den meisten Affinitäten zu Rilke, in bezug auf die

Weltanschauung, seine pantheistische Dichtung und die Darstellung des Dichters als Seher und Erforscher des Unsichtbaren und Überirdischen. Ein konkreter, direkter Einfluß Rilkes auf sein Werk ist nicht leicht nachzuweisen – obwohl es einige intertextuelle Referenzen gibt, die an Nachahmung grenzen, wie beispielsweise die Verarbeitung des Gedichtes »Erlebnis« durch Juan Ramón in »La mano en el árbol« (1928).

Jorge Guillén (1893–1976) lernte Rilke 1925 zusammen mit Unamuno im Hause Jean Cassous persönlich kennen. Er verfaßte sehr schöne Übersetzungen einzelner Gedichte aus den »Neuen Gedichten«. Noch feiner ausgearbeitet sind die zwar nicht besonders exakten, doch von der Form her in Elfsilbern mit Endreim außerordentlich perfekten Versionen von Gerardo Diego. Emilio Prados (1899–1962) lernte Rilkes Werk in seinem mexikanischen Exil kennen (wo ein anderer Exilierter, Juan Domenchina, 1945 die »Duineser Elegien« übersetzt hatte).

Was die Dichtung von Dámaso Alonso (1898–1989) anbelangt, möchte ich ein kurzes Beispiel der Wirkung Rilkes zeigen, und zwar am ersten Gedicht seines Buches »Hombre y Dios« (1955).

Im ersten Teil des »Stundenbuches«, »Das Buch vom mönchischen Leben«, erscheint ein charakteristisches Thema Rilkes: Das paradoxale Verhältnis zwischen Gott und seinen Kreaturen, d. h. nur durch den Menschen kann Gott letzten Endes er-lebt, ge-lebt, beschrieben und besungen werden:

> Was wirst Du tun, Gott, wenn ich sterbe?
> Ich bin dein Krug, (wenn ich zerscherbe?)
> Bin dein Gewand und dein Gewerbe
> Mit mir verlierst du deinen Sinn.

Im ersten Sonnett von Alonsos Buch lautet das letzte Terzett:

> Yo soy tu centro para ti, tu tema
> de hondo rumiar, tu estancia y tus pensiles.
> Si me deshago, tú desapareces.
>
> [Ich bin dein Mittelpunkt, dein Thema
> tiefes Nachdenken, dein Heim, dein Lustgarten.
> Wenn ich vergehe, verschwindest Du.]

Und auch in den zwei vorletzten Versen des Sonetts von Alonso, wo die vier Metaphern den vier rilkeschen Chiffren »Krug, Trank, Gewand, Gewerbe« entsprechen, »centro, tema, estancia, pensiles« ist der intertextuelle Bezug erkennbar. Festzuhalten ist auch, daß dem rilkeschen »Nach mir hast Du kein Haus« bei Alonso »yo soy tu estancia« (»Ich bin dein Heim«) entspricht.

Vor 1936 wurde Rilke nur von wenigen Spaniern und auch nur teilweise gelesen, d. h. man kannte nur wenige seiner Werke, und diese meistens durch französische Übersetzungen.

In einem Interview mit Rafael Alberti, der 1902 geboren wurde und heute der einzige Überlebende der »27er Generation« ist, wurde deutlich, was Rilke für diesen Lyriker bedeutete. Hierbei erwähne ich zwei Erinnerungen, die Alberti noch in seinem 91. Lebensjahr wiedergab: Erstens, einige Wörter vom Anfang des Cornets konnte er rezitieren: »reiten, reiten, reiten ... durch den Tag, durch die Nacht"; zweitens, wiederum das rilkesche Thema des »eigenen Todes«. Von einem direkten Einfluß Rilkes kann man hier partiell also durchaus sprechen, da Alberti in einem Gespräch nach dem Tode seines Freundes Federico García Lorca mit rilkeschen Worten folgendes mitteilte: »Lorca hat nicht seinen eigenen Tod gehabt; seine Ermordung könnte vielmehr mir als Kommunist gegolten haben, aber nie jemandem, der politisch unschuldig war.«

Was andere Dichter der »27er Generation« anbetrifft, außer den schon erwähnten Diego, Guillén, Prados und Domenchina, die für sorgfältige Übersetzungen von einzelnen Gedichten sorgten, nennen wir noch Vicente Aleixandre (1898–1988), der erst nach dem Bürgerkrieg Rilke gelesen hatte, zu einer Zeit also, als sein eigenes Werk bereits gereift war. Es gab jedoch einen letzten unter den Autoren der »27er Generation«, der eine engere Beziehung zu Rilke hatte: Es handelt sich um Luis Cernuda (1902–1963). Er verdankte seine fundierten Kenntnisse über Hölderlin und Rilke der Freundschaft mit Jean Gebser. Er war ein bedeutender Vermittler der deutschen Kultur in Spanien und veröffentlichte das erste Werk über Rilkes Reise nach Spanien[5]. Bei Cernuda lassen sich ebenso wie bei Juan Ramón Jiménez Beispiele von Nachahmungen oder kreativen Paraphrasen finden: So in »La pantera« aus seinem Buch »Ocnos« (1942), welches das berühmte Gedicht aus den »Neuen Gedichten« in poetische Prosa umsetzt.

Aber bevor ich die Wirkung Rilkes auf die spanische Poesie der Nachkriegszeit, also die »36er Generation«, zusammenfassend beschreibe, möchte ich noch einige Momente bei der ersten kompletten Übersetzung der »Aufzeichnungen des Malte Laurids Brigge« verweilen, die von einem Exilanten, nämlich Francisco Ayala, verfaßt wurde[6]. Allerdings kann ich hier nicht auf die Analyse dieser Übersetzung eingehen.

Dennoch sei der große Einfluß dieser ersten Gesamtübersetzung des »Malte« in ganz Spanien und Lateinamerika betont – ein sehr viel größerer Einfluß als der Marichalars, da dessen Werk für die wenigen Intellektuellen bestimmt war, die die »Revista de Occidente« lasen. Ein interessantes Zeugnis hierzu stammt von Ayala selbst, der in seinen Memoiren sowohl die Umstände seiner Übersetzertätigkeit als auch die Wirkung des Werkes beschreibt:

> Auf der Suche nach einer Beschäftigung als Übersetzer begab ich mich zuerst zum Verlag Losada (...). Das erste Werk, das mir der Mäzen Losada durch seinen Berater und rechte Hand Guillermo de Torre zur Übersetzung vorschlug, waren die »Aufzeichnungen des Malte Laurids Brigge« (...). Ich verfaßte die Übersetzung mit der größten Sorgfalt und verglich sie dann mit der exzellenten französischen und englischen Version ...
> Bezüglich dieser »Cuadernos« oder »Apuntes de M.L.B.« ließ mich Emir Rodríguez de Monegal (...) wissen, daß dieses Werk in meiner Übersetzung einen tiefen Eindruck bei den Schriftstellern des Río de la Plata hinterlassen hatte.

Später habe ich erfahren, daß sie auch hier in Spanien auf die niedergedrückten literarischen Kreise gewirkt hatte.[7]

In der »36er Generation« erreicht die Präsenz Rilkes ihren Höhepunkt. Er wird zum Sinnbild eines Teils dieser Generation, der sogenannten »Grupo Escorial«, bestehend aus Rosales, Vivanco, den Brüdern Panero und Aranguren. Zusammen mit Unamuno, Antonio Machado und César Vallejo wurde Rilke zu einem Modell der Annäherung an die ganz alltäglichen Dinge, die von einer Transzendenz durchdrungen sind. Luis Felipe Vivanco nannte diese Dichtung »intimistischen-transzendentalen Realismus«, und J. L. Aranguren, Kritiker und Philosoph dieser Gruppe, analysierte und erklärte den Einfluß des »Stundenbuchs«, des »Malte« und der »Briefe an einen jungen Dichter« in mehreren Essays[8]. Um diese erste Phase des Einflusses des Rilkeschen Œuvre, besonders des »Malte«, in Spanien zu illustrieren und zu vervollständigen, kann man einen Artikel von J. L. Aranguren, dem antifrankistischen Philosophen, anführen:

... diese philosophisch-religiöse Leidenschaft (Scheler) [...] zu Beginn der 40er Jahre war schon der für Rainer Maria Rilkes »Die Aufzeichnungen des M.L.B.«, ebenfalls von Insel, gewichen, dem Tagebuch, das ich gerne geschrieben hätte.

In der spanischen Nachkriegszeit – unter äußerst rigider Zensur – fanden sehr wenige ausländische Autoren Eingang in die spanische Literatur. Rilke war einer von ihnen, zum Teil auch, weil wenige etwas von seiner leidenschaftlich antichristlichen Haltung wußten.
Im dichterischen Werk Luis Felipe Vivancos (1907–1975) finden sich zahlreiche kritische und intertextuelle Referenzen, die zurückgehen auf die Übersetzung des »Stundenbuches« in der Zeitschrift »Escorial« (1944). Die Wirkung Rilkes auf Vivanco ist eine der sichtbarsten in der »36er Generation«. Ein Zeugnis dafür sind unter anderem die zahlreichen Kommentare über Rilke und die Bewertung seiner Poesie in den über tausend Seiten des von ihm geschriebenen »Tagebuchs« (1983). Sie bestätigen den Einfluß Rilkes auf seine ersten Bücher »Los caminos« und »Continuación de la vida« (1948). In den folgenden Generationen hält das Interesse an Rilke an; jedoch nicht mehr so stark wie in der »36er« und »50er« Generation. Rilke ist jetzt einer unter vielen großen ausländischen Dichtern, die man liest. Einige der Rilke-Leser unter den »Novísimos« und den darauf folgenden Gruppen sind Luis Antonio Villena (geb. 1951), Jaime Siles (geb. 1951) und Antonio Colinas (geb. 1946). Für sie ist der große Symbolist nur eines ihrer Modelle, das durch seine ästhetische Haltung beeindruckt.

1 Siehe »Nouvelle Revue Française«, Juli 1911, S. 32–38 (Einleitung von E. Mayrisch) und S. 39–61 (Übersetzung der Seiten 61–67, 124–131 und 132–139).
2 Und ihn allgemein bekannt zu machen, z. B. mit der Zeitschrift »Cahier du mois, 1926 Reconnaissance á Rilke«, mit Beiträgen vieler europäischer Autoren wie J. Bergamín und A. Marichalar.
3 »R.M.R. Histoires du bon Dieu«, Paris, Emile-Paul Fréres 1927. Außerdem übersetzte Maurice Betz in diesen ersten Jahren: »Rumeur des âges«, Paris, Edition des Cahiers Libres 1928; »Auguste Rodin«, Paris, Ed. E.-P.F. 1928; »Fragments en prose«, Paris, Ed. E.-P.F. 1929; »Contes de Bohême«, Paris 1939 (Eine weitere Übersetzung aus dieser Zeit ist »Lettres à un jeune poète«, von Bernard Grasset und Rainer Biemel, Paris 1937).
4 »Las cien mejores poesías (líricas) de la lengua alemana«, Valencia, ed. Cervantes 1919. Laut Zeugnis des Herausgebers in Anlehnung an: »Die hundert besten Gedichte (Lyrik) der deutschen Sprache«, London und Glasgow, Gowans and Gray Ltd. 1909.
5 Spanische Fassung »Rilke y España«, M, Ediciones del Arbol, »Cruz y Raya«, März 1936; später veröffentlicht in deutscher Fassung als »Rilke und Spanien«, Zürich 1940, aktuelle Ausgabe Suhrkamp-Verlag, Frankfurt/M. 1977.
6 »Los apuntes de M.L.B.«, Buenos Aires, Losada 1941, 2. Ausgabe 1958, 3. Ausgabe in Madrid, Ed. Alianza Verlag, 1982.
7 »Recuerdos y olvidos 2. El exilio«, Madrid, Alianza 3, 1982, S. 33–35.
8 »Amor a Rilke, lejos«, in: »Sobre imagen, identidad y heterodoxia«, Madrid, Taurus, 1982, S. 60; siehe auch »Crítica y Meditación«, Madrid, Taurus, 1955; ebenfalls der Artikel über Rilke und Heidegger, in: »Arbor«, Nr. 54, Juni 1950.

JAIME SANTORO DE MEMBIELA

Zur Rezeption Rilkes in Galicien

Die Rezeption eines fremdsprachlichen Dichters zu untersuchen, ist grundsätzlich ein schwieriges Unterfangen. Wenn man im deutschsprachigen Raum von der Rezeption eines Dichters in Galicien spricht, so kommt erschwerend hinzu, daß immer auch allgemeine und grundsätzliche Informationen über die galicische Sprach- und Kulturgemeinschaft im Nordwesten der Iberischen Halbinsel angefügt werden müssen, denn die autochthone Literatur in galicischer Sprache hat kaum die Landesgrenzen überschritten und im Gegensatz zu den bekannten Nationalliteraturen im Ausland kaum Beachtung gefunden.

Die galicische Literatur hatte zunächst im Mittelalter eine gewisse Blütezeit erlebt, die jedoch durch die Vorherrschaft des Spanischen in Vergessenheit geriet und nach vier Jahrhunderten erst gegen Ende des 18. Jahrhunderts und vor allem ab Mitte des 19. eine Renaissance erlebte, die bis zur Gegenwart zu einer reichhaltigen literarischen Produktion führte. In der Gegenwart gibt es annähernd drei Millionen Galicischsprechende und eine rege verlegerische Aktivität mit ca. 1 000 Veröffentlichungen pro Jahr, was einem in der Geschichte des Galicischen einmaligen »Boom« gleichkommt, der auch durch die postfrancistische Sprachgesetzgebung begünstigt wird, die den Minderheitensprachen in Spanien nach ihrer Unterdrückung in den Zeiten der Diktatur nun auch die legale Kooffizialität einräumt und damit deren besondere Entfaltung ermöglicht.

In der besonderen sprachlichen Situation Galiciens, wo der Gebrauch des Galicischen mit dem des Spanischen einhergeht, müssen wir unser Augenmerk vor allem auf die folgenden Gebiete richten:

– Übersetzungen, Aufsätze oder Notizen, die in Zeitschriften auf Galicisch erschienen sind oder spanischsprachige Publikationen, die Einfluß auf die Rilke-Rezeption in Galicien hatten
– ins Galicische übersetzte Bücher von Rilke, und
– den Einfluß auf bestimmte Autoren und das allgemeine Echo auf Rilkes Werk in der neueren galicischen Literatur.

Wenn das Werk Rilkes bei uns schon sehr wenig bekannt ist, so ist er selbst noch unbekannter. Vielleicht erinnert sich niemand an ihn; vielleicht könnte man sagen, daß diejenigen, die ihn getroffen haben, ihn vergessen haben oder gestorben sind. Oder es ist, um noch eine letzte Hypothese aufzuzeigen – wohl möglich, daß er sorgfältig die Begegnungen vermied. Kurz: Nichts bleibt uns von seinem Aufenthalt in Spanien, von diesem in sich gekehrten grauen Pilger, als die Gewissensbisse, ihn nicht hier gehalten haben zu können und die Genugtuung darüber, sein sehr freimütiges Wandern über unsere sonnigen Wege nicht aufgehalten zu haben. Der Himmel ist überall ein und derselbe, und wie zuvor ist er nun wieder gegen das Spurenziehen eines Vogels gleichgültig, wie die See ihrerseits darauf drängt, jedes beunruhigende Beben des Kielwassers zu löschen.

Mit einem im Juli 1926 in der Zeitschrift *Alfar*[1] veröffentlichten Aufsatz, zu dem diese Sätze gehören, beginnt die Geschichte der Rezeption Rilkes in Galicien. Unter dem Titel »Huella en el cielo« (Spur im Himmel) schreibt der spanische Schriftsteller Antonio Marichalar, der mit Paul Valéry nach Muzot gereist war, um Rilke zu besuchen, eine poetische Abfassung über den durch Spanien reisenden Rilke.

Die erste Nachricht über Leben und Werk Rilkes auf Galicisch erscheint in der historischen Zeitschrift *Nós*[2] am 15. Februar 1927 in Form eines aus zwei Spalten bestehenden kurzen Aufsatzes. Die Autorschaft Ramón Otero Pedrayos, einer der wichtigsten Figuren der galicischen Kultur dieses Jahrhunderts, die in Galicien zahlreiche deutsche Schriftsteller bekanntgemacht hatte, war in doppeltem Sinn bedeutsam, weil hier einerseits die ersten biographischen und literarischen Informationen und andererseits die ersten Übersetzungen einiger Fragmente von Rilkes Werk präsentiert werden. Neben zwei kleinen, aus den *Aufzeichnungen des Malte Laurids Brigge* entnommenen übersetzten Texten überträgt Pedrayo noch zwei zu *Les Quatrains Valaisans* und *Vergers* gehörige kurze Gedichte: »Chemins qui ne mènent nulle part« und »Reste tranquille, si soudain«, das auf Galicisch heißt:

> Segue calada si o Anxo
> de súpeto se senta na túa mesa
> docemente desfai as enrugas
> do mantel baixo o teu pan
> Ofrécelle o teu esguevio compango
> pra qu'il â sua volta o probe
> e que erga ô seu beizo puro
> a sinxela copa de todol-os días

Einige Aspekte sind zu diesem ersten Beitrag anzumerken: Erstens verweist der Aufsatz, der über den Tod des Dichters informiert, auf eine andere, in der bekannten spanischen Zeitschrift *Revista de Occidente* einen Monat vorher erschienene Notiz. Dieses Phänomen ist eine Konstante in der Geschichte der Rezeption auswärtiger Literaturen in Galicien. Die galicischen Schriftsteller haben eine dreifache Quelle: die der Originalsprache (die aber nur wenigen bekannt ist), die des Rückgriffs auf Übersetzungen (wenn es sie gibt) ins Spanische, und schließlich Übersetzungen ins Portugiesische, das große Verwandtschaft zum Galicischen aufweist und somit von den Galiciern ohne Mühe verstanden werden kann. Zuweilen kam es allerdings vor, daß man ein Werk in Galicien früher als in Spanien gekannt hat. Das ist z. B. der Fall bei *Ulysses* von Joyce, aus dem auch Orero Pedrayo einige Kapitel in *Nós* veröffentlichte. Zweitens ist auffällig, daß Pedrayo, obwohl er des Deutschen mächtig war und sogar einige Abschnitte von Goethes *Faust* ins Galicische übersetzt hatte, aus dem Französischen übersetzte, und zwar sowohl die von Rilke auf Französisch geschriebenen Gedichte als auch die Stücke des *Malte*. Und drittens ist festzustellen, daß die biographische Information manche Ungenauigkeit enthält. Ebenfalls 1927, in der Zeitschrift *A Nosa Terra*, finden wir das Gedicht »Qui nous dit que tout disparaisse?« aus *Poèmes et Dédicaces* (1920–1926). Der Übersetzer ist in diesem Fall L. Amado Carballo (1901–1927), ein wichtiger galicischer Dichter.

Auch die Übersetzungen von Abelardo Moralejo ins Spanische, die in Zeitschriften in Galicien erscheinen, stellen einen weiteren wichtigen Schritt der Rezeption Rilkes in Galicien dar. 1932, während der zweiten spanischen Republik, erscheint in *Resol*, einer auf die Verbreitung von Poesie spezialisierten Zeitschrift, in der auch Autoren wie Kästner oder Georg Kaiser in Übersetzung veröffentlicht wurden, das Gedicht »Bailarina española« (»Die spanische Tänzerin« aus *Neue Gedichte*). Es ist das erste Mal, daß man direkt aus dem Deutschen übersetzt.

In den auf den Krieg folgenden Jahren, in einer die galicischen Stimmungen betreffenden schwierigen Situation, wird in der Zeitschrift *Gelmírez* (1946) ein größerer Beitrag von Abelardo Moralejo veröffentlicht. Diesmal ist es ein Fragment aus dem »Requiem für eine Freundin« (Requiem para una amiga) und ein zu *Das Marienleben* gehöriges Gedicht, »Anunciación de los pastores« (Verkündigung über den Hirten). An die Übertragungen schließt ein Bericht an, der aus folgendes beinhaltet: eine kurze Biographie, den Inhalt der fünf Bücher der Leipziger Insel-Ausgabe, einen Absatz über die Poetik des *Malte*, eine Zusammenfassung des Briefes an den polnischen Übersetzer Witold Hulewicz (aus der Einleitung von V. W. Wolf, *Rainer Maria Rilkes Duineser Elegien* entnommen) und eine kleine Interpretation:

> In den Vorträgen über Rilke, die kürzlich an unserer Universität [Santiago de Compostela] von dem Lehrer und Schriftsteller Herrn Torrente Ballester gehalten wurden, bestätigt er die Beziehung zwischen der Weltanschauung, die wir soeben zusammengefaßt haben, und der modernen existentiellen Philosophie, wie auch die Tatsache, daß sie natürlicherweise nicht mit der katholischen Wahrheit in Einklang steht, auch wenn manch ein Theologe sie zu harmonisieren versucht hat. Aber in Rilke ist vor allem der lyrische Dichter, der in gewissem Sinne mystische Idealist zu sehen, obwohl er der Erde und den Dingen verbunden ist, von denen er uns das Wesentliche geben will und es uns gibt in neuen Bildern und in einer in der deutschen philosophischen Tradition begründeten Sprache, die die literarischen Mittel des französischen Symbolismus gebraucht.

Hier werden die Vorträge von Gonzalo Torrente Ballester, einer der größten Persönlichkeiten der spanischen Literatur der zweiten Hälfte dieses Jahrhunderts, erwähnt, der aus Galicien stammte und dort wohnte, und der erste war, der die *Duineser Elegien*[3] in Spanien übertragen hat. In derselben Nummer von *Gelmirez* erscheint eine Glosse über die drei Vorträge, die im ersten Vierteljahr des Studienjahres 1945/46 an der Universität Santiago gehalten worden waren. Der erste war eine Einleitung zur Figur Rilkes; der zweite eine Reise durch sein Werk und seine poetischen Vorstellungen; und der dritte eine detaillierte Studie über die *Duineser Elegien*.

Im Zusammenhang mit dem schon erwähnten Phänomen des Ineinanderfließens der galicischen Rezeption mit der spanischen ist zu bemerken, daß zwei der bedeutendsten Verbreiter der poetischen Aktivität Rilkes in Spanien (neben José María Valverde und später Bermúdez-Cañete) in Galicien geboren sind und eine enge Beziehung zu den führenden Persönlichkeiten der galicischen Literatur unterhielten. Das ist der Fall bei Torrente Ballester, aber auch beim wichtigsten Rilkeforscher in Spanien: Jaime Ferreiro Alemparte, der mit seinen Übersetzungen und theoretischen Beiträgen das Werk des Dichters bekannt gemacht hat[4].

Nach der Niederlage der Republikaner im Bürgerkrieg (1939) ging eine große Zahl von Schriftstellern und Intellektuellen ins Exil. Ein großer Teil der galicischen kulturellen Aktivität wurde in anderen Ländern, hauptsächlich in Amerika, weitergeführt. In der Zeitschrift *El correo literario*[5], in Buenos Aires gedruckt und von zwei galicischen Vertretern der Republikaner (Arturo Cuadrado und Lorenzo Varela[6]) geleitet, finden wir eine deutliche Präsenz der Schriften Rilkes, in diesem Fall in spanischer Sprache und stark mit der argentinischen Rezeption vermischt. Zwischen den Beiträgen, die in dieser Zeitschrift erschienen, sind die folgenden zu unterstreichen:

1) Die Rezension zu einer argentinischen Ausgabe von *Rodin* von Luis Seoane und die Rezension von Arturo Cuadrado über das Buch *Rainer Maria Rilke* von E. M. Butler[7]. 2) Der zweiteilige Aufsatz »La concepción del mundo en Rainer Maria Rilke« (Die Weltanschauung Rainer Maria Rilkes) von Alfredo Terzaga[8]. Hier entwickelt der Autor eine durch amerikanische Forschungen gestützte Interpretation über das Denken Rilkes. Er unterteilt sie in zwei Teile: »Las generaciones y las cosas« (Die Generationen und die Dinge) und »La muerte propia y Dios futuro« (Der eigene Tod und der zukünftige Gott). In derselben Nummer (17) erscheint eine nicht unterschriebene Übersetzung des Briefes vom 16. Juli 1903 an Franz Kappus.

1949 erscheint in der Zeitung *La Noche* (Santiago de Compostela, 11. 8. 1949) ein Fragment der portugiesischen Übersetzung der ersten Duineser Elegie von Dora Ferreira da Silva mit kurzen Angaben zu Leben und Werk Rilkes sowie verschiedene Impressionen über die Rilke-Rezeption in Galicien.

Zwischen 1948 und 1956 gilt die Zeitschrift *Alba*[9] als feste Instanz für poetische Veröffentlichungen und vertritt während dieser Jahre auch in Galicien gerade die Dichtung Rilkes. 1950 erscheinen in der sechsten Nummer drei Gedichte auf Spanisch: »Mis primeras canciones« (Meine frühverliehenen), »En la hondísima noche« (Manchmal geschieht es in tiefer Nacht) und »María, ya sé« (Maria).

In der siebten Nummer übersetzt Celso Emilio Ferreiro, die berühmteste Figur der galicischen Sozialpoesie der Nachkriegszeit, eine Auswahl aus *Die Weise von Liebe und Tod des Cornets Christoph Rilke* mit dem Titel *O canto do namoro e da morte do corneta Cristobal Rilke*. Die aus drei Seiten bestehende Auswahl ist zu dieser Zeit der umfangreichste Text Rilkes auf Galicisch. Bemerkenswert ist, daß diese Übersetzung vor der Katalanischen (1957) und der Spanischen (1966)[10] erschien.

In derselben Nummer erscheint eine Rezension eines Buches von Ferreiro und Antonio Blanco Freijeiro: *Musa alemá* (»deutsche Muse«), Pontevedra 1951. Das Buch enthält Texte von Hölderlin, Heine, Dehmel und auch von Rilke: »Cabaleiro« (Ritter) aus *Das Buch der Bilder*, »Outono« (Herbst[11]) und »Vixilia«. Die Übertragungen Ferreiros stellen eher eine poetische Assimilation als eine strikt literarische Version dar.

Ramón González Alegre (1919–1968), Begründer und Leiter von *Alba*, übersetzt 1956 in der 15. Nummer der Zeitschrift *Requiem auf den Tod eines Knaben*. González Alegre fügt eine Notiz als Übersetzer hinzu:

»Das ›Requiem für einen Knaben‹ ist eine lyrische Frage zu den Dingen der Zeit eines Knaben, zu seinen Spielzeugen, seinen Erinnerungen, durch die man mit mildem Tastsinn und zarter Aufmerksamkeit schreiten muß. Die galicische Sprache macht es so eigentümlich, daß es aus diesem Requiem ein noch schöneres Gedicht macht. Nur die unsichere Vorsicht Rilkes auf der Suche nach Gott macht uns traurig. Er könnte die reinste Festbeleuchtung der Existenz erreichen, wenn er außer das Schicksal des Menschlichen zu berühren, seine Arme zur höchsten Wahrheit wenden würde.«

Wie gesagt, nach dem Krieg fliehen die Schriftsteller mit progressiver Tendenz und nur jene, die eine konservative politische Meinung vertreten, bleiben in Spanien. González Alegre gehört dieser Gruppe an und weist eine deutlich katholische Einstellung auf. So läßt sich die Sorge um die Entfernung Rilkes von der »höchsten Wahrheit« erklären. 1959 veröffentlicht der Galaxia-Verlag einen der bedeutendsten Beiträge zur Rilke-Rezeption in Galicien: den Aufsatz Rof Carballos »O problema do seductor Kierkegaard, Proust e Rilke« (Das Verführer-Problem bei Kierkegaard, Proust und Rilke) als Teil seiner Essay-Sammlung *Mito e realidade da Terra Nai* (Mythus und Wirklichkeit der »Mutter«-Erde). Hier analysiert Carballo (an Autoren wie Bollnow, Guardini, Heidegger, Bassermann und vor allem Simenauer) das Thema des Verführens bei den erwähnten Schriftstellern aus einer psychoanalytischen Sicht und erweist nicht nur gute Kenntnisse des Werkes von Rilke und seiner Briefwechsel, sondern auch der Forschungsliteratur.

Während der sechziger und siebziger Jahre übernimmt Álvaro Cunqueiro (1911–1981) die Verbreitung von Rilkes Werken, und zwar überwiegend durch die Zeitung *El faro de Vigo*. Cunqueiro, der schon im Zusammenhang mit der Zeitschrift *Nós* erwähnt worden war, ist vielleicht der Schriftsteller, der am meisten zur Übersetzungsarbeit ausländischer Literatur in galicischer Sprache beigetragen hat. 1991 erscheint eine Auswahl der von Cunqueiro übersetzten Dichter:

Flor de diversos. Escolma de poetas traducidos. Unter anderem sind hier neben Gedichten von George Grosz, Friedrich Hölderlin und Georg Heym auch zwei Versionen von Rilke zu finden: ein aus Fragmenten von »O lacrimosa« zusammengesetztes Gedicht und »Día de outono« (Herbsttag) aus *Das Buch der Bilder*. Die Versionen Cunqueiros wurden nicht direkt aus dem Deutschen übertragen, aber es sind vortreffliche Beispiele der Fähigkeit eines guten Dichters, dem es gelingt, den Ton Rilkes zu treffen.

1980 wird zum ersten Mal ein vollständiges Buch Rilkes gedruckt, *Os sonetos a Orfeu* (*Die Sonette an Orpheus*), eine zweisprachige Version von Lois Tobío. Tobío (*1906), Stipendiat der politischen Wissenschaft in Berlin (1929), Diplomat, Schriftsteller und bekannte Figur der geschichtlichen Forschung Galiciens, sowie Übersetzer von französischer und englischer Dichtung ins Galicische (*Poesías inglesas e francesa vertidas ao galego*, Montevideo 1949), macht in der Zeit, als die galicische Verlagswelt zu wachsen beginnt, einen entscheidenden Schritt.

In der Einleitung erklärt Tobío seine Meinung über die Art und Weise, wie ein solches Werk übersetzt werden sollte. Er glaubt, daß man den ursprünglichen Rhythmus und die Kadenz des Verses bewahrend, seinen Klang so weit wie möglich erhalten muß – was bei Rilke keine Nebensächlichkeit ist.

»Die poetische Sprache der *Sonette an Orpheus* ist voll scharfsinniger Sprachspiele: Alliterationen, Paronyme, Oppositionen, die schwierig oder unmöglich zu übersetzen sind und ihnen einen eigenen Zauber verleihen. Vieles davon ist nicht übertragbar [...]. Alles muß mit Feinsinn und Empfindsamkeit, mit der höchsten Achtung vor dem Gedicht und dem großen Dichter, der es geschrieben hat, geschaffen werden. So wenig wie möglich verletzen, die Hand locker lassen, damit der Geist des Gedichtes – und vielleicht der des Dichters – sie leise führt. Auf diese Weise könnte vielleicht etwas von dem Zauber, dem Geschmack oder dem Geruch des Gedichtes aufgefangen werden.«

Ebenfalls in den achtziger Jahren wurden in der von Luís Tosar geleiteten Zeitschrift *Dorna* einige von dem galicischen Dichter Xosé María Díaz Castro (1914–1990) direkt aus dem Deutschen übersetzte Gedichte Rilkes publiziert: »María, ben sei« (Maria, du weinst)[12], »No máis fondo da noite ocorre ás veces« (Manchmal geschieht es in tiefer Nacht), »Despois das oracións« (Nach den Gebeten) und »Eros«[13]. Charakteristisch für diese Übertragungen ist die zweisprachige Edition und die auffällige Tatsache der großen Ähnlichkeit mit den spanischen Versionen der Zeitschrift *Alba*. Es ist deshalb anzunehmen, daß auch die dort anonym erschienenen Übersetzungen von Díaz Castro stammten, zumal er in dieser Zeitschrift auch eigene Gedichte veröffentlichte.

1995 erschien das zweite vollständige Buch Rilkes auf Galicisch, *Elexías de Duino* (Duineser Elegien)[14]. Diese Übersetzung wurde durch den neu gegründeten Verlag *Espiral Maior* veröffentlicht, der sich vor allem der Publikation galicischer Lyrik und unter anderem auch Übersetzungen von Francis Jammes, Joyce und Valéry annahm.

Die Idee, Rilkes Elegien ins Galicische zu übersetzen, wurde besonders unter den Dichtern der jüngsten Generationen allgemein begrüßt, was sich aus den zahlreichen Artikeln und Rezensionen in galicischen Zeitungen und Zeitschriften ableiten läßt. 1997 wird ein neues Rilke-Buch von Espiral Maior publiziert, *Cartas a un poeta novo* (Briefe an einen jungen Dichter)*. 1988 erscheint in der der galicischen Kultur gewidmeten Zeitschrift *Grial* ein mit dem Titel »Presencia de Rilke en Galicia«** (Verweilen von Rilke in Galicia) überschriebener Aufsatz, der das Problem der Rezeption Rilkes ins Galicische analysiert. Außer einem neuen Beitrag des Rilkeforschers Jaime Ferreiro Alemparte ist 1998 in einer galicischen Zeitschrift *Museo de Pontevedra* veröffentlicht worden: »Picasso en Rilke« (Picasso in Rilke). In einer ausführlich dokumentierten Untersuchung betrachtet Ferreiro den Zusammenhang Rilkes mit Picassos Werk und zieht wichtige Schlüsse zum Verständnis unseres Dichters.***

Wenn sie von Luis Pimentel (1897–1958) sprechen, sind die galicischen Literaturwissenschaftler zumeist bemüht, eine Beziehung zu Rilke anzunehmen. Pimentel gehört in Galicien zu den am meisten verehrten Dichtern dieses Jahrhunderts und weist in seinem aus nur zwei Büchern bestehenden Werk einige thematische Ähnlichkeiten zu Rilke auf, auch wenn diese unterschiedlich bewertet werden. Celestino de la Vega, Herausgeber von Pimentels *Sombra do aire na herba* 1959 (Schatten der Luft im Gras) und darüberhinaus galicischer Übersetzer von Heidegger, behauptete im Gegensatz zu Ramón Gonzalez Alegre:

[...] es gibt schon abenteuerliche Fehlschläge bezüglich der Einschätzung von Einflüssen auf seine [Pimentels] Dichtung. So sagt uns Herr González Alegre: ›Man hat gesagt, daß Pimentel ein ›Rilkeaner‹ war, als wenn das ein großer dichterischer Fehler wäre. Wenn er tatsächlich ein ›Rilkeaner‹ war, dann deshalb, weil er – wie es auch sein muß – verstand, daß der einzige authentische Weg, dem man in der Poesie zu folgen hat, derjenige ist, den das zarte Wesen Rainer Maria Rilkes der Welt gezeigt hat – zum Erstaunen all jener Professoren und Trotteln der Lyrik, all jener hohlen und gefühllosen Steinklopfer‹. In Wirklichkeit aber verstand Pimentel nichts von alledem, was González Alegre sagt: er war nie ein ›Rilkeaner‹. Rilke war einer derjenigen Dichter, die auf Pimentel überhaupt keinen Einfluß hatten, und zwar ganz einfach deshalb, weil er ihn erst sehr spät kennenlernte, zu einem Zeitpunkt, als er den größten Teil seines Werks bereits vollendet hatte. Wenn es irgendeine Ähnlichkeit zwischen Rilke und Pimentel gibt, so ist diese ›rein zufällig‹, wie es im Filmvorspann zu heißen pflegt. Selbstverständlich wurde Rilke von Pimentel bewundert, doch sind wir absolut sicher, daß er keinerlei Einfluß auf sein Werk ausgeübt hat.«[15]

---

* übersetzt von Jaime Santoro de Membiela.
** von Jaime Santoro de Membiela, *Grial*, Nr. 137, Band XXXVI/1998.
*** Der Beitrag Ferreiros, der in Deutschland kaum Widerhall gefunden hat, war jedoch geeignet, zahlreiche »Topoi« und Beziehungen in Rilkes Schriften zu verstehen (z. B. die Entdeckung seiner Lektüre der *Flos Sanctorum* von P. Ribadeneira).

Araceli Herrero[16] erinnert daran, wie Pimentel auf die Frage, welche Dichter ihn am meisten beeinflußt hätten, geantwortet habe: »Rilke, Antonio Machado, und Francis Jammes«[17]. Pimentel kannte, sagt Herrero, die Übersetzungen Rilkes von Dorotea Latz[18], und in seiner Bibliothek standen *Las Elegias de Duino*[19], und *Las Quintaesencias*[20].

Basilio Losada glaubt seinerseits, daß »in Wirklichkeit das menschliche Zittern und das lyrische Seufzen Pimentels weit von der metaphysischen Tiefe Rilkes entfernt ist.«[21] Bei den jüngsten Dichtern wäre es schwierig, eine klare Beschreibung der Spuren Rilkes zu geben. Es gibt noch nicht genug Sekundärliteratur über sie; diese Arbeit könnte deshalb ein mühsames Unterfangen sein.

In den Gedichtbänden, die seit den siebziger Jahren veröffentlicht wurden, finden sich häufig Rilke-Zitate. Bemerkenswert ist auch, daß in einer Anthologie galicischer Dichter der Gegenwart[22] vier von zwölf Autoren – X. M. Álvarez Cáccamo, Claudio Rodríguez Fer, Román Raña Lama und Miguel Anxo Fernán-Vello – auf Rilke als fundamentalen Autor ihrer Ausbildung verweisen. Das Leben Rilkes und seine Hingabe zur Dichtung gilt daher als unvergleichliches Modell für jeden, der sein Leben dem Dichterberuf widmen will.

Aus den eben gemachten Beobachtungen können wir verschiedene Schlußfolgerungen ziehen:

– Die Kenntnis von Rilkes Werk in Galicien beschränkt sich auf einen Teil seines Werkes. Die Sprachbarriere macht den Rückgriff auf Übersetzungen (hauptsächlich ins Galicische, aber auch ins Spanische, Portugiesische oder Französische) meist unabdingbar.
– Rilke wurde sowohl von den konservativen Schriftstellern als von der Linken engagiert angenommen.
– Es läßt sich eine wachsende Häufigkeit im Gebrauch des Galicischen in den Übersetzungen feststellen.
– Rilke genießt eine priviligierte Stellung im Vergleich zu anderen deutschen oder fremdsprachlichen Schriftstellern. Aufgrund der fast allgemeinen Akzeptanz seitens des Publikums und der jüngeren Generationen kann man annehmen, daß das Werk Rilkes aktuell ist und dies auch in den kommenden Jahren bleiben wird.

Wir mußten uns in diesem kurzen Beitrag auf einige allgemeine Daten beschränken. Ein näherer Blick auf die Rezeption hätte eher eine innere Verwandlung als nur eine Reihe von Daten und Meinungen zu beschreiben. Doch ist diese, wie die höchsten Dinge, unbeschreiblich.

1 Nr. 56, La Coruña 1926, 1983 neu herausgegeben.
2 Nachdruck Vigo 1979.
3 *Requiem. Las Elegías de Duino.* Übersetzung und Einleitung von Gonzalo Torrente Ballester, Madrid 1946.
4 Bekannt sind *España en Rilke*, Madrid 1966 und *Rilke y San Agustín*, Madrid 1966, sowie zwei Anthologien, die 1966 und 1968 erschienen sind, und eine bedeutende Liste von Beiträgen zur Rilke-Forschung, die bis 1998 reicht. Beispiel des Phänomens des Ineinanderfließens mit den galicischen Schriftstellern finden wir in der galicischen Zeitschrift »La Noche«, (9, VI, 1967), wo Otero Pedrayo (Lehrer Ferreiros) über die Bücher Ferreiros Alemparte informiert.
5 Wurde 1994 neu herausgegeben.
6 Beide waren zusammen mit Luis Seoane die Herausgeber dieser Zeitschrift. Luis Seoane sowie Lorenzo Varela sind zwei wichtige Schriftsteller der Sozialpoesie. Seoane und Arturo Cuadrado gelten auch als Begründer der erwähnten Zeitschrift *Resol.*
7 Nr. 15 (15. 1. 1944).
8 Nr. 17 (15. 7. 1944) und Nr. 18 (15. 8. 1944).
9 Wurde 1995 neu herausgegeben.
10 Jeweils von Guillén Nadal (Mallorca 1957) und Alberto González Fernández (Santander 1966) übersetzt (cf. Eustaquio Barjau, Einleitung zur Übersetzung *Las Elegías de Duino/Sonetos a orfeo*, Madrid, 2. Aufl. 1990).
11 In *Nordés*, neu herausgegeben A Coruña 1992.
12 *Dorna* Nr. 7, Santiago de Compostela 1982.
13 *Dorna* Nr. 8, Santiago de Compostela 1985.
14 In zweisprachiger Ausgabe übersetzt von Jaime Santoro de Membiela.
15 C. F. de la Vega. Einleitung zu: *Sombra do aire na Herba* von Luis Pimentel, Vigo 1959. S. 27f.
16 Araceli Herrero, *Luis Pimentel. Obra inédita o rw recopilada*, Lugo 1981.
17 *El Progreso*, 9. 12. 1955.
18 *Poetas Alemanes I*, Barcelona 1939.
19 Die schon erwähnte Übersetzung stammt von Torrente Ballester.
20 Spanische Übersetzung von Jaime Bofill y Ferro, Madrid 1941.
21 Basilio Losada, *Poetas gallegos contemporáneos*, Barcelona 1972, S. 20.
22 Luciano Rodríguez, *Dende a palabra doce voces. Nova poesía galega*, Barcelona 1986.

VERMISCHTES

MANFRED KOCH

Rilke und Hölderlin – Hermeneutik des Leids

I.

Unter dem ominösen Datum 20. April 1943 berichtet die Journalistin Ursula von Kardorff in ihren *Berliner Aufzeichnungen* vom Kondolenzbesuch bei der Frau eines Kollegen, der an der Ostfront gefallen war. Kardorff schreibt nichts von Tränen, Verzweiflung auf Seiten der Frau und hilflosen Tröstungsversuchen, die sie vielleicht unternommen hätte. Stattdessen zwei einfache Sätze:

> Fuhr [...] zum Kondolieren zu Frau Häfner. Sie saß da
> und schrieb Stellen aus dem Tagebuch ihres Mannes ab,
> um sie herum lagen Bücher, Hölderlin und Rilke.[1]

Die Szene hat beinahe ikonische Qualität, will man sich eine Art von Trauerarbeit vergegenwärtigen, die unter den Gebildeten Deutschlands in diesen Jahren verbreitet war. Angesichts des dauernden Verlustes nächster Angehöriger und angesichts des sich abzeichnenden allgemeinen Untergangs griffen sie in die Bücherregale auf der Suche nach Lebensdeutungen, die so fundamental waren, daß sie auch noch das gegenwärtige Extrem widersinniger Vernichtung zu überstehen halfen. Ursula von Kardorff gehörte zur Peripherie der Konspiration gegen Hitler; sie war befreundet mit Protagonisten wie Fritz von der Schulenburg. Dauernd berichtet sie von Todesfällen, und ab 1944 sind es nicht mehr nur die Frontsoldaten (wie ihr Bruder), sondern auch die Opfer des Volksgerichtshofs unter Roland Freisler. Und immer wieder begegnen, sowohl in den mentalen Vorbereitungen der Todeskandidaten im Feld und in den Zuchthäusern, wie in den Bewältigungsversuchen der Hinterbliebenen, die Namen Hölderlin und Rilke.

Die Witwe des Journalisten las Verse dieser beiden wie höherdeutende Kommentare zu den letzten Aufzeichnungen ihres Mannes. Solche Versuche privater Konsolidierung im dichterischen Wort bildeten das Gegenstück zur offiziellen Propaganda, die – ebenfalls mit Hilfe der Dichtung, ja gerade dieser Dichtung – dem massenhaften Sterben auf den Schlachtfeldern und in den Städten *ihren* Sinn aufzuzwingen versuchte. So existierte Hölderlin in diesen Jahren zweifach. Hier – in den Naziorganen – der Dichter jener Ode *Der Tod fürs Vaterland*, die zigtausendfach im Gedenkjahr 1943 und danach abgedruckt wurde, dort – in der einsamen Lektüre der Trauernden – der Autor von *Hyperions Schicksalslied*. Dessen berühmte Schlußverse – »Es schwinden, es fallen / Die leidenden Menschen /

Blindlings von einer / Stunde zur andern, / Wie Wasser von Klippe / Zu Klippe geworfen, / Jahr lang ins Ungewisse hinab«[2] – erscheinen in Kardorffs Buch als einziger Hinweis auf einen konkreten Text, bei dem die Ratlosen Zuflucht suchten. Die Wahl gerade dieses Gedichts ist indessen symptomatisch für die Perspektive, in der weite Teile der deutschen Intelligenz – vor allem im konservativen antinazistischen Lager – den Einsturz ihrer Welt auslegten: man war selbst in Widerstandskreisen eher geneigt, dem Unheil der Gegenwart die Dimensionen eines schicksalhaften Verhängnisses zu geben als auf die konkrete geschichtliche Entwicklung zu reflektieren, die zu alldem geführt hatte. Auch dazu schienen sich Seins-Dichter wie Hölderlin und Rilke besser zu eignen als andere Repräsentanten jenes deutschen Kulturerbes, an das sich traditionsbewußte Bürger und Adlige um so verzweifelter klammerten, je formloser und barbarischer die Gegenwart der Nation wurde.

Fragt man sich, worauf die Tröstungskraft gerade der Verse Hölderlins und Rilkes beruht, so liegt die Antwort auf der Hand: Nirgendwo sonst in der Geschichte der deutschen Literatur beansprucht Dichtung angesichts des drohenden oder bereits eingetretenen Verlustes religiöser Gewißheit in vergleichbarer Weise, die Erfahrungen des menschlichen Lebens aus einem letzten Grund zu deuten. Nirgendwo sonst wird die transzendentale Obdachlosigkeit des modernen Menschen (die ›Nacht der Götterferne‹ bei Hölderlin) lyrisch derart eindringlich beschworen in der Hoffnung, daß gerade die Artikulation des Sinn-Verlusts doch auch schon die Verlautbarung des Heilenden, Sinngebenden ist. Nirgendwo sonst liegt eine vergleichbare Ontologie des Schmerzes und des Leidens vor, oder – um es anders zu sagen – nirgendwo sonst werden gerade die kränkenden, ja beinahe zerstörenden Erfahrungen des Menschen zum Ausweis von dessen besonderer Stellung im Ganzen des Seins. »Denke«, so sagt bereits der Weise in *Hyperions Jugend* (1795), »denke, daß der Adel deines Wesens im Schmerze nur sich offenbaren kann!« (MA I, 527)

Aus dieser metaphysischen Auszeichnung des Schmerzes folgt die Figur, die Rilke vielleicht am meisten mit Hölderlin verbindet: der Gedanke, daß in der Steigerung der Zerrissenheit die Einheit umso fühlbarer wird, das Extrem der Entgegensetzung erst die Vereinigungskraft entbindet. Die berühmten Verse aus *Patmos* »Wo aber Gefahr ist, wächst / Das Rettende auch« (MA I, 447) formulieren diese Figur am eindrücklichsten beim späten Hölderlin; Jahre zuvor hatte bereits im *Hyperion* der Titelheld die Gewißheit geäußert, daß »göttlich erst in tiefem Laid das Lebenslied der Welt uns tönt« (MA I, 758). Im lyrischen Melos dieses Prosasatzes *ist*, wie die Paronomasie bezeugt, das »Leid« der Grund des »Liedes«, sind die Töne der Klage zugleich auch schon das göttliche Tönen des allvereinigenden Lebens.

Vergleichbar damit ist das Verhältnis von Dissonanz und Auflösung bei Rilke. Ich gehe hier nur auf ein Beispiel aus Rilkes mittlerer Werkperiode ein. In den Dingen der *Neuen Gedichte* wird immer wieder eine Subjektivität evoziert, die durch äußerste Spannungen und Irritationen bis an den Rand des Selbstverlusts getrieben wird und dort, im Extrem der Bedrohung, in eine haltgebende Gegenbewegung hineinfindet. Zur Exemplifikation ein kurzer Blick auf *Römische Campagna*:

RÖMISCHE CAMPAGNA

Aus der vollgestellten Stadt, die lieber
schliefe, träumend von den hohen Thermen,
geht der grade Gräberweg ins Fieber;
und die Fenster in den letzten Fermen

sehn ihm nach mit einem bösen Blick.
Und er hat sie immer im Genick,
wenn er hingeht, rechts und links zerstörend,
bis er draußen atemlos beschwörend

seine Leere zu den Himmeln hebt,
hastig um sich schauend, ob ihn keine
Fenster treffen. Während er den weiten

Aquädukten zuwinkt herzuschreiten,
geben ihm die Himmel für die seine
ihre Leere, die ihn überlebt.[3]

Das Sonett figuriert einen »Weg« auf das Nichts zu. Aus der »vollgestellten Stadt«, dem Ort des konventionellen Gesprächs und der sozialen Kontrolle (das ist der ›Blick der Fenster‹) flieht er, aber nicht, um sich, wie das Klischee es will, einer bergenden tröstenden Natur an den Busen zu werfen, sondern um in einer Todeslandschaft einen ›fieberhaften‹ zerstörerischen Lauf anzutreten, der bildlich auf den Absturz am Horizont zuhält. Dort, am Punkt atemloser Verzweiflung, erfleht der Weg Hilfe von den »Himmeln« und den »Aquädukten«. Es ist, im Bild der Römischen Landschaft, die unstete Linie eines irrelaufenden, gesellschaftsflüchtigen Lebens, die inständig auf Verwandlung in eine rhythmisch ausgewogene, formschöne Kurve (die Aquädukte) dringt: das Gedicht als gleichmäßige Bahn, die dissonanter Lebenserfahrung abgewonnen werden kann. Wie oft in den *Neuen Gedichten* ist nicht eindeutig zu entscheiden, ob die Aufnahme in die »Leere« der Himmel auf eine höchste, mystikähnliche Erfahrung als Grund der Gedichtentstehung oder auf die finale Beruhigung im Tod zielt. Generell gilt aber, daß Rilke in dieser Figur des Hineinbegebens in beinahe tödlichen Irrgang und Rettung am Scheitelpunkt des Absturzes den Erfahrungsweg des Dichters ausgelegt hat. »Kunstdinge«, schreibt er 1907 an seine Frau, seien »immer Ergebnisse des In-Gefahr-gewesen-Seins, des in einer Erfahrung Bis-ans-Ende-gegangen-Seins«[4]. Wo die Gefahr des Wirklichkeitsverlustes das Subjekt zu überwältigen droht, stellt sich, so könnte man paraphrasieren, das Rettende des Gedichts ein.

Aus diesem Grundmodell resultiert weiter ein Gestus in der Inszenierung der Dichter-Rolle, der bei beiden Autoren verwandt anmutet. Beide präsentieren sich – bzw. den mythisierten Dichter – als die Figur, die an exponiertem Ort stellvertretend für die anderen die extremen Spannungen nicht nur einer individuellen Biographie, sondern eines ganzen Zeitalters zu erleiden und zugleich verstehend zu gestalten hat. Beide sind ihrem Selbstverständnis nach Dichter der Krise – im Wortsinn von altgriechisch ›krino‹, einer Zeit der gesteigerten *Scheidung* und Auflösung (Hölderlin sagt Gährung), die zugleich aber durch Poesie als Zeit einer anstehenden höheren *Entscheidung* begreiflich gemacht werden soll. Hölderlins Werk ist in diesem Sinn Ausdruck und Auslegung der permanenten Revolutionierung der europäischen Welt zwischen 1789 und 1814, Rilkes *Duineser Elegien* antworten analog auf die Epoche des Ersten Weltkriegs, den sensible Zeitgenossen wie den Einbruch eines kosmischen Vernichtungsgeschehens erlebten. Dichtung entsteht aus der Zerrissenheit der Zeit, artikuliert und deutet sie und soll – allerdings bei Rilke in ganz anderer Weise als bei Hölderlin – heilend auf die Zeit zurückwirken. So verstanden ist Dichtung, nach einer schönen Formel von Gerhard Kurz, eine »progressive Hermeneutik des leidvollen Weltlaufs«.[5]

II.

Überhöhung des Leidens ist verfänglich. Löst sie sich in der Rezeption ab von den konkreten Gedichten und – im Falle Hölderlins – von den philosophischen Grundlegungstexten, gerinnt sie schnell zum beliebig ausbeutbaren Klischee des Schmerzensmannes, bei dem in schwieriger Zeit Sinnressourcen zu beziehen sind. Eine solche Rezeptionshaltung gegenüber Hölderlin und Rilke zieht sich durch unser ganzes Jahrhundert, mit zwei deutlichen Höhepunkten in der Zeit nach Rilkes Tod und in den fünfziger Jahren. Kennzeichnend für sie ist zum einen der symbiotische Bezug auf die Biographien – unstete, umhergetriebene Dichter, vom Wahnsinn bedroht bzw. überwältigt – zum andern die Verkürzung des Werks auf Sinnsprüche; hier: Was bleibet aber, stiften die Dichter; dort: Wer spricht von Siegen? Überstehn ist alles. Wie wenig andere Autoren aus jenem Spektrum, das Bertolt Brecht einmal als die »pontifikale Linie« der deutschen Literatur[6] bezeichnet hat, eignen sich Hölderlin und Rilke für solche Applikation von Dichtung als Lebenshilfe. Ein Dichter-Seher wie Stefan George, der seiner Gemeinde Erlösung durch Zucht, Formung und strenge ästhetische Ritualisierung eher gebietet als verheißt, ist langfristig für identifikatorische Lektüre weniger geeignet als der Typus des Propheten, der zugleich Züge des Märtyrers trägt.

Walter Muschg hat 1956 in einer brillanten Polemik mit dem Titel *Zerschwatzte Dichtung* eine derartige Mythisierung Rilkes und Hölderlins gegeißelt. »In Zeitläuften der Atomisierung«, so beginnt der Essay, »blüht am Rande das sublime Verständnis für Heiles und Reines«.[7] Auf den einleitenden Seiten muß zunächst Rilke selbst ein wenig Spott über sich ergehen lassen, hauptsächlich aber trifft die Muschgsche Wut sein Gefolge von »Schwärmern und Schwärmerinnen«, die ihn »als Unterlage für [ihre] dilettantischen pseudoreligiösen Bedürfnisse« mißbrauchen und ihn damit zu einer Art von »lyrischem Rasputin« verzerrt haben.[8] In unmittelbarem Anschluß an dieses Portrait von Rilke als dem Wundermönch der modernen Poesie folgt eine Abrechnung mit Martin Heideggers Hölderlin-Exegese. Man mag Muschg entgegenhalten, daß angesichts des bedeutenden philosophischen Konzepts, das dahintersteht, Heideggers Erläuterungen nicht einfach mit dem delirierenden Gestammel anderer Interpreten in einen Topf geworfen werden dürfen. Dennoch ist ihm darin Recht zu geben, daß auch und gerade Heidegger an Rilke und Hölderlin die sehr deutsche Figur der Heroisierung des Leids vorexerziert. Muschg hatte einleitend die Behauptung Dieter Bassermanns zitiert, daß »›alle Philosophien und Weltanschauungen sowie sämtliche Religionen‹ [...] durch den späten Rilke gegenstandslos« geworden seien.[9] Bassermanns Begründung: ob Platon, ob Christus, ob Kant oder Nietzsche – sie alle hätten auch nur die »Flucht vor der unerträglichen Schwerheit [...] des Phänomens des Lebendigen« verkörpert.[10] Analog gibt Heideggers Aufsatz über Rilke und Hölderlin – *Wozu Dichter?* von 1946 – gleich zu Beginn als *das* Kriterium für gültige Dichtung die heldenhafte Bewährung im Schwersten an:

> Im Weltalter der Weltnacht muß der Abgrund der Welt
> erfahren und ausgestanden werden. Dazu ist aber nötig,
> daß solche sind, die in den Abgrund reichen.[11]

Konsequent macht sich Heidegger dann an die Aufgabe, »zu ermessen, ob und inwiefern Rilke Dichter ist in dürftiger Zeit«, indem er »einige Merkpfähle auf dem Pfad zum Abgrund«[12] aussteckt. Dank dieser Pfähle kann dann tatsächlich er-messen, nämlich ausgemessen werden, wer weiter in den Abgrund reicht – für Heidegger ist es bekanntlich Hölderlin. Rilke muß sich – das ist die logische Konsequenz – beim olympischen Agon um das Aushalten der Seinsvergessenheit mit Platz 2 begnügen.

Dieses Denken, das hohen Rang nur der Dichtung zugesteht, die an der Grenze zum Verstummen, zu Wahnsinn oder Selbstmord sich artikuliert, entstammt der Kultur deutscher Innerlichkeit. Prekär wird es, wo der Gestus des Sich-dem-Nichts-, dem Sinnverlust-Aussetzens einhergeht mit Verachtung des alltäglichen Gesprächs und einer umgänglicheren Geistigkeit, die nicht schollenschwer und nahezu unverständlich immer im Tiefsten gräbt. Der französische Germanist Robert Minder hat den Verdacht geäußert, daß der Heroismus des Abgrunds, in dem manche Rilke- und Hölderlin-Exegeten der fünfziger Jahre schwelgten, nur die Kehrseite des kriegerischen Heroismus der Nazizeit zuvor war. Hölderlin sei, schreibt Minder, »innerhalb eines halben Jahrhunderts [...] sakralisiert und zugleich Ware geworden, kämpferisch untermalt zur Zeit von *Mein Kampf*, schicksalhaft auswattiert seither. Literaturgeschichten für Schule und Bürgerhaus haben den Kriegsschmuck stillschweigend abgelegt, walten als Raumpflegerinnen – Hölderlin, Rilke, Trakl ihre Lieblingsobjekte.«[13]

Halten wir fest: sind die Auszeichnung des Schmerzes und das eschatologische Pathos, mit dem das Bestehen tiefsten Leids besetzt wird, tatsächlich ein Hauptzug, der Hölderlin und Rilke verbindet, dann kann nicht ausgeklammert werden, was eine fragwürdige Rezeptionsgeschichte aus diesem Modell prophetischen Dichtertums gemacht hat. Zweifellos bot das Werk beider auch wirkliche Anknüpfungspunkte: Rilkes Kult der monumentalen Einsamkeit wäre hier zu nennen sowie Hölderlins überspannter, gegen alles ›Positive‹, ›Gesetzte‹, ›Gemeine‹ und ›Gewöhnliche‹ gerichteter Ton in Texten insbesondere vor 1798 (er hat das in dieser Zeit dann an sich selbst kritisiert). Indessen ist die originale Philosophie des Leids, die sich bei beiden nachweisen läßt (*als* diskursive Philosophie freilich nur bei Hölderlin), durch solche Rezeption natürlich nicht kompromittierbar, noch viel weniger der lyrische Ausdruck leidender Subjektivität. Rezeptionen wie die eben beschriebene können allerdings zu Stimmungslagen führen, die ein bedeutendes Werk für ganze gesellschaftliche Gruppen unzugänglich machen. Rilke v. a. hat in diesem Sinn an der Rilke-Schwärmerei furchtbar zu leiden gehabt. Sich von hyperbolischem Schicksalsheroismus im Ton der Rilke-Gemeinde distanzieren hieß für viele Distanzierung von Rilke selbst. Allzuleicht konnten auch die Gebildeten unter den Rilke-Verächtern den Sekundärkitsch der schäumenden Exegeten mit Stellen noch aus Rilkes Spätwerk parallelisieren, in denen der Leidensgestus etwas Selbstgefälliges hat und die Klage so manieriert daherkommt, als kokettiere sie schon im Ausdruck ganz lustvoll mit den schönen Metaphern, die für sie gefunden wurden. In *der* Hinsicht muß ein Unterschied zwischen Rilke und Hölderlin in der Tat festgehalten werden: an keiner Stelle in Hölderlins Werk nach 1800 hat die Kundgabe von Leid und Todesangst einen süßlichen Beigeschmack, keiner dieser Verse hat im mindesten die Tendenz, im Leidausdruck nach seiner eigenen Schönheit zu schielen. Kurz spricht in seinem Buch *Mittelbarkeit und Vereinigung* von der »Härte«, der »Wörtlichkeit und Untiefe der Sprache der späten und spätesten Gedichte Hölderlins […]; das Zeichen gewinnt selbst die Dinglichkeit der Sache«.[14] Die in diesem Sinn vollkommene Selbstlosigkeit der poetischen Sprache macht das Unvergleichliche von Hölderlins Spätwerk aus.

Um aber wieder auf das Verbindende zurückzukommen, möchte ich im dritten Teil den bisher eher diffusen Terminus ›Ontologie des Leidens‹ präzisieren. Dies soll in einem ersten Schritt geschehen durch eine grobe Skizze der entsprechenden philosophischen Überlegungen Hölderlins. In einem zweiten Schritt frage ich dann, wie weit vergleichbare Strukturen sich in der eigentümlichen Sprache der *Duineser Elegien* wieder aufweisen lassen.

III.

Etwa ab 1795 begreift Hölderlin die Grundverfassung des menschlichen Bewußtseins als Resultat der Ur-teilung eines vorgängig Einen, Absoluten. Der Begriff der Ur-teilung, wie Hölderlin ihn in dem spät entdeckten Fragment *Urteil und Sein* entwickelt, muß in zweierlei Hinsicht verstanden werden. Hölderlin meint damit **erstens** die Welt der Sachverhalte, auf die wir in *Urteilssätzen* Bezug nehmen. Eine bedeutsame ›Welt‹ existiert ja überhaupt nur dadurch, daß ein sprachlich verfaßtes Bewußtsein wie das unsere in Urteilssätzen vom Typ ›A ist B‹, ›X ist Y‹ bestimmten Einzeldingen bestimmte Qualitäten zuschreibt: dies Pult ist aus Holz, Tübingen ist eine Reise wert usw. Indem wir derart Etwas *als* etwas charakterisieren, bestimmte Gegenstände in einer bestimmten Hinsicht auffassen lernen, entsteht für uns als Kinder im Spracherwerb unsere Welt. Ohne solches sprachliches Urteilen gäbe es überhaupt keine Welt bestimmter Einzeldinge und kein Ich, das von ihnen weiß und zugleich sich davon unterscheidet. »Es ist nichts, es sei denn im Bewustsein«, sagt Hölderlins Lehrer Fichte[15] und meint damit nicht, wie böswillige Zeitgenossen ihm unterstellen wollten, daß das Bewußtsein die ganze Natur mit Haut und Haaren hervorbringt. Daß alles nur im Bewußtsein sei, heißt vielmehr im eben erläuterten Sinn, daß nur durch unsere sprachliche Artikulation von Einzelheiten, mit denen es sich, wie wir sagen, so oder so verhält, aus einem amorphen materiellen Geschehen diese sinnhafte Welt, in der wir uns bewegen, hervorgeht. So verstanden sind wir, wo wir überhaupt nur denken und reden, durch unsere Sprache immer Welt-Bildner, also Dichter. »Dichtet und trachtet nicht jeder Mensch in jeder Minute«, sagt Novalis[16] – und Hölderlin teilt mit ihm wie viele junge Intellektuelle um 1800 diese Auffassung vom fundamental dichterischen Sein des Menschen.

In-der-Welt-Sein heißt dann aber auch in Trennungen existieren: als Einzelner auf andere Einzelne bezogen zu sein und sich zugleich als Ich von ihnen zu unterscheiden. Wir erkennen überhaupt nur Einzelnes dadurch, daß wir es von anderem Einzelnen negierend abgrenzen. »Nichts wird erkannt, was es sei, ohne uns das mit zu denken, was es nicht sei«, sagt Fichte.[17] Der Satz gehört in die große Tradition des ›omnis determinatio est negatio‹-Gedankens, und eine seiner prägnantesten Formulierungen findet sich später gerade auch bei Rilke. »Alles / ist nicht es selbst«, heißt es in der 4. Elegie. Rilke benennt damit die Konsequenz aus eben dieser Grundidee einer Bestimmung durch Negation: wenn alles ist, was es ist, nur durch die Gnade von anderem, dem es entgegengesetzt wird, dann hat kein Einzelnes eine erfüllte Identität aus sich selbst. Jede Bestimmung von etwas als etwas führt hinein in ein Netz differentieller Verweisungen, jedes Einzelne kann in dauernd veränderten Kontexten immer wieder anders aufgefaßt werden. Schon beim Rilke der Pariser Jahre ist die Krankheit des Malte Laurids Brigge im Grunde ein Ausdruck dieser Erfahrung: die volle, handgreifliche Präsenz der ›Dinge‹ geht verloren in Ketten von Zuschreibungen, die sie bis zur Unkenntlichkeit verändern. »Alles / ist nicht es selbst«: der Versuch, eine Straßenszene ganz trivial als Auftritt eines Blumenkohlverkäufers zu begreifen, führt Malte in eine Sequenz von Reflexionen hinein, die schließlich im Verstummen endet. *Was* da geschieht, läßt sich am Ende überhaupt nicht mehr sagen, wenn man sich dem beunruhigenden Bewußtsein ausliefert, daß es vor einem anderen Hintergrund immer wieder anders bestimmt werden kann.

Trennungen und Differenzierungen sind aber bewußtseinskonstitutiv. Bewußtsein ist immer Bewußtsein von etwas – und zwar von mehreren verschiedenen Gegebenheiten. Ein reines gegenstandsloses Gewahren, wie es uns in Grenzerfahrungen mystischer Art zugänglich sein mag, ist strenggenommen auch schon unbewußt (bzw. ungewußt): wir können davon *wissen* nur in Form einer Erinnerung aus unserem differenzierten welthaften Ich-Bewußtsein heraus. Nur als endliches Ich in einer Welt von Einzelheiten *weiß* ich überhaupt von etwas, kann mir also auch objekt- und ichlose Transzendenzerfahrungen irgendwie vergegenwärtigen. Eine Welt haben heißt deshalb Differenzen akzeptieren, der Verzicht auf Trennung und Entgegensetzung wäre gleichbedeutend mit Auslöschung des Bewußtseins. Ur-teilung ist also zu verstehen als Stiftung von artikuliertem Bewußtsein, von Wissen, von Welt. In der metrischen Fassung des *Hyperion* wird dieser Gedankengang so zusammengefaßt:

> Der reine leidensfreie Geist befaßt
> Sich mit dem Stoffe nicht, ist aber auch
> Sich keines Dings und seiner nicht bewußt,
> Für ihn ist keine Welt, denn außer ihm
> Ist nichts [...]. (MA I, 518 f.)

Der erste Vers führt uns zum Thema Ontologie des Leids zurück: nur ein Geist, der ›*leidet*‹, ist in eminentem Sinn ein bewußter welthafter Geist. Auch ›Leiden‹ hat hier eine zweifache Konnotation: zum einen erkenntnistheoretisch (in Kantischer Tradition) ein Bezogensein auf Gegenstände. Zum andern zielt es aber auch darauf, daß in diesem den-Gegenständen-Gegenüber-Sein ein Schmerz über die Trennung verspürt wird. An Trennung kann aber nur leiden, wer Einheit begehrt. Zwiefältigkeit ist nur mit Schmerz verbunden, wenn sie auf Ent-zweiung zurückgeht. Hölderlin hat Ur-teilung in diesem Sinn **zweitens** auch ganz handgreiflich verstanden als schmerzhafte Zerreißung eines vorgängig Einen. Denn das bewußtseins- und weltermöglichende Leben in Differenzen ist ja zugleich immer auch *Leben auf Einheit hin*. Wir unterscheiden unendlich viele Einzeldinge und fassen sie doch zugleich als Momente *einer* Welt auf. Wir stehen der Natur gegenüber und können sie zugleich nicht nur als Objekt, sondern auch als uns ansprechendes, verwandtes Wesen erfahren. Wir grenzen uns von anderen Individuen ab und lieben sie auch. Das bewußte Leben ist unaufhebbar Existieren *in Trennungen auf Einheit hin*, keine der beiden Seiten kann jemals zugunsten der anderen völlig verschwinden. Im *Hyperion* faßt Hölderlin diese Dialektik in der heraklitischen Formel des ›Einen in sich selber Unterschiedenen‹: ein zugrundeliegendes Eines begibt sich in die Spaltung (Ur-teilung), um zu einem lebendigen Gefühl und artikulierten Bewußtsein seiner selbst zu kommen. In diesen Spaltungen macht es sich zugleich *als das Eine* geltend in Form einer Sehnsucht nach Einheit. Der Mensch ist der eigentliche Ort dieser widersprüchlichen Selbstartikulation des Einen. Denkend, sprechend und handelnd stellen wir so das Absolute dar und *sind* die Selbstverständigung des Absoluten. Unsere endliche Existenz in ihren Erfahrungen des Widerständigen und Zerreißenden *ist* der Vollzug der Verendlichung des Göttlichen. Wir leisten als geschichtliche Existenzen das Absolute, das ohne solche Leistung nicht in die Dimension von Bewußtheit und wirklicher Lebendigkeit einträte. Daß in diesem Sinn *unsere* Leiden die Leiden des Höchsten sind, ist ihre tiefe ontologische Rechtfertigung. In der

Sprache von Hölderlins Spätwerk: die Götter ›brauchen‹ uns. So steht es in der Hymne *Der Rhein*:

> [...] Denn weil
> Die Seeligsten nichts fühlen von selbst,
> Muß wohl, wenn solches zu sagen
> Erlaubt ist, in der Götter Nahmen
> Theilnehmend fühlen ein Andrer,
> Den brauchen sie [...] (MA I, 345)

Aus der hier vorgestellten Dialektik – Bewußtwerdung des Einen nur durch Unterscheidung, in der Unterscheidung aber Bewußtwerdung als Eines, d. h. als Vereinigendes – resultiert die Figur, die wir am Anfang betrachtet hatten. Je extremer und schmerzhafter die Entgegensetzungen, desto bewußter oder, wie Hölderlin gerne sagt, »fühlbarer« die Vereinigungskraft. Dichtung ist nach Hölderlins Selbstverständnis nicht Abbildung der Welt in ihrer Faktizität, sondern verdeutlichende und deutende Abbildung dieser Struktur von Spannungen und Versöhnungen im Erfahrungsweg der Menschen. Von dieser Überlegung aus entwickelt Hölderlin einen extrem dynamischen Schönheitsbegriff. Das Gefühl von Schönheit als Einheitsgefühl geht nicht auf konfliktlose, breiige Harmonie. Schönheit ist vielmehr eine Vereinigungserfahrung, die sich durch Gegensätze und äußerste Dissonanzen hindurch vollziehen muß.

Man kann, glaube ich, ohne große Gewaltsamkeit von hier direkt übergehen zum Anfang der *Duineser Elegien*. Rilkes Begriff des Schönen – wie programmatisch in Hölderlinschem Tonfall an den Beginn gestellt – proklamiert die gleiche Annäherung des traditionellen ›Schönen‹ an das traditionell ›Erhabene‹. Schönheit birgt in sich das ›Schreckliche‹, weil sie als Kom-position des extrem Zerrissenen immer auch durchsichtig bleibt auf die Lücken und Abgründe, die zwischen den Gegensätzen aufklaffen. Die Sprache der Dichtung ist Herstellung von Zusammenhang; jede leere Stelle im Gedicht läßt aber letztlich einen Bruch zwischen den zu vermittelnden Momenten aufblitzen, den Sprache womöglich nicht mehr zu überbrücken vermag. Aus dieser Konzeption konfliktualer Schönheit geht dann auch der gewaltsame, zerklüftete Sprachgestus hervor, den Rilkes *Duineser Elegien* von Hölderlins später Hymnik übernommen haben.

Rilkes ›Philosophie‹ des Trennungsschmerzes und seines tieferen Sinns entwickeln die Elegien VIII und IX. Herbert Singer hat in seinem immer noch empfehlenswerten Buch über *Rilke und Hölderlin*[18] die Parallele deutlich herausgearbeitet, ich beschränke mich deshalb auf eine Zusammenfassung. Die 8. Elegie ist klagende Reflexion über die Seinsweise des Menschen, die schon die Romantiker bedeutungsvoll als ›Eksistieren‹ bezeichnet hatten: wir finden uns immer schon vor herausgesetzt aus dem Ganzen des Seins und beneiden die natürlichen Wesen, die bruchlos eben nur **sind**. Rilke belegt dies »Schicksal« des Sich-Verhalten-Müssens zu sich und einer Welt mit verschiedenen Ausdrücken: »gegenüber sein / und nichts als das und immer gegenüber« (RW I, 715); »Zuschauer, immer, überall, / dem allem zugewandt und nie hinaus« (RW I, 716); schließlich in der berühmten Schlußzeile: »so leben wir und nehmen immer Abschied« (RW I, 716). ›Abschied‹ wird hier tatsächlich zur theoretisch gehaltvollen Kategorie, die das Bedeutungsmoment der Distanz (Gegenüber-Sein) und das der Zeitlichkeit im menschlichen Dasein in ein Bild zusammenzieht.

Die 9. Elegie entfaltet die ontologische Rechtfertigung solchen Leids: im Menschen tritt das bewußtlose, »unsägliche« Sein in die Dimension des Wortes, im menschlichen Gefühl »entzückt« sich die materielle Natur zu einem reichgestaltigen Leben. Es ist ein Auftrag, der von der »Erde« bzw. dem Sein an uns ergeht, daß wir in und kraft unserer Sprache Einzelnes artikulieren und es zugleich durch die Einheit unseres subjektiven Fühlens und Verstehens in *einen* ›Raum‹ versammeln. Das Modell des Weltinnenraums bei Rilke korrespondiert – will man eine grobe Parallele zulassen – der Vereinigungsseite in Hölderlins spekulativer Dialektik. Wenn in den berühmtesten Versen der 9. Elegie zum »Sagen«, zum Nennen des »Hiesigen« aufgefordert wird, dann ist ja nicht an eine zerstreuende Identifikation von Einzeldingen gedacht. Jedes Sagen von »Haus,/ Brücke, Brunnen, Tor, Krug, Obstbaum, Fenster« (RW I, 718) vollzieht sich als unterscheidende Artikulation von Besonderem im vereinigenden Sog von Gefühl und Sprache der Dichtung. Rilke folgt modo lyrico dem gedanklichen Grundentwurf Hölderlins, dessen philosophische Texte er wohl tatsächlich niemals gelesen hat. In allgemeineren Begriffen kann man die philosophische Position, der beide zuneigen, in etwa so beschreiben: das materielle Universum strebt von sich aus über die Stufen des Anorganischen und des organischen Lebens auf menschliches Bewußtsein als seine Vollendung zu. In ihm, in der Auslegung, die menschliche Sprache ihm angedeihen läßt, tritt es ins Licht und findet zu sich. Der Mensch seinerseits muß begreifen, daß ihm nur in dieser Perspektive der Selbstverständigung eines ihn Übergreifenden die Sprache gegeben ist. Das erhebende Bewußtsein, *Sprache* des Höchsten zu sein, muß verbunden bleiben dem demütigen, nur Sprache des *Höchsten* zu sein. Von daher gesetzt, ist menschliches Bewußtsein seiner selbst nur in einer Weise mächtig, die sich seinem eigenen Begreifen entzieht.

Rilke hat wohl, im Unterschied zu Hölderlin, das Telos des hier skizzierten Prozesses ausschließlich im Dichterischen gesehen. Für Hölderlin zeigt sich das Eine, Umfassende als Streit und Versöhnung in der Geschichte; Dichtung ist geschichtliches Medium, das Selbstverständigung der Menschen über ihre zerrissene soziale Welt ermöglicht. Die sogenannten ›Vaterländischen Gesänge‹ wenden sich an die konkrete historische Umwelt, thematisieren im Gedicht, in Titeln und Widmungen Konflikte der Zeit im Hinblick auf praktische Einigung. Rilke hingegen setzt die Kontinuität einer entfremdeten geschichtlichen Praxis offenbar voraus: die Gegenstände der modernen Welt sind gleichgültig gegen menschliche Sinnbedürfnisse, die gewöhnliche Kommunikation der Menschen erschöpft sich in oberflächlichen Beschwichtigungsversuchen angesichts der realen Katastrophe. *Abgewandt* vom allgemeinen entleerten Fühlen, Sprechen und Handeln inszenieren die *Duineser Elegien* ihr Drama des Herzens. In der einsamen Konfrontation von Ich und Engel wird der Durchbruch in neue Dimensionen von

Gefühl durch schwer errungene Sprachgebung durchgespielt. Die Figur von äußerstem Schmerz und Erlösung erhält deshalb in erster Linie poetologische Bedeutung. Am eindrucksvollsten zeigt das die 4. Elegie, die deshalb, wie ich glaube: zu Recht, von vielen Interpreten für die gedankliche Mitte des ganzen Zyklus gehalten wird. Ihr Thema ist das Warten vor der Bühne des Herzens, in der verzweifelten und zugleich doch geduldigen Beschwörung eines anderen Fühlens und Sprechens:

> Wer saß nicht bang vor seines Herzens Vorhang?
> Der schlug sich auf: die Szenerie war Abschied.
> Leicht zu verstehen. Der bekannte Garten,
> und schwankte leise: dann erst kam der Tänzer.
> Nicht *der*. Genug! Und wenn er auch so leicht tut,
> er ist verkleidet und er wird ein Bürger
> und geht durch seine Küche in die Wohnung.
> Ich will nicht diese halbgefüllten Masken,
> lieber die Puppe. Die ist voll. Ich will
> den Balg aushalten und den Draht und ihr
> Gesicht aus Aussehn. Hier. Ich bin davor.
> Wenn auch die Lampen ausgehn, wenn mir auch
> gesagt wird: Nichts mehr –, wenn auch von der Bühne
> das Leere herkommt mit dem grauen Luftzug,
> wenn auch von meinen stillen Vorfahrn keiner
> mehr mit mir dasitzt, keine Frau, sogar
> der Knabe nicht mehr mit dem braunen Schielaug:
> Ich bleibe dennoch. Es gibt immer Zuschaun.
> (RW I, 697 f.)

Der Ausgangspunkt ist die Aversion gegen alles, was »leicht zu verstehen« ist. Mißtrauisch gegen jedes naheliegende Gefühl, das flink und doch künstlerisch imposant zu formulieren wäre, begibt sich das Ich vorsätzlich in völlige innere Leere und Starre hinein. Diese eigenartige Säuberung seiner selbst von jedem Rest einer eingespielten, konventionellen Gefühlssprache erstreckt sich in den folgenden Abschnitten bis hinein in die früheste Erinnerung: der Vater und alle, die ihn geliebt haben, müssen ihm darin Recht geben, daß sie in seinem Inneren ausgelöscht werden; es soll keine Kindheits- und Liebeserinnerung in der gewöhnlichen, zärtliche Empfindung heischenden Form mehr geben. Erst an einem Punkt eigentlicher Fühllosigkeit erscheint der »Engel« und ergreift die »Puppe« der mortifizierten Subjektivität. Dann ist Schauspiel. Den Dingen zugewandt wie introspektiv in sich versenkt geht es Rilke um die ständig gesuchte, willentlich aber nicht verfügbare Epiphanie einer neuen, unerhörten Sprache. In ihr würden Äußeres und Inneres anders verständlich werden und rückten gerade darin zusammen. Dasein ist so vor allem heroischer Kampf um Sprache. Von Anfang an hat Rilke auch Hölderlin in dieser Perspektive rezipiert:

> An Hölderlin
> Verweilung, auch am Vertrautesten nicht,
> ist uns gegeben; aus den erfüllten
> Bildern stürzt der Geist zu plötzlich zu füllenden; Seen
> sind erst im Ewigen. Hier ist Fallen
> das Tüchtigste. Aus dem gekonnten Gefühl
> überfallen hinab ins geahndete, weiter. [...] (RW II, 93)

Aus dem »gekonnten Gefühl« und aus beherrschten sprachlichen Techniken sich zu lösen und »weiter« zu kommen, war Rilkes lebenslange Obsession. Sie trieb ihn in die Vereinsamung. Wo er Gemeinschaft thematisiert, ist aber an Menschen gedacht, die durch die Figurationen seiner Sprache gemeinsam solche Erfahrungen der Selbstentblindung bisher ›unsäglichen‹ Fühlens machen. Dichtung kann dann tatsächlich der »Geist« sein, »der uns verbinden mag«. Daß dieser Geist heute nüchterner gestimmt ist als noch vor vierzig Jahren, ist kein Grund zum Trauern. Den Dichtern kann es nur zum Vorteil gereichen, wenn ihnen die Prophetenrollen und die damit verbundenen Erlösungshoffnungen abgenommen werden. Sie werden dann zwar weniger verehrt, aber meistens fleißiger gelesen.

1 Ursula von Kardorff: Berliner Aufzeichnungen 1942–1945. Hg. von Peter Hartl. München 1992, S. 77.
2 Friedrich Hölderlin: Sämtliche Werke und Briefe. Hg. von Michael Knaupp. München 1992. Bd. 1, S. 744. Hölderlin-Zitate werden künftig nach dieser Ausgabe unter der Sigle ›MA‹ (= Münchner Ausgabe) im fortlaufenden Text belegt.
3 Rainer Maria Rilke: Sämtliche Werke. Hg. vom Rilke-Archiv. In Verbindung mit Ruth Sieber-Rilke besorgt durch Ernst Zinn. Frankfurt/M. 1956, Bd. 1, S. 599 f. (künftig unter der Sigle ›RW‹ im fortlaufenden Text belegt).
4 An Clara Rilke, 24. Juni 1907. Rilke: Briefe. Wiesbaden 1950, S. 162.
5 Gerhard Kurz: Mittelbarkeit und Vereinigung. Zum Verhältnis von Poesie, Reflexion und Revolution bei Hölderlin. Stuttgart 1975, S. 13.
6 Bertolt Brecht: Arbeitsjournal. 2 Bde. Erster Band 1938–1942. Hg. von Werner Hecht. Frankfurt/M. 1974, S. 124.
7 Walter Muschg: Zerschwatzte Dichtung. In: Muschg: Die Zerstörung der deutschen Literatur. Bern ³1958, S. 214–230; hier S. 214.
8 Ebd., S. 215 u. 216.
9 Ebd., S. 216.
10 Ebd.
11 Martin Heidegger: Holzwege. Frankfurt/M. ⁶1980, S. 266.
12 Ebd., S. 271.
13 Robert Minder: Hölderlin unter den Deutschen. In: Minder: Dichter in der Gesellschaft. Erfahrungen mit deutscher und französischer Literatur. Frankfurt/M. 1966, S. 63–83; hier S. 82.
14 Kurz: Mittelbarkeit und Vereinigung, a. a. O., S. 114.
15 Johann Gottlieb Fichte: Wissenschaftslehre nova methodo. Hg. von Erich Fuchs. Hamburg 1982, S. 49.
16 Novalis: Werke. Hg. von Gerhard Schulz. München ²1981, S. 229.
17 Fichte: Nachgelassene Schriften. Hg. von Hans Jacob. Bd. 2. Berlin 1937, S. 368.
18 Herbert Singer: Rilke und Hölderlin. Köln/Graz 1957.

CURIOSA

EBERHARD AXEL WILHELM

Wohnte Rainer Maria Rilke im Reid's Hotel Madeira?

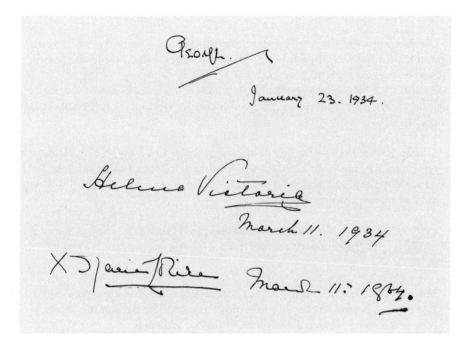

Photokopie aus dem Gästebuch des »Reid's-Hotel«

Seit über zehn Jahren macht das Reid's Hotel auf der portugiesischen Atlantikinsel Madeira damit Werbung, daß Rainer Maria Rilke dort gewohnt habe. Mehrere Inlandszeitungen, -zeitschriften und vier Bücher, darunter zwei deutsche Reiseführer, verkünden daher Erstaunliches.

Auf einer undatierten Druckseite des traditionsreichen Hauses heißt es: »Hier sind einige der Namen der Gäste, die sich zwischen 1920 und 1987 in das Gästebuch eintrugen: Prinzessin Helena Victoria, der Dichter Rainer Maria Rilke (...).«

Bereits im März 1985 hatte die Zeitung *Diário de Notícias: Madeira* enthüllt: »Von den Berühmtheiten, die sich zwischen 1920 und 1973 ins Gästebuch des alten Hotels einschrieben, geben wir einige an, deren Namen sich selbst vorstellen: Prinzessin Helena Victoria, der Dichter Rainer Maria Rilke (...).«

Der Mitverfasser der Nachricht ließ nach Anfrage durch eine Redaktionssekretärin telephonisch ausrichten, er habe die Angabe, Rilke sei auf Madeira gewesen, einem wahrscheinlich unveröffentlichten Text über das Reid's Hotel entnommen. Im Juli 1986 schrieb die auch durch Buchveröffentlichungen bekannte portugiesische Publizistin Maria João Avillez in einem Artikel der größten Wochenendzeitung Portugals, *Expresso*:

> Könige, Königinnen, Prinzen und Prinzessinnen, Kaiser und Aristokraten liebten, träumten und litten in diesem Hotel, und Rainer Maria Rilke, John dos Passos oder Bernard Shaw schrieben dort einige ihrer besten Worte.

Die Autorin eröffnete am Telephon, damals dürfte sie diese Auskunft von einem mit dem Reid's verbundenen Engländer erhalten haben, vielleicht von dem früheren Direktor Richard Blandy.

Im Juli 1988 behauptete eine Kollegin im Vorspann ihres Berichts in derselben Zeitung, Rilke habe im Reid's Ferien verbracht. Im weiteren Text formulierte sie vorsichtiger:

> Schrieb Rainer Maria Rilke im Reid's einige seiner Gedichte? Es ist leicht, sich seine nervöse Hand vorzustellen, wie sie über den Bogen Papier auf dem Tisch seines Zimmers läuft, während sich seine Nasenlöcher der reinen Luft öffnen, die ihm immer zuwenig erschien.

1990 notierte ein Vertreter des Kulturamtes Madeira in seinem Bändchen über die im 19. Jahrhundert auf der Insel Heilung suchenden Schwindsüchtigen:

> Von den Ausländern bürgten Rainer Marie [sic] Rilke, vor kürzerer Zeit Anatole France, Bernard Shaw und John dos Passos für die Berühmtheit einer Galerie namhafter Fremder, die Madeira weiterhin empfange.

In einem Buch zum 100jährigen Bestehen des Reid's von 1991 liest man:

> Gäste aus anderen Weltteilen reichten von einem Durchschnitt des kontinentaleuropäischen Adels bis zum Maharadscha Gaekwar von Baroda (...) und dem österreichischen Dichter Rainer Maria Rilke (...).

Rilke in die deutschen Dichter einreihend und ihn überdies zum mehrjährigen Hotelgast erhebend, äußert der deutschsprachige Madeiraführer *APA Guides Madeira* von 1993:

> Auch herrschende und abgesetzte Diktatoren, deutsche Poeten wie Rainer Maria Rilke oder auch George Bernard Shaw residierten monatelang im Reid's – eine Wintersaison nach der anderen.

1994 war dem Reiseführer *Marco Polo: Madeira* zu entnehmen:

> Zu den prominenten Gästen, die sich in gut 100 Jahren in das Gästebuch [des Reid's] eingeschrieben haben, zählen der Dichter Rainer Maria Rilke (...).

Das deutschsprachige Blatt *Madeira Aktuell* wiederholte mindestens von Februar bis Dezember 1994 alle drei Wochen dieselbe Bekanntgabe: »Auf Madeira weilten Sir Winston Churchill, Gregory Peck, Rainer Maria Rilke (...).«

Den Namen zunehmend verfälschend, druckte der *Diário de Notícias: Madeira* im Juli 1996 erneut die Information, im Ehrenbuch des Reid's stünden »die Namen der Prinzessin Helena Victoria und des Dichters Rainer Marie [sic].«

Im Juni 1997 schließlich hob das neue Magazin *Hotéis & Viagens* bezüglich des Reid's Palace hervor:

> Durch seine Säle und Gärten paradierten wieder unzählige Persönlichkeiten und Mitglieder des Adels aus aller Welt, unter vielen anderen (...) der österreichische Dichter Rainer Maria Rike [sic].

Auf meine Bitte um eine Kopie der Unterschrift Rilkes im Gästebuch und um das Datum der Eintragung hin teilte mir der deutsch-schweizerische (!) Generaldirektor des Reid's Anfang 1994 mit, die Politik des Hotels erlaube es nicht, Informationen über die Gäste zu erteilen.

In zwei weiteren Schreiben argumentierte ich, es gehe um einen Dichter von internationaler Bedeutung, dessen Leben und Werk vielfach erforscht würden und der am 29. 12. 1926 in der Schweiz verstorben und damit schon fast 70 Jahre tot sei. Nach mehreren Nachforschungen in seinen Archiven übersandte mir der Generaldirektor dann mit Brief vom 29. März 1994 eine Photokopie einer Unterschrift, von der er annehme, es sei die Rainer Maria Rilkes.

Auf der abgelichteten Seite des Gästebuchs (siehe Abbildung) befindet sich jedoch ein nach »Marie (L?) Rike« aussehender Namenszug, also der einer Frau, vermutlich einer Angelsächsin; denn sie fügte »March 11th. 1934« hinzu. Der Dichter war zu jener Zeit bereits über sieben Jahre tot.

Dennoch führte der Chef des Reid's zwei Jahre später in einem Telefax vom 27. 2. 1996 an die Redaktion des Reiseführers *Marco Polo: Madeira* aus:

> Wie dem auch ist, in unserem Gästebuch ist eine Unterschrift von Rainer Maria Rilke und wir gehen davon aus, dass er bei uns auf Madeira und im Reid's Hotel zu Besuch war.

Er fügte hinzu: »Ich werde nun allerdings nochmal das Tourismus-Büro beauftragen, der Sache nachzugehen, ob dieses allenfalls von dieser Geschichte wisse; sollte ich dort anders belehrt werden, werde ich mich sehr gerne wieder melden.« Dabei blieb es bisher.

Für Rilkes An- und Abreise per Zug und Schiff, normalerweise über Southampton und/oder Lissabon sowie einen auch nur kurzen Inselaufenthalt wären mindestens zwei Wochen nötig gewesen. Wie hätte den akribischen Erforschern von Rilkes Lebens-, gar Tagesverlauf ein Abstecher zwischen 1919/20 und 1926 in den Atlantik entgehen können?

ROSE-MARIA GROPP

Duineser Zerstreuungen:
Es war ein Rilke im Stuhle

Als es Winter wurde im Jahr 1911, hatte sich Rainer Maria Rilke auf Schloß Duino vorgenommen, Dantes »Vita nuova« zu übersetzen. Im trauten Zusammensein mit der Herrin des Kastells mag man sich den Dichter da vorstellen. So schildert es die Fürstin Maria von Thurn und Taxis in ihren Erinnerungen an den Freund, beschreibt ihren kleinen Salon, eingerichtet ganz mit Dingen, die ihr lieb waren. Sie berichtet auch von einem »wundervollen Kopf, der von einem Fresko in einer der Brenta-Villen abgelöst worden war«: »Dieser Nymphenkopf, der sehr an die Art des Veroneser erinnert, schaute mit großen Augen seitwärts über die Schulter herab, Rilke konnte kaum den Blick von ihm abwenden.«

Foto: Frank Böth

Seit zwei Tagen nun wird der Inhalt des Schlosses Duino versteigert (F.A.Z. vom 3. April 1997). Der Ort der Besichtigung dieser Räume und Zeiten umschmelzenden Melange waren die berühmten Mauern selbst; ein großes weißes Zelt ist für die »Asta Castello di Duino« an ihrem Fuße aufgeschlagen. Verzeichnet als Losnummer 125 findet sich im Katalog der Auktion ein »Affresco«, eine »Testa di donna di profilo«, reichlich unentschieden datiert als römisch oder aus dem sechzehnten Jahrhundert, versehen mit einer Schätzung von 400 000 bis 600 000 Lire. Um das Los 125 gab es bei seiner Versteigerung nur wenig Aufhebens. Ein Herr im Zelt kapitulierte am Mittwoch nachmittag vor seinem telefonisch vertretenen Gegner, der das kleine, schwarz gerahmte Stückchen Wand für 5,5 Millionen Lire an sich brachte: Für gut 5 500 Mark hat Rilkes »großäugige Nymphe« nun einen – vielleicht für immer unbekannten – neuen Besitzer. Wir erlauben uns, ihn sehr zu beneiden.

Der Dichter, noch ehe ihm die Gesänge gelungen waren, die als »Duineser Elegien« seinen Ruhm unauslöschlich machen sollten, muß – glaubt man seiner fürstlichen Beschützerin – eine Vorliebe für klapprige Sitzgelegenheiten gehabt haben. Sie könnte ihm geblieben sein, auch nachdem ihm die erste und zweite der Elegien im Januar 1912 von seinem »Gott« im Banne Duinos, wo er in selbstgewählter Einsamkeit zurückgeblieben war, zugesprochen worden waren. Als ihm nämlich so viel »Produktives« widerfahren war, übte er sich in Lektüre, in seiner ehrwürdigen Bibliothek, die im Zuge der Auktion nun auch den Weg alles Irdischen gehen wird, den der Zerstreuung.

Es war am Mittwoch schon bald Mitternacht, als ein etwas wackliger, offenbar viel benutzter Stuhl vom Anfang des neunzehnten Jahrhunderts aus dem Bibliothekszimmer des Schlosses zum Aufruf kam. Der Losnummer 345 ist die Bemerkung hinzugefügt »utilizzato da Rainer Maria Rilke«. Fern von Euphorie war die Taxe: eine bis anderthalb Millionen Lire. Vom Auktionator mit drei Millionen ausgerufen, brachte es das unscheinbare Möbelchen immerhin auf 7,5 Millionen Lire, einen Preis, den drei Bieter im Zelt unter sich ausmachten. So wohlfeil ist die Anmutung dichterischer Berührung, disloziert auf immer von der nun leergeräumten Stätte. Denn Bleiben ist nirgends.

[FAZ vom 5. April 1997]

MITTEILUNGEN

Lorenz Jäger

Oswalt von Nostitz ist gestorben

Als Oswalt von Nostitz-Wallwitz in sein Erbteil des »alten Europa« eintreten wollte, dem seine Mutter Helene in ihren Lebenserinnerungen ein Denkmal setzte, hatte die Zertrümmerung dieser Kulturwelt bereits begonnen. Am 4. April 1908 in Dresden als Sohn des königlich sächsischen Staatsministers geboren, war er von 1937 bis 1945 als Legationssekretär im auswärtigen Dienst beschäftigt. Sein späteres Leben war dem Versuch gewidmet, das Zerschlagene neu zusammenzufügen. Dem neuen Europa diente von Nostitz als Mitarbeiter der Brüsseler »Euratom« und der EG-Kommission. Bekannt wurde er als Übersetzer der großen französischen Katholiken des zwanzigsten Jahrhunderts. Die Mysteriendichtungen von Charles Péguy gab er gemeinsam mit Friedhelm Kemp heraus, Georges Bernanos widmete er 1951 eine große Studie. Auch ein Buch von Antoine de Saint-Exupéry übertrug er. Oswalt von Nostitz vertrat mit Würde Positionen, die gesellschaftlich ins Abseits gerieten: Seine Essays, 1967 in dem Band »Präsenzen« erschienen, nahmen mit einem »Versuch über den Adel« noch einmal gegen die »zu sehr demokratisierte Welt« der Gegenwart Stellung. Zur modernen Literatur fand er einen überraschenden Zugang: Hier waren es vor allem die Gegenaufklärer und Irrationalisten, denen seine Sympathie galt. Henry Millers Essay über Rimbaud übersetzte er ebenso wie das Etruskische Reisebuch von D. H. Lawrence; auch darf er als der eigentliche Entdecker Italo Calvinos in Deutschland gelten. Oswalt von Nostitz sah sich als »Wahrer überkommener Kraftreserven«. Lange Zeit war er Vorsitzender des »Bundesverbandes deutscher Autoren«; er gehörte dem Ehrenrat der Hofmannsthal-Gesellschaft und der Rilke-Gesellschaft an. In den letzten Jahrzehnten publizierte er regelmäßig in der rechtskonservativen Zeitschrift »Criticón«.
Am 12. August 1997 ist Oswalt von Nostitz in München gestorben.

MARIA TERESA DIAS FURTADO

Rilke in Lissabon: Interdisziplinäres Kolloquium zu seinem 70. Todesjahr

Am 12. und 13. Dezember 1996 fand in der Philosophischen Fakultät der Universität Lissabon ein Interdisziplinäres Rilke-Kolloquium, organisiert von der Germanistik Abteilung (Maria Teresa Dias Furtado, Maria Helena Gonçalves da Silva, Manuela Ribeiro Sanches und Gerd Hammer) statt. Rilke ist nicht nur für die portugiesische Germanistik, sondern auch für Literaturwissenschaftler, Philosophen, Literaturkritiker, Übersetzer, Schriftsteller, Maler und Musiker eine prominente Gestalt, die im portugiesischen Kulturkreis einen gewichtigen Ort einnimmt.

Schwerpunkte der 26 Vorträge bildeten: *Die Aufzeichnungen des Malte Laurids Brigge*, Rilkes Lyrik (vom *Requiem für eine Freundin* bis zu den *Les Quatrains Valaisans*), Rilke und die europäische Lyrik (Hölderlin, T. S. Eliot, Zwetajewa, verschiedene rumänische Dichter-Übersetzer), die Poetische Rezeption Rilkes in Portugal (Joge de Sena, Rui Cinatti, Sophia de Mello breyner Andresen und Eugénio de Andrade), Alterität und Identität (Weltwahrnehmung und Begegnung mit dem Osten), Philosophische Interpretationen Rilkes (Heidegger, Guardini, Gadamer und Beiträge über *Worpswede* und das *Ur-Geräusch*).

Am ersten Abend fand ein Liederabend mit vertonten Rilke Gedichten statt, gestaltet von dem Bariton Jorge Vaz de Carvalho und dem Pianisten João Paulo Santos.

Während der Tagung wurden zudem zwei Ausstellungen: eine bibliographische Ausstellung (organisiert von der Fakultätsbibliothek) und eine kleine Gemäldeausstellung präsentiert, inspiriert von Rilke-Motiven (die Künstler waren Laura Cesana, Lima de Carvalho, Alfredo Luz und João Ribeiro).

Abgeschlossen wurde die Tagung durch eine Lesung von zwei deutschsprachigen Dichterinnen (Eva Christina Zeller und Claudia Storz), einer portugiesischen Dichterin (Fiama Hasse pais Brandão) und zwei portugiesischen Dichtern (Nuno Júdice und M. S. Lourenço).

Eine Gruppe von Germanistikstudenten war an der Rilke-Tagung aktiv beteiligt.

Zur Tagung erschien: Maria Teresa Dias Furtado: Rilke · Guia Bibliográfico Multilingue. Com um breve antologia poética. Lisboa 1996.

Die Veröffentlichung der Tagungsbeiträge ist im Herbst 1998 erschienen.

Maria Teresa Dias Furtado

Robert M. Scherer
illustriert Gedichte Rainer Maria Rilkes

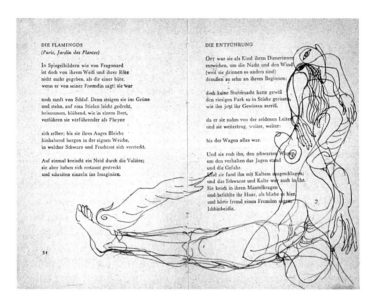

1950/51 auf seiner Reise nach Wien an die Akademie der Bildenden Künste hat der Südtiroler Künstler Robert M. Scherer Gedichte von Rainer Maria Rilke mit Zeichnungen versehen. Das Besondere der Arbeit Robert Scherers liegt darin, daß die Zeichnungen direkt auf das jeweilige Blatt gesetzt wurden. Und so kommt es zu einer spannungsvollen Überlagerung zweier semiotischer Systeme. Walter Busch schreibt: »Verglichen mit Rilkes hochartistischen Gebilden nehmen sich die Zeichnungen merkwürdig leicht aus: gegen die gewichtige figurale Bewegung des Textes steht eine Gebärde bewußter Leichtigkeit, ein Tonfall nur, ein Ruck und Zucken, ein Wegblicken; eine zweite, vom Bekenntnis des Dichters gelöste Stimme beginnt zu sprechen.«

Robert M. Scherer: Rainer Maria Rilke 1950/51. Mit einem Essay von Walter Busch. Format 13,5×21,5 cm, Paperback, Lire 45.000
ISBN 3-900949-26-3 (Vertrieb: edition sturzflüge, Pf 16, 39100 Bozen). Vertrieb für die Bundesrepublik, Österreich und die Schweiz: Studien Verlag, 6010 Innsbruck, Amraser Str. 118

Elmar Locher

REZENSIONEN

Schank, Stefan: Kindheitserfahrungen im Werk Rainer Maria Rilkes: Eine biographisch-literaturwissenschaftliche Studie. St. Ingbert 1995 (Saarbrücker Beiträge zur Literaturwissenschaft; Bd. 50). Zgl.: Diss., Saarbrücken 1995. 641 S.

Wohl jeder Rilke-Leser, der sich Werk und Persönlichkeit des Dichters nähert, ist genötigt, die Vokabeln einer höchst privaten Sprache zu lernen. Die in Rilkes Dichtung durchgehend thematisierte Leiderfahrung einer glücklosen Kindheit, der immer wiederkehrend gestaltete Einsamkeits- bzw. Fremdheitsmythos, dann aber auch die vielfältigen Gesten des ›Aushaltens‹ und ›Überstehens‹ fordern vom Leser jenes Verständnis ab, das die in der Dichtung eingewebten Lebenskrisen und in diesen wiederum den Anlaß für Rilkes dichterisches Schaffen berücksichtigt. Von entwicklungspsychologischer oder auch psychoanalytischer Seite her war Rilkes Zentralthema – die Kindheit – schon immer ein mit zum Teil beträchtlichem fachtheoretischem Aufwand betriebener Interessensgegenstand; vor der Folie des sich im Werk durchgängig aktualisierenden Kindheitsthemas wurde dabei auf jene defizitär-emotionalen Konfliktlagen des Dichters abgehoben, die in der psychologischen Rilke-Forschung gelegentlich als ›narzißtische Kränkung‹, als ›ödipale Konfliktsituation‹, als ›Adoleszenzkrise‹ und dergleichen mehr beschrieben wurden. Daß Rilkes Werk unter diesen Aspekten bisweilen zu einem Steinbruch psychoanalytisch motivierter Diagnostiker geriet, deren Hauptinteresse sich auf Anamnese und rein pathologische Wesensschau beschränkte, gehört mithin zu den persönlichkeitskonturierenden, aus philologischer Sicht eher begrenzenden Aussagen.

Eine »neue Verbindung von Psychologie und Literaturwissenschaft« (S. 20) verspricht die vorliegende Studie von Stefan Schank. Ausgehend von Rilkes Kindheitserfahrung und ihrer thematischen Wiederkehr im Gesamtwerk fragt der Verfasser nach »den emotionalen Bedingungen, unter denen Rilke aufwuchs« (S. 19 ff.; S. 21 ff.), nach der Art der Verlusterfahrungen und Traumatisierungen aufgrund einer negativen Elternbeeinflussung und nach den dichtungsästhetischen Konsequenzen; er fragt, »wie und in welchem Ausmaß Rilkes dichterisches Schaffen von seinen Kindheitserfahrungen geprägt war« (S. 22) und nach »Rilkes eigenen Auffassungen über die Bedeutung, die seine dichterische Arbeit und das Thema Kindheit für ihn hatten« (ebd.). Schließlich und damit zusammenhängend soll am Problem der autotherapeutischen Wirksamkeit – Rilkes künstlerischer Verarbeitung seiner krisenhaften Adoleszenz – aufgezeigt werden, »daß Rilke gerade dies, die Überwindung seiner traumatischen Kindheitserfahrungen, nicht gelungen ist« (S. 19). Entwicklungspsychologische Erkenntnisse von Donald W. Winnicott, Heinz Kohut und Alice Miller werden stützend oder kommentierend in die Erörterung mit einbezogen; sie erlauben nach Meinung des Verfassers »dabei einerseits die Bewertung der aus den Textinterpretationen gewonnenen Ergebnisse, sie sensibilisieren andererseits aber auch für die Wahrnehmung von entwicklungsbestimmenden Faktoren, die in Rilkes Texten nicht oder nur verschlüsselt formuliert werden« (S. 21); konsequenterweise steht im Mittelpunkt der Arbeit eine gründliche und umfassende Werkinterpretation: sie versteht sich nicht nur als Sichtung von ästhetischem Anschauungsmaterial und einer sich darin vermittelnden Biographie, sondern sucht anhand von Rilkes Werk »den Umgang des erwachsenen Dichters mit seinen Kindheitserfahrungen zu beschreiben« (ebd.).

Dem vorangestellt ist zunächst ein »Plädoyer für eine neue Sicht« auf Rilkes Eltern (S. 59 ff.); gegenüber der in der biographischen Forschungsliteratur oft betriebenen »Dämonisierung« der Mutter Rilkes (S. 72) und der augenfälligen »Schonung und Idealisierung« von Rilkes Vater (ebd.) relativiert Stefan Schank die jeweiligen – repressiven – Einflußanteile, indem er den des Vaters beträchtlich ausweitet, nicht ohne im Gegenzug – und im Falle von Sophie Rilke – den tendenziell vorverurteilenden Ton gängiger Charakterisierungen zu monieren. Schlüssiger indes bleibt das Unterfangen, die Produktivitätsessenz ›Kindheit‹ auf allen Stufen von Rilkes Dichtungsästhetik aufzuzeigen. Nicht nur dies: Der Verfasser zeigt, daß die auf Unterdrückung, Kränkung, Demütigung und Einschränkung beruhenden manipulatorischen Eingriffe seitens der Eltern sich in jeweils differenzierten ästhetischen Lebenshaltungen des Dichters niederschlagen. Im Bereich des ›sachlichen Sagens‹ etwa ist das Rilkesche ›Überstehen‹ Vokabel eines dichtungsästhetischen Programms, in welchem sich die lebensgeschichtlichen Dimensionen des Dichters widerspiegeln: Das ›Ertragen des Schweren‹, das ›Aushalten‹, ›Warten‹ und ›Überstehenwollen‹ als dichterische Aufgabe (belegt u. a. am *Requiem für Wolf Graf von Kalckreuth* und den *Briefen an einen jungen Dichter*) wird vom Verfasser in Anschlag gebracht für eine weltanschaulich-ästhetische Haltung, »die sich aus dem Überstehen der Übergriffe seitens des Vaters in der Kindheit (...) entwickelt hat« (S. 82). Und so figuriert das für die *Neuen Gedichte*, insbesondere aber für das *Requiem für Wolf Graf von Kalckreuth* (mit der berühmten Schlußzeile: »Wer spricht von Siegen? Überstehn ist alles«) so bedeutsame dichtungstheoretische Konzept des ›sachlichen Sagens‹ als quasi selbsttherapeutische Maßnahme; sie erscheint im Gewand einer Poetik, welche im Absehen von den eigenen emotionalen Dispositionen und im Verzicht auf das Selbst den subjektiven Anteil des ›Sagens‹ zurücknimmt. Hinter diesem verzichtenden und bewältigenden, nur der vorgeblichen ›Objektivität‹ verpflichteten Schaffensprinzip aber hallt immer noch das vielfach gebrochene Echo desolater Kindheitsmuster. Prekär erscheint nach Stefan Schank auch Rilkes intensiver Bezug zu den Dingen und ihre dichterische Verwandlung zum ›Kunst-Ding‹. Als rettende Ersatzobjekte, »auf die Rilke Gefühle projiziert, die im Grunde den Bezugspersonen seiner Kindheit gelten« (S. 188), ist den Dingen und ihrer ästhetischen Anschauung das Siegel kompensatorischer Muster aufgeprägt; selbst hinter der scheinbaren ›Objektivität‹ des Dinggedichts lugt noch die affektive Besetzung des Dinges gleichsam als seine Matrix hervor, wie überhaupt die Auswahl der Dinge und ihre ästhetische Präsentation von den emotionalen Bedingungen der Kindheit beeinflußt ist (vgl. S. 203 ff.).

Einleuchtender noch kann der Verfasser die dichterisch getarnten Bewältigungsstrategien am Beispiel von Rilkes Theorie der besitzlosen Liebe aufzeigen (in der nicht nur traditionelles Rollenverständnis, sondern auch das »Elend der bürgerlichen Kleinfamilie« (S. 493) einer Kritik unterzogen wird), am schönsten wohl am Exempel der motivischen Gestaltung der ›verlorenen Söhne‹ in den entsprechenden Prosatexten Rilkes (vgl. S. 289 ff.; S. 503 ff.). – Das Aushalten und Ertragen des ›Schweren‹ als dichterische Aufgabe, sodann aber auch die Vorstellung des ›Weltinnenraums‹ wie überhaupt Rilkes Affinität zur dinglichen Welt werden vom Verfasser genetisch aus Rilkes Kindheitserfahrungen abgeleitet und ausdrücklich »als Versuche zu deren Bewältigung gedeutet« (S. 607).

Die Interpretation unter anderem der Gedichte Rilkes über die Kindheit, seiner dramatischen Texte, seiner Epik (hier vorzugsweise des *Malte*) und schließlich des Spätwerks bestätigt nicht nur den Fakt des autobiographischen Gehalts; einsehbar ist vor allem ein »Entwicklungsverlauf, der mit dem (...) Ausdruck kindlicher Leiden in den frühen und frühesten Dichtungen beginnt und mit der bewußten Idealisierung von Kindheit und Eltern in den *Duineser Elegien*, den *Sonetten an Orpheus* und den späten Gedichten endet« (S. 605). Mit gutem Recht kann Rilkes Roman deswegen eine Zentralstellung im Interpretationsgeschehen einnehmen, weil der sich an ihm abzeichnende Versuch einer Kindheitsbewältigung mit einer Idealisierung beziehungsweise Schonung der Eltern, einer die tradierten Beziehungskonventionen aufsprengenden Liebestheorie und schließlich der Verklärung seelischer Schmerzerfahrungen korreliert: der Umschlag von Leid in Glück, der in den Verlust einzudenkende Gewinn und die Bejahung existentieller Leiderfahrung sind bloße Chiffren einer kompensatorischen Bewältigung von Kindheit.

Am Text vermag die überaus detailfreudige Studie nicht nur Rilkes Mutter- und Vaterbild zu erörtern, sondern sie kann in gleichsam überzeugender Weise die allmähliche Ausblendung kindlicher Leiderfahrungen im Spätwerk als Prozeß einer Verdrängungsleistung darlegen. Die umfassende Aufarbeitung des in der Studie berücksichtigten Brief-, Aufsatz- und Tagebuchmaterials entbindet übrigens den Verfasser nicht von der Kritik an Rilkes läßlichen Umgangsweisen mit seiner eigenen Tochter. Ausgerechnet dort nämlich, wo Rilke als Vater dem »Wiederholungszwang« (vgl. S. 50; S. 97; S. 101 u. ö.) seiner eigenen defizitären familiären Sozialisation unterliegt, entsteht immerhin die emphatische Begrüßung eines emanzipatorischen Erziehungsmodells, dokumentiert in dem 1904 erschienenen »Samskola«-Aufsatz.

Man wird es der Studie anrechnen, daß sie Biographie und Werkinterpretation in einen methodisch geglückten Zusammenhang rückt. Keine »fertige Theorie« (S. 22; S. 56), sondern die Eindämmung psychologisch-theoretischen Ballasts und seine prägnante Zurichtung auf die Fragestellung hin ermöglichen zu großen Strecken eine vom ›Therapiejargon‹ weitgehend unbeeinflußt bleibende Analyse. Eine sinnvolle Strukturierung der Textmasse (trotz der typographisch eher verwirrenden Kapitelübersichten), ein umfangreiches Werkregister und die Einschaltung von Zwischenresümees bedingen je nach Leserdisposition eine vertiefende, selektive oder auch nur überschauende Kenntnisnahme. Eine gelegentlich saloppe Ausdrucksweise (vgl. S. 61, »Monster ohne Wert«, S. 71, 72, S. 107) bis hin zu wortgetreuen Sinnwiederholungen, mögen störend empfunden werden, schmälern allerdings in keinster Weise die profunde Textkenntnis des Verfassers; unangetastet bleibt vor allem sein ernsthaftes und engagiertes Bemühen um eine gerecht bewertende und philologisch fundierte Vermittlung Rilkes katastrophischer Kindheit. Nicht übersehen wurden dabei selbst die in der Rilke-Philologie eher peripher gehandelten Dramen Rilkes; die Aufarbeitung deren biographischer Grundierung liegt nun in faßlichen Ergebnissen vor. Auch dort, wo der Leser bisweilen andere Schlüsse ziehen mag, besticht die Konsequenz der Ausführung. Subtile und vielfältige Differenzierungen, von methodischen Umständlichkeiten weitgehend befreit, ein unterschwellig mit eingebrachtes Plädoyer für eine repressionsfreie Kindheit und eine aufwendige Sichtung einschlägiger Literatur rechtfertigen die Anregung, vorliegende Studie in komprimierter Form auch dem Nichtkenner zur Verfügung zu stellen.

Thaddäus Mikolajczyk

Rilke heute. Der Ort des Dichters in der Moderne. Hrsg. von Vera Hauschild. Frankfurt am Main 1997. (Suhrkamp taschenbuch), (2599), 296 S. (19,80).

Aus Anlaß von Rilkes 70. Todestag hat der Suhrkamp-Verlag den dritten Folgeband der Reihe »Rilke heute« herausgebracht. Der Untertitel verspricht: vorliegende Aufsatzsammlung sei mit der Verortung des Dichters in der Moderne befaßt. Der Klappentext erläutert: Dieser Band will »einen Querschnitt durch die Bemühungen, Antriebe und Erkenntnisabsichten der Rilke-Forschung in den letzten zehn Jahren« präsentieren, dies unter der Fragestellung »nach der Lebendigkeit und Modernität des Werkes und nach der Persönlichkeit (des) Dichters«.

Tatsächlich spannt sich der Bogen von zeitgeschichtlichen Auseinandersetzungen Rilkes – hier August Stahls kenntnisreicher Kommentar zum *Offenen Brief an Maximilian Harden* (S. 17 ff.) und Joachim W. Storcks Untersuchung von Rilkes ästhetischer Anverwandlung jüdischer und islamischer Religion (S. 37 ff.) – über biographisch-literarische Spurenlese (so Stefan Schank am Beispiel von Rilkes Vater, S. 81 ff.) zu werkbezogenen Detaileinsichten und Analysen unterschiedlichster Provenienz; ein Nachwort des Verlegers (S. 275 ff.), nachzulesen im *Insel-Almanach auf das Jahr 1997* (1996), beschließt die Sammlung. Von dreizehn Beiträgen namhafter und zum Teil international ausgewiesener Rilke-Forscher verstehen sich die allerwenigsten als Originalbeiträge, der älteste datiert gar aus dem Jahre 1983. Dies muß noch nicht erstaunlich und auch nicht enttäuschend stimmen, auch nicht für den Fall, daß der philologisch interessierte Rilke-Leser den überwiegenden Teil der hier präsentierten Deutungen auch anderweitig zur Kenntnis genommen hat; bedenklich bleibt allein der Umstand, daß sich die Textauswahl ihres thematischen Bezuges – der Ort des Dichters in der Moderne – recht frei entzieht, oder anders ausgedrückt: der Uneindeutigkeit der Absicht entspricht die Disparatheit ihrer Ausführung. Um es gleich zu sagen: Die Werk und vita konturierende Zusammenschau will nicht so recht gelingen; vieles erbringt sie, leistet aber das Spannungsverhältnis zwischen Rilkes ästhetischer

Imagination und den kunst- und literarhistorisch virulenten Themen seiner Zeit in nur marginalen Beglaubigungen ab. Mit kaum noch kongruenten Facetten soll dem Leser der interpretatorische Zugriff auf Werk und Dichterpersönlichkeit vor der Folie der »Moderne« gelingen. Statt einer zentrierenden Auswahl aber eher eine fast schon inkohärent anmutende Kompilation; philologische Werkstattberichte eher als eine sich aufs Thema einstimmende Präsentation; von den Beiträgen, die sich gerade noch einbinden lassen, eher die Mühsal der äußeren Zurichtung als eine schwerpunktbezogene Stringenz. Wohl aus diesem Grunde auch statt eines instruierenden Vorworts, welches die Textsammlung und die Gegenstände ihrer Ausführung begründend, ausrichtend und mit gebotener Konzisität begleitet hätte, Ulrich Fülleborns Apostrophierung der Zukunftsgerichtetheit Rilkes (S. 81 ff.); lag es an den am Thema weitgehend vorbeiredigierten Beiträgen oder an den verborgenen Metaebenen der konzeptuellen Anlage, unter die auch noch Rilkes Übersetzungspraxis (Dieter Lamping, S. 236 ff.) oder seine ›antiken Gottheiten‹ (Alfred Böschenstein, S. 214 ff.) rubriziert wurden?

Zumindest fünf Aufsätze bemühen sich um Auskunft über das Gemeinte. Den Durchbruch Rilkes zur Moderne skizziert Ulrich Fülleborn am Beispiel des *Malte*-Romans, der *Neuen Gedichte*, zuvörderst aber an den bislang noch kaum rezipierten Einzelgedichten 1906–1910. Mit diesen drei voneinander zu unterscheidenden modernen poetologischen Konzeptionen »unter jeweils anderen Voraussetzungen« (S. 179) wird der experimentelle Charakter von Rilkes Durchbruch zur Moderne akzentuiert: »Hier ist also, genaugenommen, nicht nur von *einem* Durchbruch Rilkes in die Moderne neben den anderen, die damals sonst noch vor sich gingen, zu reden, sondern Rilke versuchte bewußt, in mehrere Richtungen zugleich ›durchzubrechen‹, d. h. vorgegebene mentale und ästhetische Grenzen zu überwinden« (S. 178 f.). Was mentale Grenzüberwindung meint, wird recht anschaulich an Rilkes zum Teil polemisch-subversiver Verweigerungshaltung gegenüber seinen Mäzenen beschrieben, deren vorherrschend konservative Erwartungen der Dichter nach Abschluß des *Stundenbuches* nicht erfüllte: »Auf solche Weise rettete er seine Unabhängigkeit als die Bedingung für die Verwirklichung seiner beiden großen Werkpläne, der *Neuen Gedichte* und des *Malte*. Rilkes Durchbruch zur Moderne mit diesen beiden Hauptwerken der mittleren Zeit war also auch deshalb eine besondere Leistung, weil er gegen die Erwartungen seines damaligen Freundeskreises geschehen mußte« (S. 169 f.). Um den Versuch einer Standortbestimmung Rilkes im Prozeß der Moderne bemüht sich Winfried Eckel (Die Figur der Reflexion im Werk Rilkes. Eine Skizze, S. 263 ff.). Ausgehend von Rilkes durchgängig ambivalent gehaltenem Sprechen – der als »Figur der Reflexion« (S. 264) identifizierten sprachlichen und thematischen Selbstbezüglichkeit und dem damit begründeten Verzicht auf Eindeutigkeit – verortet Winfried Eckel den Dichter ganz allgemein und recht verknappt im »gesamteuropäischen Symbolismus« (S. 272); dem widerspricht Peter Pors Analyse von Rilkes *Herbsttag* aus dem Jahre 1902. Nicht die im Grenzfall ausbleibende – leere – Botschaft, sondern im Gegenteil »Heraufbeschwörung (...) und Sinn-Gebung« (S. 147) konstituiere die Konzeption dieses Gedichtes. Der gegenüber Rilkes Frühwerk erstmalig hier zum Ausdruck kommende ›Auftragscharakter‹ (»Sinn-Befehl«, S. 147) überwinde nicht nur die enigmatische beziehungsweise hermetische Formensprache des Symbolismus, sondern markiere gleichzeitig auch Rilkes Durchbruch zu einem »allgemeine(n) poetische(n) Schöpfungsprinzip« (S. 154): *Herbsttag* gilt – in der Wertung des Verfassers – als »Rilkes ... erste(s) große(s) Gedicht des Lebenswerks« (S. 153), »als das erste große *Werk*« (S. 154) schlechthin. – An einem völlig anders strukturierten Beispiel, nämlich Rilkes zweiter Fassung seines lyrischen Einakters *Die weiße Fürstin* (1904), beschreibt Anthony Stephens (Das Janusgedicht des Momentanen: Rilkes Einakter »Die weiße Fürstin«, S. 115 ff.) Rilkes ästhetische Überwindung des Symbolismus. Zwar imitiere Rilke in seinem dramatischen Text äußerlich erkennbar die spezifischen Tendenzen des symbolistischen Dramas der Jahrhundertwende (man denke nur an seine Mallarmé-, besonders aber an seine Maeterlinck-Rezeption), radikalisiere unter der Hand aber eine ästhetische Innovation, die Anthony Stephens als den »Einbruch einer feindlichen, äußeren Wirklichkeit« (S. 138) bezeichnet: Eine nicht mehr kontingente und von den dichtungstheoretischen Voraussetzungen des (französischen) Symbolismus abweichende Ästhetik, aufgezeigt in gegenläufigen und störenden Sinnbewegungen, problematisiere und überwinde die »Selbstgenügsamkeit des europäischen Ästhetizismus (...)«. Damit sei die »wohl bedeutendste Zäsur in Rilkes Werk« (ebd.) markiert. Gegenüber diesen in ihrer Zusammenschau eher desorientierenden Extensionen nimmt sich Gert Mattenklotts Interpretation von Rilkes *Fünfter Duineser Elegie* recht instruierend aus; diagnostisch versiert schreibt der Verfasser dem Eingangsbild – Rilkes allegorischer Darstellung der Moderne im Gewand der agierenden Akrobatengruppe – jene groteske »Mechanik des Gruppenornaments« (S. 240) zu, jene Entsubstanzialisierung, Anonymität und Denaturierung, wie sie in Siegfried Kracauers 1927 entstandenen Ausführungen über »Das Ornament der Masse« formuliert wurde. Die Parallelisierung Rilkes *Fünfter Elegie* mit diesem – aber auch mit Rudolf Kassners 1914 erschienen Aufsatz »Die Chimäre« – ist belehrend und reizvoll zugleich: sie zielt auf Analogiebildung und Erklärungszusammenhänge spezifisch moderner Wahrnehmungsweisen, einmal im Gewand zeitgenössischer soziologisch-kulturphilosophischer Bestandsaufnahmen, sodann in Rilkes eigenen poetischen Ausdeutungen. Mit derart umstellenden Verweisen prononciert Mattenklott den übergreifenden kulturkritisch-pessimistischen Gehalt der *Fünften Elegie*, nicht ohne Rilkes ästhetische Erfahrung und Anverwandlung der Moderne auch im sprachlich-poetischen Duktus indiziert zu sehen: »Das Poetische der Fünften Elegie ist mithin der Umweg aus Sprache zum Ziel der vermeintlich einfachen Dinge: das Deuten des Menschen ex negativo: (...) das Abstraktwerden der Sprache selbst, die mimetisch an sich vollzieht, wovon sie spricht: den Schwund der Logik des Organischen, kaum daß oft der schlichte pragmatische Sinn eines Satzes noch abgelesen werden kann (...)« (S. 212).

Auch Manfred Engels Aufsatz zum Subjektivitätsentwurf des *Malte* (S. 181 ff.) hätte, entsprechend der prototypischen Stellung des Romans in der literarischen

Moderne, einiges zum Verständnis von Rilkes Modernität – und natürlich auch zu dem gegenüber postmodernen Tableaus neu zu bestimmenden Begriff der Moderne – beitragen können. Weil dies aber nicht und eigentlich nirgendwo in der vorliegenden Präsentation geschieht, ist auch die Aufarbeitung ideengeschichtlicher Muster und deren wirkungsästhetische Einflußnahme auf den Dichter weitgehend auf der Strecke geblieben. Rilkes Berührungen und Abwehrhaltungen im Prozeß der Moderne, die Anverwandlung ihrer Bedingungen und ihrer Physiognomie, die Dokumentation schließlich eines sich an Rilkes Werk abzeichnenden Horizontwandels – die Koordinaten der Verortung sind schwerlich zu sichten. Man nehme dies billigend in Kauf für durchaus wertvolle Einzelstudien. Ein Autorenverzeichnis mit kurzbiographischen Daten, ein Verzeichnis der häufigsten Abkürzungen, ein Werk- sowie Personenregister schließen den Band ab.

Thaddäus Mikolajczyk

RILKE-BIBLIOGRAPHIE

STEFAN SCHANK (SAARBRÜCKEN)

Rilke-Bibliographie für das Jahr 1995

Die Werkausgaben des Jahres 1995 und die in diesem Zeitraum erschienene Literatur über Rainer Maria Rilke wurden nach Möglichkeit vollständig erfaßt. Besprechungen von Neuerscheinungen wurden auch dann aufgenommen, wenn sie nach 1995 veröffentlicht worden sind. Ältere Titel wurden eingearbeitet. Gelegentlich stehen Hinweise auf den Inhalt einer Arbeit in eckigen Klammern hinter der bibliographischen Angabe. Diese Hinweise wurden zum Teil aus den benutzten Bibliographien übernommen und konnten nicht in jedem Fall überprüft werden.
Ich bedanke mich bei allen, die mich seit Fertigstellung der letzten Bibliographie auf neu erschienene Titel aufmerksam gemacht haben. Mein besonderer Dank gilt den Mitarbeiterinnen und Mitarbeitern der Saarländischen Universitäts- und Landesbibliothek für ihre stets freundliche Unterstützung bei der Recherche.

Abgeschlossen Saarbrücken, den 21. Juli 1997.

Abkürzungen: R. = Rilke; R. M. R. = Rainer Maria Rilke

Die benutzten Bibliographien

Bibliografía Española
Bibliografia Nazionale Italiana
Bibliografia Zawartości Czasopism
Bibliographie de la France/Bibliographie nationale française
Bibliographie der deutschen Sprach- und Literaturwissenschaft
Bibliographie der deutschsprachigen psychologischen Literatur
Bibliographie der französischen Literaturwissenschaft
Bibliographie Pädagogik
Bibliography of the history of art
Brinkman's Cumulatieve Catalogus Van Boeken. Nederlandse Bibliografie
The British National Bibliography
Catalogo dei libri in commercio
Česká Národní Bibliografie. Knihy = Czech National Bibliography. Books
Cumulative Book Index
DAI. Dissertation Abstracts International. A. The Humanities and Social Sciences
Dansk Bogfortegnelse. The Danish National Bibliography
Deutsche Nationalbibliographie
Germanistik

IBR. Internationale Bibliographie der Rezensionen wissenschaftlicher Literatur
IBZ. Internationale Bibliographie der Zeitschriftenliteratur aus allen Gebieten des Wissens
IJBF. Internationale Jahresbibliographie der Festschriften
Index to theses
Libros en venta en Hispanoamérica y España
Libros españoles en venta
Les livres disponibles
MLA. International Bibliography of Books and Articles on the Modern Languages and Literatures
Norsk Bokfortegnelse. The Norwegian National Bibliography
Österreichische Bibliographie
Przewodnik Bibliograficzny
Répertoire Bibliographique de la Philosophie = International Philosophical Bibliography
Romanische Bibliographie
Das Schweizer Buch. Schweizerische Nationalbibliographie
Slovenská Národná Bibliografia. Články = The Slovak National Bibliography. Articles
Slovenská Národná Bibliografia. Knihy = The Slovak National Bibliography. Books
Svensk Bokförteckning. The Swedish National Bibliography
VLB. Verzeichnis lieferbarer Bücher
Whitaker's Books in Print
The Year's Work in Modern Language Studies

I. Ausgaben

a) in deutscher Sprache

WERKAUSGABEN

(1) R. M. R.: [*Ausgewählte Gedichte*]. *Der ausgewählten Gedichte zweiter Teil*. [Ausgew. von Katharina KIPPENBERG]. 27. Aufl. Frankfurt a. M.: Insel, 1995 (= Insel-Bücherei; 480).
(2) R. M. R.: *Ausgewählte Kostbarkeiten*. Zus.gest. von Gottfried BERRON. 13. Aufl. Lahr: Schwarzwald-Kal.-Verlag, 1995 (= Ausgewählte Kostbarkeiten; 92422).
(3) R. M. R.: *Die Aufzeichnungen des Malte Laurids Brigge*. [2. Aufl.]. Frankfurt a. M. [u. a.]: Insel, [1995] (= Insel-Taschenbuch; 1640). [Früher als: Insel-Taschenbuch; 630].
(4) R. M. R.: *Die Aufzeichnungen des Malte Laurids Brigge*. 15. und 16. Aufl. Frankfurt a. M.: Suhrkamp, 1995 (= Bibliothek Suhrkamp; 343).
(5) R. M. R.: *Die Aufzeichnungen des Malte Laurids Brigge*. Ungekürzte Buchgemeinschafts-Lizenzausg. Rheda-Wiedenbrück: Bertelsmann-Club; Wien: Buchgemeinschaft Donauland Kremayr und Scheriau [u. a.], [1995] (= Jahrhundert-Edition).
(6) R. M. R.: *Die Erzählungen*. 1. Aufl. Frankfurt a. M. [u. a.]: Insel, 1995 (= Insel-Taschenbuch; 1700).
(7) R. M. R.: *Die Gedichte* [nach der von Ernst ZINN besorgten Edition der *Sämtlichen Werke*]. 7. Aufl. Frankfurt a. M.: Insel, 1995.
(8) R. M. R.: *Duineser Elegien*. Neuausg. 1991. 2. Aufl. Frankfurt a. M. [u. a.]: Insel, 1995.
(9) R. M. R.: *Gedichte. Auswahl*. Nachw. von Erich PFEIFFER-BELLI. [Nachdr.]. Stuttgart: Reclam, 1995 (= Reclams Universal-Bibliothek; 8291).
(10) R. M. R.: *Geschichten vom lieben Gott*. [Ill. von E. R. WEISS]. [11. Aufl.]. Frankfurt a. M.: Insel, [1995] (= Insel-Taschenbuch; 43).
(11) R. M. R.: *Jahreszeiten. Gedichte und Gedanken*. [Zusammenstellung der Texte von Vera HAUSCHILD]. 2. Aufl. Frankfurt a. M. [u. a.]: Insel, 1995.

(12) R. M. R.: *Larenopfer. Prag in Gedichten.* [Ill. Karel HRUŠKA]. 4.–6. Tsd. Prag: Vitalis, 1995.
(13) R. M. R.: *Mit R. durch das Jahr.* Mit Bildern von Paul Cézanne. 1. Aufl. Frankfurt a. M. [u. a.]: Insel, 1995.
(14) R. M. R.: *Mitsou. Vierzig Bilder von Balthus.* Mit einem Vorwort von R. M. R. Hrsg. und aus dem Franz. übers. von August STAHL. 1. Aufl. Frankfurt a. M. [u. a.]: Insel, 1995.
(15) R. M. R.: *Neue Gedichte. Der neuen Gedichte anderer Teil.* [13. Aufl.]. Frankfurt a. M.: Insel, [1995] (= Insel-Taschenbuch; 49).
(16) R. M. R. (Übers.): *Portugiesische Briefe. Die Briefe der Marianna Alcoforado.* Übertr. von R. M. R. 15. Aufl. Frankfurt a. M.: Insel, 1995 (= Insel-Bücherei; 74).
(17) R. M. R.: *Sämtliche Werke.* Hrsg. vom R.-Archiv in Verbindung mit Ruth SIEBER-RILKE, besorgt durch Ernst ZINN. [Ausg. in Schriftenreihe, Ausg. in Kassette]. Frankfurt a. M.: Insel, 1995.
Bd. 2. *Gedichte. Teil 2.* [3. Aufl.]. [1995] (= Insel-Taschenbuch; 1102).
Bd. 3. *Jugendgedichte.* [2. Aufl.]. [1995] (= Insel-Taschenbuch; 1103).
Bd. 4. *Frühe Erzählungen und Dramen.* [2. Aufl.]. [1995] (= Insel-Taschenbuch; 1104).
Bd. 5. *Worpswede. Auguste Rodin. Aufsätze.* [2. Aufl.]. [1995] (= Insel-Taschenbuch; 1105).
Bd. 6. *Die Aufzeichnungen des Malte Laurids Brigge. Prosa 1906 bis 1926.* [3. Aufl.]. [1995] (= Insel-Taschenbuch; 1106).
(18) R. M. R. (Übers.): VALÉRY, Paul: *Eupalinos oder Der Architekt* [*Eupalinos ou l'architecte*, dt.]. Eingeleitet durch *Die Seele und der Tanz* [*L'âme et la danse*, dt.]. Übertr. von R. M. R. 3. Aufl. Frankfurt a. M.: Suhrkamp, 1995 (= Bibliothek Suhrkamp; 370).
(19) R. M. R.: *Vom Alleinsein. Geschichten, Gedanken, Gedichte.* Hrsg. von Franz-Heinrich HACKEL. Orig.-Ausg. [3. Aufl.]. Frankfurt a. M. [u. a.]: Insel, [1995] (= Insel-Taschenbuch; 1216).
(20) R. M. R.: *Wie soll ich meine Seele halten? Liebesgedichte.* Mit einem Nachw. von Siegfried UNSELD. 2. Aufl. Frankfurt a. M. [u. a.]: Insel, 1995 (= Insel-Bücherei; 1150).
(21) R. M. R.: *Worte, die verwandeln.* [Hrsg. und eingel. von Adelheid NIESSEN]. 3. Aufl. Freiburg i. Br. [u. a.]: Herder, 1995.

BRIEFAUSGABEN

(22) R. M. R.: *Briefe an eine junge Frau.* 25. Aufl. Frankfurt a. M.: Insel, 1995 (= Insel-Bücherei; 409).
(23) R. M. R.: *Briefe an einen jungen Dichter.* 42. Aufl. Frankfurt a. M. [u. a.]: Insel, 1995 (= Insel-Bücherei; 406).
(24) R. M. R.: *Briefe an Schweizer Freunde.* [...] 1994. Siehe Bespr. von BOHNENKAMP, Klaus E.; von RIETZSCHEL, Thomas; von ŠABIK, Vincent.
(25) R. M. R.: *Briefe zur Politik.* [...] 1992. Siehe Bespr. von POR, Peter.
(26) R. M. R.: *Briefwechsel mit Anton Kippenberg. 1906 bis 1926.* Hrsg. von Ingeborg SCHNACK und Renate SCHARFFENBERG. 2 Bde. Frankfurt a. M. [u. a.]: Insel, 1995. Bespr. von Matthias KUSSMANN in: *Blätter der Rilke-Gesellschaft.* H. 21 (1995 [1997]). S. 119–121.
(27) R. M. R.: *Weihnachtsbriefe an die Mutter.* Hrsg. von Hella SIEBER-RILKE. 1. Aufl. Frankfurt a. M. [u. a.]: Insel, 1995 (= Insel-Bücherei; 1153).
(28) R. M. R.: Siehe OSINSKI, Jutta: »R. M. R.: Drei Briefe an den Kunsthistoriker Ernst Steinmann«. In: *Germanisch-romanische Monatsschrift* 45.1 (1995). S. 109–113.

b) in fremden Sprachen

Dänisch

(29) R. M. R.: »L'ange du Méridian (Chartres)«/»L'ange du Méridien (Chartres)«, »Panteren«, »Digteren«, »Englen«, »Dødserfaring«/»Døds-erfaring«, »Sort kat«. [Übertr. von] Thorkild BJØRNVIG und Poul VAD. In: *Håbløst lykellig.* Lyrikårbogen, 1994/Gyldendal, 1994. S. 74–85. [Gegenüberstellung der Übertragungen von Bjørnvig und Vad].
(30) R. M. R.: »Fem digte af R. M. R. Oversat af Poul VAD«. In: *Den blå port* 31 (Forlaget Rhodos, 1995). S. 65–69. [»Tidlig Apollon«, »Den snart blinde«, »Kapitælet«, »Slangtæmning«, »Arkaisk torso af Apollon«].
(31) R. M. R.: *Udsat på hjertets bjerge. Digte.* Udvalgt og oversat af Thorkild BJØRNVIG. [Kopenhagen]: Gyldendal, 1995. [Auswahl aus den Gedichten].

Englisch

(32) R. M. R.: *The book of hours.* In a new translation by Stevie KRAYER. 1. publ. Salzburg: Inst. für Anglistik und Amerikanistik, Univ. Salzburg, 1995. 105 S.: Ill. (= Salzburg studies in English literature: Poetic drama & poetic theory; 132).
(33) R. M. R.: *Book of Images.* In English and German. Translated from the German by E. SNOW. North Point Pr., U. S., 1994.
(34) R. M. R.: *Prose and Poetry.* Transl. from the German. Ed. by E. SCHWARZ. Continuum Publishing Co., U. S., 1992.
(35) R. M. R.: *Selected Poems.* Transl. from the German. Univ. of California Pr., 1992.
(36) R. M. R.: »Sonnets to Orpheus«. Transl. by Leslie NORRIS. In: *Stanford Humanities Review* 1.1 (Spring 1989). S. 139–142.

Französisch

(37) R. M. R.: *Les carnets de Malte Laurids Brigge.* Trad. nouv., préf. et notes de Claude PORCELL [...]. Paris: Flammarion, 1995 (= GF; 566).
(38) R. M. R.: *Chant éloigné. Poèmes et fragments.* Trad. de l'allemand Jean-Yves MASSON. Nouv. éd. Lagrasse: Verdier, 1992 (= Der Doppelgänger). [Text dt. und franz.].
(39) R. M. R.: *Élégies de Duino.* Trad. de l'allemand et présentation par François-René DAILLIE. [Paris]: la Différence, 1994 (= Orphée; 187). [Text dt. und franz.].
(40) R. M. R.: *Lettres à un jeune peintre. Balthus/R.* [Vevey]: Editions de l'Aire; [Paris]: Archimbaud, [1993].
(41) R. M. R.: *Lettres à un jeune poète = Briefe an einen jungen Dichter.* Éd. et introd. Françoise DUVAL, Marie-Paul FLEURY. Avant-propos Henri YVINEC. Paris: LGF, 1991 (= Le livre de poche; 8647. Lire en allemand).
(42) R. M. R.: *Lettres à une compagne de voyage.* Présentées par Ulrich KEYN. Trad. par Jacques LEGRAND. Précédées de, »Poétique de la rencontre« par Marc PETIT. [Paris]: La Quinzaine littéraire; [La Défense]: L. Vuitton, 1995.
(43) R. M. R.: *Lettres à Yvonne von Wattenwyl. 1919–1925.* [...] 1994. Siehe Bespr. von LEGRAND, Jacques.
(44) R. M. R.: *Lettres sur Cézanne.* Trad. de l'allemand et présentées par Philippe JACCOTTET. Paris: Editions du Seuil, 1995.

Galizisch

(45) R. M. R.: *Elexías de duino.* Versión gallega, Jaime SANTORO. A Coruña: Espiral Maior, 1995 (= Espiral Maior. A illa verde; 14). [Text dt. und galizisch].

Georgisch

(46) R. M. R.: [»Aus den *Sonetten an Orpheus*«]. [Ins Georgische übers. von] Wachuschti KOTETISCHWILI. In: *Literaturuli Sakartwelo* vom 31. Januar 1986. S. 15.
(47) R. M. R.: [*Die Aufzeichnungen des Malte Laurids Brigge*, georgisch]. [Aus dem Deutschen übers. und mit e. Vorwort vers. von] Naira GELASCHWILI. Tbilissi: Merani, 1992.
(48) R. M. R.: [»R.s *Duineser Elegien*«]. [Ins Georgische übers. von] Wachuschti KOTETISCHWILI. In: *Chomli. Zeitschrift für ausländische Literatur* (Tbilissi). H. 4 (1971). S. 178–188. [Übers. der ersten, vierten, sechsten und neunten Elegie].
(49) R. M. R.: [»Sonette«]. [Ins Georgische übers. von] Dschemal ADSCHIASCHWILI. In: *Literaturuli Sakartwelo* vom 8. Mai 1992. S. 15.

Irisch

(50) R. M. R.: »Der Panther«. [Transl. by] Gearailt MACEOIN. In: *Feasta* 47.4 (April 1994). S. 11.

Italienisch

(51) *Baudelaire, Charles – Kleist, Heinrich von – Rilke, R. M.: Morale del giocattolo. Tre incursioni nell'immaginario dell'infanzia.* Tr. e cur. L. TRAVERSO. Viterbo: Nuovi Equilibri, 1991.
(52) *CVETAEVA, Marina Ivanovna: Il settimo sogno. Lettere 1926. Marina Cvetaeva, Boris Pasternak, R. M. R.* A cura di Konstantin AZADOVSKIJ, Elena e Evgenij PASTERNAK. Edizione italiana a cura di Serena VITALE. 2. ed. Roma: Editori riuniti, 1994.
(53) *Fasani, Remo – Gir, Paolo – Rilke, R. M.: Quaderni Grigionitaliani.* A cura di M. LARDI. Coira (Svizzera): Pro Grigioni Italiano, 1994.
(54) *Nezval, Vítězslav – Rilke, R. M. – Klíma, Ladislav: Classici della letteratura praghese: Valeria e la settimana delle meraviglie – Re Bohusch – I dolori del principe Sternenhoch.* Tr. G. DIERNA, G. SCARPATI e S. CORDUAS. Roma: E/O, 1993.
(55) R. M. R.: *L'Alfiere.* Tr. M. ZAPPAROLI. [3. Aufl.]. Milano: Marcos y Marcos, 1992 (= Biblioteca germanica; 9).
(56) R. M. R.: *Canto d'amore e morte dell'alfiere Christoph Rilke.* Testo tedesco a fronte. Tr. M. L. FERRARI. [2. Aufl.]. Pordenone: Studio Tesi, 1992 (= Filo di perle; 38). [Text dt. und ital.].
(57) R. M. R.: *La coppa di silenzio. Lettere 1906–1926. R. M. R., Stefan Zweig* [*R. M. R. und Stefan Zweig in Briefen und Dokumenten*, ital.]. A cura di Donald A. PRATER. Trad. di Antonio FOGGI. Milano: R. Archinto, [1989] (= Lettere).
(58) R. M. R.: *Diari (1898–1900)* [*Tagebücher aus der Frühzeit*, ital.]. A cura di Nicoletta DACREMA. Milano: Mursia, 1994.
(59) R. M. R.: *Il diario fiorentino* [*Das Florenzer Tagebuch*, ital.]. Milano: Rizzoli, 1990 (= Bur classici; 785).
(60) R. M. R.: *Due racconti praghesi* [*Zwei Prager Geschichten*, ital.]. Tr. A. CATELAN. [3. Aufl.]. Pordenone: Studio Tesi, 1992 (= Biblioteca; 19).
(61) R. M. R.: *Due storie praghesi* [*Zwei Prager Geschichten*, ital.]. Tr. G. SCARPATI. Roma: E/O, 1990 (= Tascabili e/o; 2).
(62) R. M. R.: *Elegie duinesi.* Introduzione, traduzione e commento di Franco RELLA. [Milano]: Biblioteca universale Rizzoli, 1994 (= BUR. L; 974). [Text dt. und ital.].
(63) R. M. R.: *Elegie duinesi e quattro requiem.* Tr. G. REGINI. Milano: San Paolo Edizioni, 1991 (= Poesia uomo; 2).
(64) R. M. R.: *Ewald Tragy.* A cura di G. ZAMPA. [5. Aufl.]. Milano: Adelphi, 1992 (= Piccola biblioteca Adelphi; 10).

(65) R. M. R.: *Lettere a un giovane poeta* [*Briefe an einen jungen Dichter*, ital.]. A cura di Marina BISTOLFI. Milano: Mondadori, 1994 (= Piccoli saggi; 42).
(66) R. M. R.: *Lettere a un giovane poeta – Lettere a una giovane signora – Su Dio*. Tr. L. TRAVERSO. [8. Aufl.]. Milano: Adelphi, 1995 (= Piccola biblioteca Adelphi; 110).
(67) R. M. R.: *Il libro d'ore* [*Das Stunden-Buch*, ital.]. Tr. N. DACREMA. Milano: Marcos y Marcos, 1992 (= Gli alianti; 11).
(68) R. M. R.: *Liriche*. Ponzano Magra: Casa del Libro, 1992 (= Capolavori della letteratura).
(69) R. M. R.: *Poesie*. Edizione con testo a fronte. A cura di Giuliano BAIONI. Commento di Andreina LAVAGETTO. Torino: Einaudi-Gallimard (= Biblioteca della pléiade). [Text dt. und ital.].
  1. (1895–1908). 1994.
  2. (1908–1926). Tr. G. CACCIAPAGLIA. 1995.
(70) R. M. R.: *Poesie scelte*. Testo tedesco a fronte. A cura di P. E. DE ZORDO. Trento: Reverdito Edizioni, 1992. [Text dt. und ital.].
(71) R. M. R.: *I quaderni di Malte Laurids Brigge*. Milano: Mondadori, 1995 (= Oscar classici moderni; 116).
(72) R. M. R.: *I quaderni di Malte Laurids Brigge*. Torino: Einaudi, 1995 (= Einaudi tascabili).
(73) R. M. R.: *I quaderni di Malte Laurids Brigge*. Tr. e cur. di G. ZAMPA. [2. Aufl.]. Milano: Adelphi, 1995 (= Biblioteca Adelphi; 248).
(74) R. M. R.: *R. a Capri. Diari, racconti, conversazioni*. A cura di A. VALTOLINA. [Rom/Capri]: La Conchiglia, 1995 (= Atyidae; 6).
(75) R. M. R.: *Sonetti a Orfeo*. Tr. e cur. G. CACCIAPAGLIA. Pordenone: Studio Tesi, 1990 (= Biblioteca; 81).
(76) R. M. R.: *Sonetti a Orfeo*. Tr. C. GROFF, cur. E. POTTHOFF. [3. Aufl.]. Milano: Marcos y Marcos, 1990 (= Biblioteca germanica; 11).
(77) R. M. R.: *Sonetti a Orfeo e poesie sparse*. Tr. e cur. G. CACCIAPAGLIA. [2. Aufl.]. Pordenone: Studio Tesi, 1995 (= Biblioteca universale; 23). [Text dt. und ital.].
(78) R. M. R.: *Le storie del buon Dio* [*Geschichten vom lieben Gott*, ital.]. A cura di M. SALVAREZZA. Milano: Opportunity Book, 1995 (= Biblioteca ideale tascabile).
(79) R. M. R.: *La Vita di Maria* [*Das Marien-Leben*, ital.]. Tr. G. LUZZI e A. SANTINI, cur. G. LUZZI. Milano: CENS, 1993 (= Clemente Rebora; 1).
(80) R. M. R.: *Wladimir il pittore di nuvole* [*Wladimir, der Wolkenmaler*, ital.]. Tr. M. T. FERRARI, cur. G. CUSATELLI. [2. Aufl.]. Pordenone: Studio Tesi, 1995 (= Biblioteca universale; 8).

Katalanisch

(81) R. M. R.: *Sonets a Orfeu*. Traducció d'Isidor MARÍ. Presentació de Joan VERGÉS. 1ª ed. Barcelona: Columna, 1995.

Norwegisch

(82) R. M. R.: *Om Norden og nordisk litteratur*. Forord, utvalg og oversettelse ved Sverre DAHL. [Oslo]: Bokvennen, 1994 (= Bøker om bøker; 6).

Polnisch

(83) ANTOCHEWICZ, Bernard: *Rota w dantejskim lesie*. Wrocław: Silesia, 1994.
  Zawiera także: Narodziny geniuszu: wiersze z lat 1898–1900/R. M. R.; wybrał, przeł. z niem., opatrzył posłowiem B. Antochewicz. Wiersze/Li-tai-pe; przekł. poetycki z niem. B. Antochewicza. – Oryg. drugiego wyboru chiński. – Na s. tyt.:

Rota w dantejskim lesie oraz przekłady wierszy Rainera Marii Rilkego i Li-tai-pe.
- Opis wg okł.
(84) CVETAEVA, Marina: »Listy (1926). Marina Cvetaeva, Boris Pasternak, R. M. R.« Tł.
Julia JURYS, Andrzej MIETKOWSKI, Adam ZAGAJEWSKI, Stanisław BARANCZAK. In: *Zeszyty Literackie* (Warszawa) 1995. Nr. 2 dod. [S.] 47–93.
(85) R. M. R.: »Cóż poczniesz, jeśli umrę, Panie? – To jest tęsknota. – Gdyby choć raz wszystko całkiem ucichło. – Smierć wielka jest. – Kochankowie«. Tł. A. TOMASZEWSKI. In: *Tamże* Nr. 4 (1993). S. 52/53, 65.
(86) R. M. R.: »Do almy Johanny Koenig; Wiersz; Locie Pritzel; Do Lii Rosen; Pisane dla Karola hrabiego Lanckorońskiego: [wiersze]«. Tł. Bernard ANTOCHEWICZ. In: *Kresy* (Lublin). Nr. 4 (1994). S. 86–89.
(87) R. M. R.: »Elegia czwarta. – Wystawiony na górach serca. – Sonety do Orfeusza«. Tł. Artur CHLEWIŃSKI. In: *Akcent* (Lub.). Nr. 1 (1994). S. 97–100.
(88) R. M. R.: *Kto mówi o zwycięstwach? Przetrwanie jest wszystkim!* Wybór, przekł. [z niem.], studium analityczne Bernarda ANTOCHEWICZA. Wrocław: Silesia, 1994.
(89) R. M. R.: »Natura, krajobraz, sztuka (wprowadzenie do książki pt. Worpswede)«. [Malarstwo pejzażowe]. Tł. Bernard ANTOCHEWICZ. In: *Format* (Wroc.). Nr. 1/2 (1994). S. 2–5.
(90) R. M. R.: *O poezji i sztuce: wyjątki z listów; Z pism pośmiertnych: zapiski Maltego: pierwotna wersja początku i zakończenia powieści.* Wybrał, przetł. [z niem.] i posłowiem opatrzył Bernard ANTOCHEWICZ. Wrocław: Silesia: na zlec tłumacza, 1995.
(91) R. M. R.: »Pieśń miłosna«. Tł. Artur TOMASZEWSKI. In: *W Drodze* (Posn.). Nr. 12 (1992). S. 112.
(92) R. M. R.: »Sonety do Orfeusza (1922)«. Tł. Adam POMORSKI. In: *Kresy* (Lub.). Nr. 9/10 (1992). S. 5–11.
(93) R. M. R.: *Sonety do Orfeusza i inne wiersze.* Tł. z niem. Adam POMORSKI. Kraków, 1994. Bespr. von Jacek St[anisław] BURAS in: *Literatura na Świecie* (Warszawa). Nr. 3 (1996). S. 260–272.
(94) R. M. R.: *Śpiew jest istnieniem.* Wybór, tł. [z niem.] i posł. Bernarda ANTOCHEWICZA. Wrocław: Wydaw. Uniwersytetu Wrocławskiego, 1994.
(95) R. M. R.: *Testament.* W tł. [z niem.] Bernarda ANTOCHEWICZA. Wrocław: Wydaw. Św[iętego] Antoniego, 1994 (Biel. Biała: BZG). Bespr. von PIECZARA, Marek, in: *Wiadomości Kulturalne* (Warsz.). Nr. 29 (1994). S. 21.
(96) R. M. R.: »W niewiedzy przed niebem mojego życia...; Wciąż na nowo, chociaż znamy miłości krajobraz...; Postęp; Przeżywam życie: [wiersze]«. Tł. Artur TOMASZEWSKI. In: *W Drodze* (Poznań). Nr. 8 (1995). S. 78/79.
(97) R. M. R.: »Wczesny Apollo; Rzymska fontanna; Flamingi; Gazela: [wiersze]«. Tł. Krzysztof LIPIŃSKI. In: *Koniec Wieku* (Kraków). Nr. 7 (1995). S. 12/13, 18/19.
(98) R. M. R.: *Z ›Elegii duinejskich‹.* [W tł. z niem. Stefana NAPIERSKIEGO przy współpr. Witolda HULEWICZA; grafika Hanna STAŃSKA]. [Anin: J. Z. Golski], 1985 (Warsz.: PSP). [8] s.: il.; 25 cm. (Biblioteka Anińska Jerzego Zbigniewa Golskiego; 10).
(99) R. M. R.: »Zwiastowanie. – Nawiedzenie. – Narodziny Chrystusa«. Tł. Krystyna LEO. In: *W Drodze* (Pozn.). Nr. 12 (1993). S. 50/51.

Portugiesisch

(100) R. M. R.: *Cuadernos de Malte Laurids Brigge.* Buenos Aires: Losada, 1990 (= Bibl. clásica y contemporánea; 104).
(101) R. M. R.: *Querida Lou.* Trad. de António GONÇALVES. Colares: Colares Ed., 1994. Bespr. von HÖRSTNER, Maria A., in: *Runa* (1994). N. 22. S. 311–315.
(102) R. M. R.: *Rainer Maria Rilke – Lou Andreas-Salomé: Correspondência amorosa.* Trad. de Manuel ALBERTO [...]. Lisboa: Relógio d'Agua Ed., 1994. Bespr. von HÖRSTNER, Maria A., in: *Runa* (1994). N. 22. S. 311–315.

(103) R. M. R.: *R.: poesia-coisa*. [Übers.:] Augusto de CAMPOS. Rio de Janeiro: Imago, 1994 (= Coleção Lazuli). [Text dt. und portug.].

Schwedisch

(104) R. M. R.: *Brev om Cézanne*. Förord: Peter CORNELL. Inledning: Clara RILKE. Översättning: Helga KROOK. Stockholm: Raster, 1995.
(105) R. M. R.: *Två berättelser från Prag* [Zwei Prager Geschichten, schwed.]. [Översättning: Ulf CLAËSSON]. Varberg: Polyfem, 1995.

Slowakisch

(106) R. M. R.: »Jesenný deň«. Prekl. Karol STRMEŇ. In: *Tvorba T.* – Roč. 5 (14), č. 5 (1995). S. 9.
(107) R. M. R.: »Z francúzskych básni«. Prekl. Karol STRMEŇ. Fotogr. 1. In: *Literárny týzdennik*. – Roč. 7, č. 5 (1994). S. 9. – Jednotl. básne: Obloky. Stvorveršia z Valais.
(108) R. M. R.: »Z Knihy hodiniek«. Prekl. Teofil KLAS. In: *Verbum*. – Roč. 6, č. 3 (1995). S. 192–194.

Tschechisch

(109) R. M. R.: *Dopisy a sny*. Z něm. přel. Vladimír HOLAN. 4 barev. lepty Adriena ŠIMOTOVÁ. Typografie Zdeněk ZIEGLER. K vyd. připravil Zdeněk KŘENEK. Praha: Aulos, 1994.
(110) R. M. R.: *Zápisky Malta Lauridse Brigga* [Die Aufzeichnungen des Malte Laurids Brigge, tschech.]. Z něm. přel. Josef SUCHÝ; [Doslov] Rio PREISNER. 2., upravené vyd. Praha: Mladá fronta, 1994 (HAVLÍČKŮV Brod: Tiskárny HAVLÍČKŮV Brod).

Ungarisch

(111) R. M. R.: »Szonettek Orpheuszhoz«. Ford. [Übers. von] Imre KERÉK. In: *Irodalmi Szemle*. – Roč. 37, č. 11 (1994). S. 2–3. [Sonette an Orpheus II, 4 und II, 25].
(112) R. M. R.: »[Gedichte: ›Ernste Stunde‹, ›Herbst‹, ›Die Engel‹, ›Der Nachbar‹, ›Der Einsame (Wie einer, der auf fremden Meeren fuhr)‹, ›Die Liebenden (Sieh, wie sie zueinander erwachsen)‹, ›Der Dichter‹, ›Klage (O wie ist alles fern)‹, ›Lösch mir die Augen aus: ich kann dich sehn‹, ›Herbsttag‹, ›Schluszstück‹]. [Übertr. von] Károly SZOKOLAY«. In: SZOKOLAY, Károly: *Szellemidézö. Válogatott versfordítások*. Eger: Eszterházy Károly Tanárképzö Föiskola, 1995. S. 108–113.
(113) R. M. R.: *Levelek* [Briefe]. [Auswahl, Übersetzung, Vorwort und biographische Anmerkungen von] Csaba BÁTHORI. Budapest: Új Mandátum Könyvkiadó.
Bd. 1. 1899–1907. 1994.
Bd. 2. 1907–1912. 1995.
Bespr. von p. j. in: *Új ember* (Budapest) vom 7. April 1996, S. 6.
(114) R. M. R.: *Levelek egy ifjú költöhöz* [Briefe an einen jungen Dichter, ungar.]. [Übers. von] Ede SZABÓ. Cholnoky László: Prikk mennyei útja. Budapest: Fekete Sas Kiadó, o. J. [1995] (= Kolligátum könyvek; 1).
(115) R. M. R.: *Versek* [Gedichte]. [Übers. von] Tibor AMBRUS, Cecilia BAJCSI, Gyözö CSORBA [u. a.]. Szeged: Ictus Kiadó, 1995. [Enthält 392 Nachdichtungen von 34 Dichtern, u. a. die *Duineser Elegien* und *Die Sonette an Orpheus* komplett. Nur wenige neue Nachdichtungen].
(116) R. M. R.: Siehe RÉZ, Pál: »Egy rejtvény és a megfejtése. R. es Kosztolányi elmaradt találkozása«. In: *Lyukasóra* (Budapest) 2 (September 1994). H. 9. S. 14/15. [Mit einem Brief R.s an Dezsö Kosztolányi].

II. Über Rainer Maria Rilke

Selbständige Werke und Aufsätze in Zeitschriften sowie Besprechungen

(117) ADLER, Jeremy: »Stepping into Kafka's head [Bespr. von: PASLEY, Malcolm: ›*Die Schrift ist unveränderlich…‹. Essays zu Kafka*. Frankfurt a. M.: Fischer Taschenbuch, 1995.]«. In: *The Times literary supplement* Nr. 4828 vom 13. Oktober 1995. S. 11/12.

(118) ADSCHIASCHWILI, Dschemal (Übers. ins Georgische): [»R. M. R.: Sonette«]. [Ins Georgische übers. von] Dschemal Adschiaschwili. In: *Literaturuli Sakartwelo* vom 8. Mai 1992. S. 15.

(119) ALBERTO, Manuel (Übers. ins Portug.): *R. M. R.: Rainer Maria Rilke – Lou Andreas-Salomé: Correspondência amorosa*. Trad. de Manuel Alberto [...]. Lisboa: Relógio d'Agua Ed., 1994. Bespr. von HÖRSTNER, Maria A., in: *Runa* (1994). N. 22. S. 311–315.

(120) AMMELBURGER, Gerhard: *Bejahungen. Zur Rhetorik des Rühmens bei R. M. R.* Würzburg: Königshausen & Neumann, 1995 (= Epistemata: Reihe Literaturwissenschaft; 152).

(121) *Analyses & réflexions sur R., ›Lettres à un jeune poète‹: l'œuvre d'art*. [Hrsg. von] Paul-Laurent ASSOUN, Jean-Pierre BIGEL, Sonia BRANGLIDOR [u. a.]. Paris: Ed. Marketing, 1993.

(122) ANTOCHEWICZ, Bernard (Übers. ins Poln.): »R. M. R.: Do almy Johanny Koenig; Wiersz; Locie Pritzel; Do Lii Rosen; Pisane dla Karola hrabiego Lanckorońskiego: [wiersze]«. Tł. Bernard ANTOCHEWICZ. In: *Kresy* (Lublin). Nr. 4 (1994). S. 86–89.

(123) ANTOCHEWICZ, Bernard (Übers. ins Poln. und Hrsg.): *R. M. R.: Kto mówi o zwycięstwach? Przetrwanie jest wszystkim!* Wybór, przekł. [z niem.], studium analityczne Bernarda Antochewicza. Wrocław: Silesia, 1994.

(124) ANTOCHEWICZ, Bernard (Übers. ins Poln.): »R. M. R.: Natura, krajobraz, sztuka (wprowadzenie do książki pt. Worpswede)«. [Malarstwo pejzażowe]. Tł. Bernard Antochewicz. In: *Format* (Wroc.). Nr. 1/2 (1994). S. 2–5.

(125) ANTOCHEWICZ, Bernard (Übers. ins Poln. und Hrsg.): *R. M. R.: O poezji i sztuce: wyjątki z listów; Z pism pośmiertnych: zapiski Maltego: pierwotna wersja początku i zakończenia powieści*. Wybrał, przełt. [z niem.] i posłowiem opatrzył Bernard Antochewicz. Wrocław: Silesia: na zlec tłumacza, 1995.

(126) ANTOCHEWICZ, Bernard (Übers. ins Poln. und Hrsg.): *R. M. R.: Śpiew jest istnieniem*. Wybór, tł. [z niem.] i posł. Bernarda Antochewicza. Wrocław: Wydaw. Uniwersytetu Wrocławskiego, 1994.

(127) ANTOCHEWICZ, Bernard (Übers. ins Poln.): *R. M. R.: Testament*. W tł. [z niem.] Bernarda Antochewicza. Wrocław: Wydaw. Św[iętego] Antoniego, 1994 (Biel. Biała: BZG). Bespr. von PIECZARA, Marek, in: *Wiadomości Kulturalne* (Warsz.). Nr. 29 (1994). S. 21.

(128) ANTOCHEWICZ, Bernard (Übers. ins Poln.): *Rota w dantejskim lesie*. Wrocław: Silesia, 1994.
Zawiera także: Narodziny geniuszu: wiersze z lat 1898–1900 / R. M. R.; wybrał, przetł. z niem., opatrzył posłowiem B. Antochewicz. Wiersze / Li-tai-pe; przekł. poetycki z niem. B. Antochewicza. – Oryg. drugiego wyboru chiński. – Na s. tyt.: Rota w dantejskim lesie oraz przekłady wierszy Rainera Marii Rilkego i Li-tai-pe. – Opis wg okł.

(129) ARIMURA, Takahiro: »Der Einfluß R.s, Nietzsches und Kafkas auf die frühen Werke von Abe Kobo. I: *Namonaki yoru no tameni*: R.«. In: *Studies in languages and cultures* 5 (1994). S. 23–36. [Aufs. in japan. Sprache; mit dt. Zus.fassg.].

(130) ARMSTRONG, Philip Alexander: *Reading in iconography. An essay on Poussin and R.* Ph. D., Univ. of California, Los Angeles, 1995. Zus.fassg. in: *Dissertation Abstracts International* 56.9 (1996). S. 3350-A.

(131) Assoun, Paul-Laurent: »La femme ou la loi de l'écriture: l'inconscient de l'œuvre chez R.«. In: *Analyses & réflexions sur R. [...].* 1993. S. 82–92.
(132) Astier, Colette: »Le roman du poète«. In: *Le roman du poète. R./Joyce/Cendrars.* Textes réunis par Pierre Brunel. Mont-de-Marsan: Editions InterUniversitaires [...], 1995. S. 7–40. [U. a. zu: *Die Aufzeichnungen des Malte Laurids Brigge*].
(133) Back, Manfred: »›Das Anschauen ist eine so wunderbare Sache...‹. R.s ›Panther‹ nach dem Sprung ins Dinggedicht«. In: *Kleine Lauben, Arcadien und Schnabelewopski. Festschrift für Klaus Jeziorkowski.* Hrsg. von Ingo Wintermeyer. Würzburg: Königshausen & Neumann, 1995. S. 123–131.
(134) Bakanidse, Nino: [»Jugendstil und R.s frühe Prosa«]. In: *Saundsche. Zeitschrift für die Weltliteratur* (Tbilissi). H. 6 (1986). S. 299–304. [Aufs. in georg. Sprache].
(135) Bakanidse, Nino: [*R. M. R.s frühe Prosa*]. Diss., Tbilissi, 1992. [In georg. Sprache].
(136) Ballestra-Puech, Sylvie: »›J'apprends à voir‹. Le regard et ses enjeux dans *Les Cahiers de Malte Laurids Brigge*«. In: *Le roman du poète. R./Joyce/Cendrars.* Textes réunis par Pierre Brunel. Mont-de-Marsan: Editions InterUniversitaires [...], 1995. S. 69–84.
(137) Ballestra-Puech, Sylvie: »Le regard du poète dans *Les Cahiers de Malte Laurids Brigge, Portrait de l'artiste en jeune homme* et *Le Lotissement du ciel*«. In: *Op. cit. Revue de littératures française et comparée* (Université de Pau). N. 5 (November 1995). S. 205–212. [Zu R. M. R., James Joyce, Blaise Cendrars].
(138) Barańczak, Stanislaw (Übers. ins Poln.): Siehe Juryś, Julia [u. a.] (Übers. ins Poln.): »Listy (1926) [...]«.
(139) Barnes, Christopher: Bespr. von: Tavis, Anna A.: *R.'s Russia. A cultural encounter.* Evanston, Ill.: Northwestern Univ. Pr., 1994 (= Studies in Russian literature and theory). In: *Canadian Slavonic papers. Revue canadienne des slavistes* (Downsview, Ontario). Jg. 37 (1995). H. 3/4. S. 557/558.
(140) Bartoszewska, Irena: »Das Schaffen von R. M. R. als Ausdruck der Literatur der Dekadenz«. In: *Studia Niemcoznawcze* (Warszawa). T. 11 (1995). S. 65–69.
(141) Báthori, Csaba (Übers. ins Ungar.): *R. M. R.: Levelek* [Briefe]. [Auswahl, Übersetzung, Vorwort und biographische Anmerkungen von] Csaba Báthori. Budapest: Új Mandátum Könyvkiadó.
Bd. 1. 1899–1907. 1994.
Bd. 2. 1907–1912. 1995.
Bespr. von p. j. in: *Új ember* (Budapest) vom 7. April 1996, S. 6.
(142) Bauer, Matthias: »Orpheus and the Shades: The Myth of the Poet in *David Copperfield*«. In: *University of Toronto Quarterly. A Canadian Journal of the Humanities.* Jg. 63. H.2 (Winter 1993). S. 308–327. [Die Orpheusfigur bei R. M. R. im Vergleich mit Charles Dickens' *David Copperfield*].
(143) Bauschinger, Sigrid: »Ein Orpheus für Amerika. Die frühe Rezeption R.s in den Vereinigten Staaten«. In: *R.-Rezeptionen = R. Reconsidered.* [...] 1995. S. 95–109.
(144) Bauschinger, Sigrid (Hrsg.): Siehe *R.-Rezeptionen = R. Reconsidered.*
(145) Belobratow, Alexandr W.: »›Eine Expedition nach der Wahrheit‹«. Erzählsituation und ethische Haltung im österreichischen Roman zwischen zwei Weltkriegen«. In: *»Sein und Schein – Traum und Wirklichkeit«. Zur Poetik österreichischer Schriftsteller/innen im 20. Jahrhundert.* Hrsg. von Herbert Arlt und Manfred Diersch. Bern [u. a.]: Lang, 1994 (= Europ. Hochschulschriften; Reihe 1; 1442). S. 52–62. [U. a. zu: *Die Aufzeichnungen des Malte Laurids Brigge*].
(146) Benfey, Christopher: »R. in Amerika«. In: *R.-Rezeptionen = R. Reconsidered.* [...] 1995. S. 111–123.
(147) Berger, Falk: »›Eine lachende Wasserkunst‹«. Ästhetische Regression und psychoanalytische Deutung am Beispiel R. M. R.s«. In: *Zeitschrift für psychoanalytische Theorie und Praxis* 9.1 (1994). S. 25–42.
(148) Bernhardt-Kabisch, Ernest: Bespr. von: Jacobs, Carol: *Telling time. Lévi-Strauss, Ford, Lessing, Benjamin, de Man, Wordsworth, R.* Baltimore [u.a.]: John Hopkins

Univ. Pr., 1993. In: *Canadian review of comparative literature* 21.3 (1994). S. 500–506.

(149) BERTOLINI, Michaela: *Dissonanzen in Orpheus' Gesang. Untersuchungen zur Polemik im Prosawerk R. M. R.s.* St. Ingbert: Röhrig Universitätsverlag, 1995 (= Saarbrücker Beiträge zur Literaturwissenschaft; 48).

(150) Bibliographie: Siehe SCHANK, Stefan.

(151) BIELSKI, Nella: *La pulpe de l'étreinte. Récit d'une expérience en R.* Cognac: le Temps qu'il fait, 1994.

(152) BIGEL, Jean-Pierre: »L'envie d'écrire à travers deux correspondances de poètes: l'*Art poétique* d'Horace et *Lettres à un jeune poète* de R.«. In: *Analyses & réflexions sur R. [...].* 1993. S. 38–41.

(153) BJØRNVIG, Thorkild (Übers. ins Dän.): »L'ange du Méridian (Chartres)«/»L'ange du Méridien (Chartres)«, »Panteren«, »Digteren«, »Englen«, »Dødserfaring«/»Dødserfaring«, »Sort kat«. [Übertr. von] Thorkild Bjørnvig und Poul VAD. In: *Håbløst lykkelig.* Lyrikårbogen, 1994/Gyldendal, 1994. S. 74–85. [Gegenüberstellung der Übertragungen von Bjørnvig und Vad].

(154) BJØRNVIG, Thorkild (Übers. ins Dän. und Hrsg.): *R. M. R.: Udsat på hjertets bjerge. Digte.* Udvalg og oversat af Thorkild Bjørnvig. [Kopenhagen]: Gyldendal, 1995. [Auswahl aus den Gedichten].

(155) *Blätter der Rilke-Gesellschaft.* H. 16/17 (1989/90) [...]. Siehe Bespr. von IMMEL, Irmgard S.

(156) *Blätter der Rilke-Gesellschaft.* H. 21 (1995): *Malte-Lektüren.* Hrsg. von der R.-Gesellschaft. [...] Redaktion: Hansgeorg SCHMIDT-BERGMANN. Sigmaringen: Thorbekke, 1997.

(157) BLAISE, Marie: »Le poète et la solitude. Étude d'un cliché (Dickinson, Mallarmé, R.)«. In: *Solitudes, écriture et représentation.* Sous la direction d'André SIGANOS. Grenoble: ELLUG, Univ. Stendhal, 1995. S. 99–111.

(158) BOHNENKAMP, Klaus E.: Bespr. von: *R. M. R.: Briefe an Schweizer Freunde.* Hrsg. von Rätus LUCK. Unter Mitw. von Hugo SARBACH. Erw. und kommentierte Ausg. 1. Aufl. Frankfurt a. M. [u. a.]: Insel, 1994. In: *Germanistik* 36.2 (1995). S. 636/637.

(159) BOHNENKAMP, Klaus E. (Hrsg.): Siehe ZINN, Ernst: »Rudolf Kassner und die Antike. Aus dem Nachlaß herausgegeben von Klaus E. Bohnenkamp«. In: *Blätter der Rilke-Gesellschaft.* H. 21 (1995 [1997]). S. 79–95.

(160) BRANGLIDOR, Sonia: »L'œuvre d'art au cœur de la vie: R. et Jacobsen«. In: *Analyses & réflexions sur R. [...].* 1993. S. 98–102.

(161) BRAUNGART, Georg: *Leibhafter Sinn. Der andere Diskurs der Moderne.* Tübingen: Niemeyer, 1995 (= Studien zur deutschen Literatur; 130). [U. a. zu R. M. R.].

(162) BRAUNSTEIN-SILVESTRE, Florence, und PÉPIN, Jean-François: »Situation de l'œuvre rilkéenne«. In: *Analyses & réflexions sur R. [...].* 1993. S. 27–29.

(163) BRIDGHAM, Fred: Bespr. von PHELAN, Anthony: *R., ›Neue Gedichte‹.* London: Grant & Cutler, 1992. In: *New German studies* (Hull) 18 (1994/95). N. 1/2. S. 121–123.

(164) BROOKS, David: »The Wheel, the Mirror and the Tower: Desire in the Writings of Dorothy Hewett«. In: BENNETT, Bruce (Hrsg.): *Dorothy Hewett. Selected Critical Essays.* Canberra: Fremantle Arts Centre, with Dept. of Eng., Univ. Coll., Univ. of New South Wales, 1995. S. 180–201. [U. a. zu: *Duineser Elegien*].

(165) BRUNEL, Pierre: »Définitions: récit poétique, roman du poète, roman poétique«. In: *Le roman du poète. R./Joyce/Cendrars.* Textes réunis par Pierre BRUNEL. Mont-de-Marsan: Editions InterUniversitaires [...], 1995. S. 41–67. [U. a. zu: *Die Aufzeichnungen des Malte Laurids Brigge*].

(166) BURNETT, Leon: »Between river and rock: landmarks in European modernism«. In: *The turn of the century = Le tournant du siècle. Modernism and modernity in literature and the arts.* Ed. by Christian BERG [...]. Berlin [u. a.]: de Gruyter, 1995 (= European cultures; 3). S. 199–208. [U. a. zu: *Duineser Elegien*].

(167) BUSCH, Walter: »Zeit und Figuren der Dauer in R.s *Malte Laurids Brigge*«. In: *Blätter der Rilke-Gesellschaft*. H. 21 (1995 [1997]). S. 15–33.
(168) BUXBAUM, Elisabeth: »Hedda Sauer begegnet in Prag R. M. R.«. In: *Literatur in Bayern* 39 (1995). S. 65–68.
(169) CARRAT, Simone: »Le rapport Maître/Disciple est-il utile à l'œuvre d'art«. In: *Analyses & réflexions sur R. [...].* 1993. S. 47–49. [Zu: *Briefe an einen jungen Dichter*].
(170) CHATELARD, Marie-Claire: »[Lorand] Gaspar: traducteur de R. Approche de la parole, approche de la traduction«. In: *Lorand Gaspar, poétique et poésie. Colloque internat., 25–27 mai 1987*. Centre de recherches sur la poésie contemporaine de l'Univ. de Pau. Sous la direction de Yves-Alain FAVRE. Univ. de Pau, 1989 (= Cah. de l'Univ. de Pau; 17). S. 343–360.
(171) CHLEWIŃSKI, Artur: »Czy potrzebne są nowe przekłady Rilkego?«. In: *Akcent* (Lub.). Nr. 1 (1994). S. 81–96.
(172) CHLEWIŃSKI, Artur (Übers. ins Poln.): »R. M. R.: Elegia czwarta. – Wystawiony na górach serca. – Sonety do Orfeusza«. Tł. Artur Chlewiński. In: *Akcent* (Lub.). Nr. 1 (1994). S. 97–100.
(173) CHOPIN, Isabelle: »Deux poètes symbolistes: R. M. R. et Francis Jammes«. In: *Literaturwissenschaftliches Jahrbuch* 36 (1995). S. 195–212.
(174) CHOZA, Jacinto: *Al otro lado de la muerte [...]*. 1991. Siehe Bespr. von MASIA, Juan.
(175) *Le Ciel Renversé. R. illustré par Vasile Baboe. Exposition à la Fondation R. M. R. Sierre, 26 juin – 1er novembre 1992. Catalogue français-allemand*. Texte français et allemand: Curdin EBNETER.
(176) CLAES, Paul: *Raadsels van R.: een nieuwe lezing van de ›Neue Gedichte‹*. Amsterdam: De Bezige Bij, 1995.
(177) COCALIS, Susan L. (Hrsg.): Siehe *R.-Rezeptionen = R. Reconsidered*.
(178) COLLET, Paule: »Nature et poésie« In: *Analyses & réflexions sur R. [...].* 1993. S. 60–62. [Zu: *Briefe an einen jungen Dichter*].
(179) CORBINEAU-HOFFMANN, Angelika: Bespr. von NIEBYLSKI, Dianna C.: *The poem on the edge of the word. The limits of language and the uses of silence in the poetry of Mallarmé, R., and Vallejo*. New York [u. a.]: Lang, 1993 (= Studies in modern poetry; 1). In: *Germanistik* 36.2 (1995). S. 460/461.
(180) CORRADO, Sergio: »La pura equazione: crisi dello sguardo e metafora astratta in ›Die spanische Trilogie‹ (I) di R.«. In: *Studia austriaca II*. Hrsg. von Fausto CERCIGNANI. Milano: Ed. dell'Arco, 1993. S. 39–59.
(181) CULERRIER, Pascal: »[Claude] Vigée, lecteur et traducteur de R.«. In: *La terre et le souffle. Rencontre autour de Claude Vigée, 22–29 août 1988. Colloque de Cerisy*. Sous la direction d'Hélène PÉRAS et Michèle FINCK. Paris: A. Michel, 1992 (= Bibl. des idées). S. 204–211.
(182) CVRKAL, Ivan: »R. M. R. v slovenskej literárnej kultúre«. – Lit. v pozn. res. nem. In: *K otázkam teórie a dejín prekladu na Slovensku 2*. Bratislava: Ústav svetovej literatúry Slovenskej akadémie vied, 1994. S. 94–107.
(183) DAVIES, Martin: »Another Way of Being: Leisure and the Possibility of Privacy«. In: WINNIFRITH, Tom (Hrsg.): *The Philosophy of Leisure*. New York: St. Martin's Pr., 1989. S. 104–128. [Zu R.s Gedicht »Der Leser«].
(184) DELBRÜCK, Hansgerd: Bespr. von: LIU, Huiru: *Suche nach Zusammenhang. R. M. R.s ›Die Aufzeichnungen des Malte Laurids Brigge‹*. Frankfurt a. M. [u. a.]: Lang, 1994 (= Tübinger Studien zur deutschen Literatur; 15). In: *Germanistik* 36 (1995). S. 1014/1015.
(185) DESGRAUPES, Pierre: »Il faudrait que quelque chose arrivât«. In: *Le roman du poète*. Textes réunis et présentées par Colette ASTIER, Claude LEROY, J.-Yves MASSON [u. a.]. Paris: Didier Érudition, 1995. S. 233–255. [Zu: *Die Aufzeichnungen des Malte Laurids Brigge*]. [Zuerst 1958/1970].
(186) DESTRO, Alberto: »La terra immota e l'acqua veloce«. In: *L'analisi linguistica e letteraria* (Milano) 3.1 (1995). S. 87–98.

(187) DUMAS, Dominique: »La lettre de Rome. Mort et vie de l'œuvre d'art«. In: *Analyses & réflexions sur R. [...]*. 1993. S. 67/68. [Zu: *Briefe an einen jungen Dichter*].
(188) DUMAS, Robert: Siehe JACCOTTET, Philippe: »Une évocation de R. [...]«. 1993.
(189) EBNETER, Curdin: Siehe *Le Ciel Renversé. R. illustré par Vasile Baboe [...]*.
(190) ECKEL, Winfried: *Wendung [...]*. 1994. Siehe Bespr. von MIKOLAJCZYK, Thaddäus.
(191) EILERT, Heide: »Das ›leise Leben‹ der Gebärden. Kunsttheorie und Sprachkritik im Werk R. M. R.s«. In: *R.-Rezeptionen = R. Reconsidered.* [...] 1995. S. 37–48.
(192) FÁBIÁN, Nóra: »R.«. In: *Irodalmi Szemle*. Roč. 37, č. 12 (1994). S. 87.
(193) FENAUX, Jean-Paul: »Lettres et conseils aux jeunes talents. Textes recueillis et présentés par J.-P. F.«. In: *Analyses & réflexions sur R. [...]*. 1993. S. 42–46. [U. a. zu: *Briefe an einen jungen Dichter*. Daneben Briefe von Goethe, V. Hugo, Ch. Baudelaire, A. Rimbaud, P. Claudel und A. Maurois].
(194) FENAUX, Jean-Paul: »R. chez Rodin: en direct avec l'œuvre d'art«. In: *Analyses & réflexions sur R. [...]*. 1993. S. 103/104.
(195) FERGUSON, Mark A.: *The memory of Malte. Crisis of the remembered self in R.'s ›Aufzeichnungen des Malte Laurids Brigge‹*. Ann Arbor, Mich.: Univ. Microfilm Internat., 1993. [Madison, Wis., Diss., 1993]. [Mikrofiche-Ausg.].
(196) FIEDLER, Theodore: »R. at the Movies«. In: *R.-Rezeptionen = R. Reconsidered.* [...] 1995. S. 171–188.
(197) FINCK, Michèle: »Son et vocation dans *Les Cahiers de Malte Laurids Brigge*«. In: *Le roman du poète: R., Joyce, Cendrars. Études recueillies par Jean* BESSIÈRE *et Daniel-Henri* PAGEAUX [...]. Paris: H. Champion, 1995. S. 49–87.
(198) FORTE, Luigi: »R. M. R.: il recupero dell'appetito a scapito del gusto«. In: *Belfagor. Rassegna di varia umanità* (Firenze). [Jg.] 50 (1995). N. 5. S. 537–543.
(199) FREEDMAN, Ralph: »Krisis und schöpferische Gestaltung. Zwei entscheidende Begegnungen R.s«. In: *R.-Rezeptionen = R. Reconsidered.* [...] 1995. S. 49–62. [Über R.s Beziehungen zu Auguste Rodin bzw. Paula Modersohn-Becker].
(200) FRICAUD, Solange: »Les métaphores fondamentales dans les *Lettres à un jeune poète*«. In: *Analyses & réflexions sur R. [...]*. 1993. S. 63–66.
(201) GARCÍA-GOMEZ, Jorge: »Poetry as a worldly vocation. Home and homelessness in R.'s *Das Stunden-Buch*«. In: *Analecta Husserliana* 44 (1995). S. 173–212.
(202) GAUDIN, Philippe: »La vie du poète ou La croissance de l'œuvre«. In: *Analyses & réflexions sur R. [...]*. 1993. S. 50–54. [Zu: *Briefe an einen jungen Dichter*].
(203) GAUS, Andy: »Tanzen Verboten. The Neglect of R.'s Dance«. In: *R.-Rezeptionen = R. Reconsidered.* [...] 1995. S. 149–153.
(204) GELASCHWILI, Naira: [»Vorwort«]. In: [*R. M. R.: Die Aufzeichnungen des Malte Laurids Brigge*, georgisch]. [Aus dem Deutschen übers. und mit e. Vorwort vers. von] Naira Gelaschwili. Tbilissi: Merani, 1992.
(205) GELASCHWILI, Naira (Übers. ins Georgische): [*R. M. R.: Die Aufzeichnungen des Malte Laurids Brigge*, georgisch]. [Aus dem Deutschen übers. und mit e. Vorwort vers. von] Naira Gelaschwili. Tbilissi: Merani, 1992.
(206) GENS, Jean-Claude: »R. et la rigueur poétique«. In: *Analyses & réflexions sur R. [...]*. 1993. S. 56–59.
(207) GILBERT, Alan: »Eurydice's Music«. In: *Pequod. A Journal of Contemporary Literature and Literary Criticism* (New York). [Jg.] 37 (1994). S. 96–102. [Zu R.s Gedicht »Orpheus. Eurydike. Hermes«].
(208) GONÇALVES, António (Übers. ins Portug.): *R. M. R.: Querida Lou*. Trad. de António Gonçalves. Colares: Colares Ed., 1994. Bespr. von HÖRSTNER, Maria A., in: *Runa* (1994). N. 22. S. 311–315.
(209) GREINER, Ulrich: »Hollywood in Prag«. In: *Frankfurter Anthologie. Gedichte und Interpretationen.* Bd. 17. Hrsg. von Marcel REICH-RANICKI. Frankfurt a. M. [u. a.]: Insel, 1994. S. 129–132. [Zu R.s Gedicht »Der Knabe«].
(210) GWOSC, Detlef: Bespr. von: PETERSEN, Jürgen H.: *Der deutsche Roman der Moderne.*

Grundlegung, Typologie, Entwicklung. Stuttgart [u. a.]: Metzler, 1991. In: *Referatedienst zur Literaturwissenschaft* 26.4 (1994). S. 567/568.
(211) HAHN, Heather Marie: *The possibility and uncertainty of being. A Rilkean »Dichtung« of the other.* Ph. D., State Univ. of New York at Binghamton, 1995. Zus.fassg. in: *Dissertation Abstracts International* 57.2 (1996). S. 672-A.
(212) HAUSTEDT, Birgit: »›Das Amt der Engel‹. Zum Verhältnis von Weiblichkeit und Schreiben in den *Aufzeichnungen des Malte Laurids Brigge*«. In: *Blätter der Rilke-Gesellschaft.* H. 21 (1995 [1997]). S. 35–49.
(213) HEEP, Hartmut: »R. M. R.s ›Versuche in italienischer Sprache‹«. In: *Michigan Germanic Studies* 19 (1993 [1996]). S. 127–140.
(214) HEEP, Hartmut: »R. and Religion. A European Battle«. In: *History of European Ideas* (Tarrytown, NY) 20 (February 1995). N. 4–6. S. 837–843.
(215) HIRSCH, Rudolf: »Schwieriges Verhältnis«: Hofmannsthal und R. und was nicht in ihrem Briefwechsel steht«. In: HIRSCH, Rudolf: *Beiträge zum Verständnis Hugo von Hofmannsthals.* Zus.stellung der Texte: Mathias MAYER. Frankfurt a. M.: Fischer, 1995. S. 337–343. [Zuerst 1978].
(216) HÖRSTNER, Maria A.: Bespr. von: *R. M. R.: Querida Lou.* Trad. de António GONÇALVES. Colares: Colares Ed., 1994; *R. M. R.: Rainer Maria Rilke – Lou Andreas-Salomé: Correspondência amorosa.* Trad. de Manuel ALBERTO [...]. Lisboa: Relógio d'Agua Ed., 1994. In: *Runa* (1994). N. 22. S. 311–315.
(217) HOHOFF, Curt: »Schärfere Konturen im Rilkebild«. In: HOHOFF, Curt: *Veritas christiana. Aufsätze zur Literatur.* Köln: Communio, 1994. S. 103–130. [Zuerst 1993].
(218) HOLLENDER, Christoph: »The Angels in R.'s *Duino Elegies.* Theological vs. Ontological Interpretations«. In: *History of European Ideas* (Tarrytown, NY) 20 (January 1995). N. 1–3. S. 305–310.
(219) HUBIER, Sébastien: »›La chambre noire de l'imagination‹ ou le ›roman familial‹ du poète«. In: *Littératures* (Presses universitaires du Mirail-Toulouse) 33 (Herbst 1995). S. 93–112. [Zu: Blaise Cendrars: *Le Lotissement du Ciel*; James Joyce: *A Portrait of the Artist as a Young Man*; R. M. R.: *Die Aufzeichnungen des Malte Laurids Brigge*].
(220) IMMEL, Irmgard S.: Bespr. von: *Blätter der Rilke-Gesellschaft.* H. 16/17 (1989/90): *R. und Venedig. R. in Schweden.* In: *The German quarterly* 68.3 (1995). S. 334/335.
(221) JACCOTTET, Philippe: »Une évocation de R. Entretien conduit par Robert Dumas et André Ughetto«. In: *Analyses & réflexions sur R. [...].* 1993. S. 8–12.
(222) JACOB, Maryse: »›Vivez les questions...‹. Une démarche poétique«. In: *Analyses & réflexions sur R. [...].* 1993. S. 69–72.
(223) JACOBS, Carol: *Telling time [...].* 1993. Siehe Bespr. von BERNHARDT-KABISCH, Ernest; von TSCHACHER, Walter.
(224) JURYŚ, Julia, MIETKOWSKI, Andrzej, ZAGAJEWSKI, Adam, BARAŃCZAK, Stanisław (Übers. ins Poln.): »Listy (1926). Marina Cvetaeva, Boris Pasternak, R. M. R.« In: *Zeszyty Literackie* (Warszawa) 1995. Nr. 2 dod. [S.] 47–93.
(225) KAISER, Joachim: »Unbegreifliches Leiden und Kunstschönes«. In: *Frankfurter Anthologie. Gedichte und Interpretationen.* Bd. 17. Hrsg. von Marcel REICH-RANICKI. Frankfurt a. M. [u. a.]: Insel, 1994. S. 125–128. [Zu R.s Gedicht »Wandelt sich rasch auch die Welt«].
(226) KAISER, Volker: *Das Echo jeder Verschattung [...].* 1993. Siehe Bespr. von WOLBER, Thomas.
(227) KAPLAN, Steven: »Will the Real R. Please Stand Up? Contemporary Translations of R.'s Poetry«. In: *R.-Rezeptionen = R. Reconsidered.* [...] 1995. S. 125–135.
(228) KAUFMANN, Vincent: *Post scripts. The writer's workshop* [*L'équivoque épistolaire* (Paris: Les Ed. de Minuit, 1990), engl.]. Transl. by Deborah TREISMAN. Cambridge, Mass. [u. a.]: Harvard Univ. Pr., 1994. [U. a. zu R. M. R. als Briefschreiber].
(229) KERCKHOVE, Fabrice van de: »R. et Verhaeren«. In: *Textyles. Revue des lettres belges de langue française* (Bruxelles). [Jg.] 11 (1994). S. 187–220.

(230) KERÉK, Imre (Übers. ins Ungar.): »R. M. R.: Szonettek Orpheuszhoz«. Ford. Imre Kerék. In: *Irodalmi Szemle*. – Roč. 37, č. 11 (1994). S. 2–3. [Sonette an Orpheus II, 4 und II, 25].
(231) KING, Terrance: »Pragmatism and Poststructuralism«. In: CORRINGTON, Robert S., und DEELY, John (Hrsg.): *Semiotics 1993. Proceedings of the 18th Annual Meeting of the Semiotic Society of America, 21–24 October 1993*. New York: Lang, 1995. S. 564–571. [U. a. zu R. M. R.].
(232) KLAS, Teofil (Übers. ins Slowak.): »R. M. R.: Z Knihy hodiniek«. Prekl. Teofil Klas. In: *Verbum*. – Roč. 6, č. 3 (1995). S. 192–194.
(233) KLEINBARD, David: *The Beginning of Terror. A psychological study of R. M. R.'s life and work*. New York: New York Univ. Pr., 1995 (= Literature and Psychoanalysis). [Zuerst 1993].
(234) KLEINBARD, David: *The Beginning of Terror [...]*. 1993. Siehe Bespr. von KOMAR, Kathleen L.; von WEBB, Karl E.
(235) KLOTZ, Volker: »Roter Faden im Gedicht? 3 kleinliche Analysen von Venedig-Sonetten Platens und R.s nebst 3 großzügigen Einblicken ins Kathedergebaren akademischer Dichtungskundler«. In: *Sprache im technischen Zeitalter* (Berlin) 33 (1995). S. 200–234. [Zu R.s Gedicht »Spätherbst in Venedig«].
(236) KNOPF, Jan: »Kosmischer Dialog«. In: *Frankfurter Allgemeine Zeitung* Nr. 251 vom 28. Oktober 1995. [Zu R.s Gedicht »Früher, wie oft, blieben wir, Stern in Stern«].
(237) KÖHNEN, Ralph: *Sehen als Textkultur. Intermediale Beziehungen zwischen R. und Cézanne*. Bielefeld: Aisthesis, 1995. Zugl.: Bochum, Univ., Diss., 1994.
(238) KOMAR, Kathleen L.: »R.: Metaphysics in a New Age«. In: *R.-Rezeptionen = R. Reconsidered*. [...] 1995. S. 155–169.
(239) KOMAR, Kathleen L.: Bespr. von KLEINBARD, David: *The Beginning of Terror. A psychological study of R. M. R.'s life and work*. New York [u. a.]: New York Univ. Pr., 1993. In: *Journal of English and Germanic philology* 94.4 (1995). S. 611/612.
(240) KOTETISCHWILI, Wachuschti (Übers. ins Georgische): [»R. M. R.: Aus den *Sonetten an Orpheus*«]. [Ins Georgische übers. von] Wachuschti Kotetischwili. In: *Literaturuli Sakartwelo* vom 31. Januar 1986. S. 15.
(241) KOTETISCHWILI, Wachuschti (Übers. ins Georgische): [»R.s *Duineser Elegien*«]. [Ins Georgische übers. von] Wachuschti Kotetischwili. In: *Chomli. Zeitschrift für ausländische Literatur* (Tbilissi). H. 4 (1971). S. 178–188. [Übers. der ersten, vierten, sechsten und neunten Elegie].
(242) KRAYER, Stevie (Übers. ins Engl.): *R. M. R.: The book of hours*. In a new translation by Stevie Krayer. 1. publ. Salzburg: Inst. für Anglistik und Amerikanistik, Univ. Salzburg, 1995. 105 S. : Ill. (= Salzburg studies in English literature: Poetic drama 132).
(243) KRUSE, Bernhard Arnold: »Zur ästhetischen Religiosität in R.s *Aufzeichnungen des Malte Laurids Brigge* oder zur Konstitution der subjektiven Totalität in der Moderne«. In: *Blätter der Rilke-Gesellschaft*. H. 21 (1995 [1997]). S. 51–68.
(244) KUSSMANN, Matthias: Bespr. von: *R. M. R.: Briefwechsel mit Anton Kippenberg. 1906 bis 1926*. Hrsg. von Ingeborg SCHNACK und Renate SCHARFFENBERG. Frankfurt a. M. [u. a.]: Insel, 1995. In: *Blätter der Rilke-Gesellschaft*. H. 21 (1995 [1997]). S. 119–121.
(245) LEE, Meredith: Bespr. von TIMM, Eitel: *Das Lyrische in der Dichtung. Norm und Ethos der Gattung bei Hölderlin, Brentano, Eichendorff, R. und Benn*. München: Fink, 1992. In: *The German quarterly* 68.1 (1995). S. 99/100.
(246) LEGRAND, Jacques: »R. et la magie épistolaire [Bespr. von: *R. M. R.: Lettres à Yvonne von Wattenwyl. 1919–1925*. Trad. de l'allemand par Yvonne GMÜR. Texte établi et annoté par Hugo SARBACH. Présenté par Jean-Yves MASSON. Paris: Verdier, 1994]«. In: *La quinzaine littéraire* N. 662 (1995). S. 20/21.
(247) LEO, Krystyna (Übers. ins Poln.): »R. M. R.: Zwiastowanie. – Nawiedzenie. – Narodziny Chrystusa«. Tl. Krystyna Leo. In: *W Drodze* (Pozn.). Nr. 12 (1993). S. 50/51.

(248) LEŚNIAK, Slawomir: »Das Problem des Wandels und des Seins bei R. M. R. Ein Essay«. In: *Studia Germanica Gedanensia* (Gdańsk) 1 (1993). S. 247–261.
(249) LIPIŃSKI, Krzysztof (Übers. ins Poln.): »R. M. R.: Wczesny Apollo; Rzymska fontanna; Flamingi; Gazela: [wiersze]«. Tł. Krzysztof Lipiński. In: *Koniec Wieku* (Kraków). Nr. 7 (1995). S. 12/13, 18/19.
(250) LIU, Huiru: *Suche nach Zusammenhang [...]*. 1994. Siehe Bespr. von DELBRüCK, Hansgerd.
(251) LOQUAI, Franz: »Boh ako pekná rozprávka?«. Prekl. František SÝKORA. In: *Verbum*. Roč. 6, č. 3 (1995). S. 189–191.
(252) LORTHOLARY, Bernard: »Pamiętniki Malte Lauridsa Brigge – pierwsza powieść naszego wieku«. Tł. z fr. Renata LIS. In: *Ogród* (Warsz.). Nr. 1/4 (1993). S. 290–293. [Zu: *Die Aufzeichnungen des Malte Laurids Brigge*].
(253) LUCK, Rätus: »Anita Forrer (1901–1996)«. In: *Blätter der Rilke-Gesellschaft*. H. 21 (1995 [1997]). S. 130/131.
(254) LUEBBE, Chris: »Author! Author! The Performance of Authority in the Rhetoric of Paul de Man«. In: DESROCHES, Vincent, und TURNOVSKY, Geoffrey (Hrsg.): *Authorship, Authority/Auteur, Autorité. Proceedings of the 5th Annual Graduate Conf. in French, Francophone und Compar. Literature, Columbia Univ., March 3–4, 1995*. New York: Columbia Univ. Pr., 1995. S. 28–37. [U. a. zu R. M. R.].
(255) MACEOIN, Gearailt (Übers. ins Irische): »R. M. R., 1875–1927[!]: 'Der Panther'«. [Transl. by] Gearailt MacEoin. In: *Feasta* 47.4 (April 1994). S. 11.
(256) MAILLE, Anick: »Éthique et esthétique chez R. à la lueur d'un témoignage de Stefan Zweig«. In: *Analyses & réflexions sur R. [...]*. 1993. S. 13–17.
(257) MARAGLIANO, Giorgio: »Figures and things: the gaze in d' Annunzio, Hofmannsthal, and R.«. In: *The turn of the century = Le tournant du siècle. Modernism and modernity in literature and the arts*. Ed. by Christian BERG [...]. Berlin [u.a.]: de Gruyter, 1995. S. 488–496.
(258) MARÍ, Isidor (Übers. ins Katalan.): *R. M. R.: Sonets a Orfeu*. Traducció d'Isidor Marí. Presentació de Joan VERGÉS. 1ª ed. Barcelona: Columna, 1995.
(259) MARSCHALL, Christine: *Zum Problem der Wirklichkeit im Werk Peter Handkes. Untersuchungen mit Blick auf R. M. R.* Bern [u.a.]: Haupt, 1995 (= Sprache und Dichtung. N. F.; 43). Zugl.: Bern, Univ., Diss., 1995.
(260) MARTENS, Lorna: »'Der Schwung der Figur': R.'s debt to Valéry«. In: *Comparative literature* 47 (1995). S. 215–234.
(261) MASIA, Juan: Bespr. von: CHOZA, Jacinto: *Al otro lado de la muerte. Las elegías de R*. Pamplona: Eunsa, 1991. In: *Pensamiento. Revista de investigacion e informacion filosofica* (Madrid). [Jg.] 51 (1995). N. 200. S. 347/348.
(262) MASSON, Jean-Yves: »Bibliographie: *Malte Laurids Brigge*«. In: *Le roman du poète*. Textes réunis et présentés par Colette ASTIER, Claude LEROY, J.-Yves MASSON [u. a.]. Paris: Didier Érudition, 1995. S. 297–306. [Kommentierte Auswahlbibliogr. zu den *Aufzeichnungen*].
(263) MASSON, Jean-Yves: »Des *Cahiers de Malte Laurids Brigge* aux *Élégies de Duino*: le roman du poème«. In: *Le roman du poète. R./Joyce/Cendrars*. Textes réunis par Pierre BRUNEL. Mont-de-Marsan: Editions InterUniversitaires [...], 1995. S. 85–103.
(264) MASSON, Jean-Yves: »Structure narrative et fragmentation dans *Les Cahiers de Malte Laurids Brigge*«. In: *Le roman du poète: R., Joyce, Cendrars*. Études recueillies par Jean BESSIÈRE et Daniel-Henri PAGEAUX [...]. Paris: H. Champion, 1995. S. 89–113.
(265) MCCAFFERTY, Susan Mary: *Psychobiography of Lou Andreas-Salomé*. Ph. D., Massachusetts School of Professional Psychology, 1995. Zus.fassg. in: *Dissertation Abstracts International* 56.6 (1995). S. 3454-B.
(266) METHLAGL, Walter: Siehe UNTERKIRCHER, Anton, und METHLAGL, Walter: »R. M. R. und Ludwig Wittgenstein [...]«.

(267) MIKOLAJCZYK, Thaddäus: Bespr. von: ECKEL, Winfried: *Wendung. Zum Prozeß der poetischen Reflexion im Werk R.s.* Würzburg: Königshausen & Neumann, 1994 (= Epistemata: Reihe Literaturwissenschaft; 127). In: *Blätter der Rilke-Gesellschaft.* H. 21 (1995 [1997]). S. 123–125.
(268) MIETKOWSKI, Andrzej (Übers. ins Poln.): Siehe JURYŚ, Julia [u. a.] (Übers. ins Poln.): »Listy (1926) [...]«.
(269) MOILLO, Irène: »Création et analyse jungienne«. In: *Analyses & réflexions sur R. [...].* 1993. S. 93–96.
(270) MONTAVON-BOCKEMÜHL, Hella: »Choreo-graphein in R.s Lyrik«. In: *Blätter der Rilke-Gesellschaft.* H. 21 (1995 [1997]). S. 71–76.
(271) MONTSERRAT-CALS, Claude: »Heidegger, lecteur de R.«. In: *Analyses & réflexions sur R. [...].* 1993. S. 122–126.
(272) MOOD, John: »›From Cheers to Change‹ – The Pop R.«. In: *R.-Rezeptionen = R. Reconsidered.* [...] 1995. S. 189–199.
(273) MORRA, Gianfranco: »Mathieu interprete de R. [V. MATHIEU: *Dio nel ›Libro d'ore‹ di R. M. R.* Firenze: Olschki, 1968]«. In: *Archivo di Filosofia* (Padova) 63 (1995). H. 1–3. S. 477–491.
(274) MÜLLER-MICHAELS, Harro: »Aus der Moderne. Lektüre des 20. Jahrhunderts«. In: *Deutschunterricht* (Berlin) 46 (1993). Nr. 10. S. 470–480. [U. a. zu: *Die Aufzeichnungen des Malte Laurids Brigge*].
(275) MÜLLER-RICHTER, Klaus: »Einer, der sich fremd bleiben wollte: Rudolf Kassner und die Moderne«. In: *Blätter der Rilke-Gesellschaft.* H. 21 (1995 [1997]). S. 97–116.
(276) MULLER, Sibylle: »R. et ›L'amour de Madeleine‹«. In: *Nouveaux cahiers d'allemand* 13 (1995). S. 159–166. [Zu: *Die Liebe der Magdalena*].
(277) NAITO, Mitio: »Einige Bemerkungen zu grundsätzlichen Problemen beim Übersetzen lyrischer Texte. Am Beispiel von Verlaine, R., Celan, Heym, Bachmann und Eich«. In: *Übersetzen, verstehen, Brücken bauen. Geisteswissenschaftliches und literarisches Übersetzen im internationalen Kulturaustausch.* Hrsg. von Arnim Paul FRANK [u. a.]. Berlin: E. Schmidt, 1993 (= Göttinger Beiträge zur internationalen Übersetzungsforschung; 8). Bd. 2. S. 516–524.
(278) NALEWSKI, Horst: *R. Leben, Werk und Zeit in Texten und Bildern.* Frankfurt a. M. [u. a.]: Insel, [1995].
(279) NAPIERSKI, Stefan (Übers. ins Poln.): *R. M. R.: Z ›Elegii duinejskich‹.* [W tł. z niem. Stefana Napierskiego przy współpr. Witolda HULEWICZA; grafika Hanna STAŃSKA]. [Anin: J. Z. Golski], 1985 (Warsz.: PSP). [8] s.: il.; 25 cm. (Biblioteka Anińska Jerzego Zbigniewa Golskiego; 10).
(280) NAUMANN, Helmut: *R. M. R. Stufen seines Werkes.* Rheinfelden [u. a.]: Schäuble, 1995 (= Deutsche und vergleichende Literaturwissenschaft; 26).
(281) NEUMANN, Peter Horst: »Ernst Jandl ›bearbeitet‹ R. Eine Variante zum Typ des gedichteten Dichterbilds«. In: *›Verbergendes Enthüllen‹. Zu Theorie und Kunst dichterischen Verkleidens. Festschrift für Martin Stern.* Hrsg. von Wolfram Malte FUES und Wolfram MAUSER. Würzburg: Königshausen & Neumann, 1995. S. 391–398.
(282) NIEBYLSKI, Dianna C.: *The poem on the edge of the word [...].* 1993. Siehe Bespr. von CORBINEAU-HOFFMANN, Angelika; von TER HORST, Robert.
(283) NIETHAMMER, Ortrun: Bespr. von TIMM, Eitel: *Das Lyrische in der Dichtung. Norm und Ethos der Gattung bei Hölderlin, Brentano, Eichendorff, R. und Benn.* München: Fink, 1992. In: *Germanistik* 36 (1995). S. 103/104.
(284) NIVELLE, Armand: »Sens et structure des *Cahiers de Malte Laurids Brigge*«. In: *Le roman du poète.* Textes réunis et présentés par Colette ASTIER, Claude LEROY, J.-Yves MASSON [u. a.]. Paris: Didier Érudition, 1995. S. 201–225. [Zuerst 1959].
(285) NOORBERGEN, Christian: »L'œuvre d'art ou les creux du désir«. In: *Analyses & réflexions sur R. [...].* 1993. S. 78–81. [Zu: *Briefe an einen jungen Dichter*].
(286) OBERMEIER, Karin (Mitarb.): Siehe *R.-Rezeptionen = R. Reconsidered.*

(287) OSINSKI, Jutta: »R. M. R.: Drei Briefe an den Kunsthistoriker Ernst Steinmann«. In: *Germanisch-romanische Monatsschrift* 45.1 (1995). S. 109–113.
(288) OSWALD, David: »R.'s Importance to Jungian Psychology«. In: *R.-Rezeptionen = R. Reconsidered.* [...] 1995. S. 137–147.
(289) PAGEAUX, Daniel-Henri: »Introduction«. In: *Le roman du poète: R., Joyce, Cendrars.* Études recueillies par Jean BESSIÈRE et Daniel-Henri PAGEAUX [...]. Paris: H. Champion, 1995. S. 7–48. [U. a. zu: *Die Aufzeichnungen des Malte Laurids Brigge*].
(290) PALEARI, Moira: »Sulla prosa giovanile di R.«. In: *Annali della Facoltà di Lettere e Filosofia del l'Università degli Studi di Milano. [ACME]. (Università degli Studi* ⟨Milano⟩/Facoltà di Lettere e Filosofia). 48 (1995). N. 1. S. 73–92.
(291) PASLEY, Malcolm: »R. und Kafka«. In: PASLEY, Malcolm: »*Die Schrift ist unveränderlich...*«. *Essays zu Kafka.* Frankfurt a. M.: Fischer Taschenbuch, 1995. S. 47–60. Bespr. von ADLER, Jeremy: »Stepping into Kafka's head«. In: *The Times literary supplement* Nr. 4828 vom 13. Oktober 1995. S. 11/12.
(292) PASTUSZKA, Anna: »R. M. R. in Rußland: Gottes- und Todesfrage im *Stundenbuch*«. In: *Lubelskie Materiały Neofilologiczne* (Lublin). Nr. 18 (1994). S. 97–110.
(293) PÉPIN, Jean-François: Siehe BRAUNSTEIN-SILVESTRE, Florence, und PÉPIN, Jean-François: »Situation de l'œuvre rilkéenne« [...].
(294) PERRIN, Jean-François: »Le temps de la beauté«. In: *Analyses & réflexions sur R. [...].* 1993. S. 22–26. [Zu: *Briefe an einen jungen Dichter*].
(295) PETERSEN, Jürgen H.: *Der deutsche Roman der Moderne [...].* 1991. Siehe Bespr. von GWOSC, Detlef.
(296) PETTEY, John Carson: »The First Women Aphorists in German: Marie von Ebner-Eschenbach and Phia Rilke. Their Significance for the Genre and Their Aphoristic 'Frauenbild'«. In: *Modern Austrian Literature* 28.1 (1995). S. 1–30.
(297) PHELAN, Anthony: *R., ›Neue Gedichte‹.* [...] 1992. Siehe Bespr. von BRIDGHAM, Fred; von SANDFORD, John.
(298) PIECZARA, Marek: Bespr. von: *R. M. R.: Testament.* W tł. [z niem.] Bernarda ANTOCHEWICZA. Wrocław: Wydaw. Św[iętego] Antoniego, 1994 (Biel. Biała: BZG). In: *Wiadomości Kulturalne* (Warsz.). Nr. 29 (1994). S. 21.
(299) PLEWA, Renata: »Rilkego moralitet o godnej śmierci«. In: *W Drodze* (Pozn.). Nr. 4 (1993). S. 54–65.
(300) *Do Polski przyjadę...: R. M. R. w oczach krytyki polskiej.* Wrocław, 1995. [Zur R.-Rezeption in Polen]. Bespr. von BURAS, Jacek St[anisław], in: *Literatura na Świecie* (Warszawa). Nr. 3 (1996). S. 260–272; von FALKIEWICZ, Tomasz, in: *Zbliżenia Polska-Niemcy* (Wrocław). Nr. 2 (1996). S. 174/175; von KOPROWSKI, Jan, in: *Nowe Książki* (Warszawa). Nr. 7 (1996). S. 53.
(301) POMORSKI, Adam (Übers. ins Poln.): »R. M. R.: Sonety do Orfeusza (1922)«. Tł. Adam Pomorski. In: *Kresy* (Lub.). Nr. 9/10 (1992). S. 5–11.
(302) POMORSKI, Adam (Übers. ins Poln.): *R. M. R.: Sonety do Orfeusza i inne wiersze.* Tł. z niem. Adam Pomorski. Kraków, 1994. Bespr. von Jacek St[anisław] BURAS in: *Literatura na Świecie* (Warszawa). Nr. 3 (1996). S. 260–272.
(303) POR, Peter: »R. und die Politik. Anläßlich einer selbst-zensierten Anthologie (*R. M. R.: Briefe zur Politik.* Hrsg. von Joachim W. STORCK. Frankfurt a. M. [u. a.]: Insel, 1992)«. In: *Zeitschrift für Literaturwissenschaft und Linguistik* 25 (1995). S. 152–161.
(304) POR, Peter: »Die verwandelte Pietà: R. und János Pilinszky«. In: *Weltbürger – Textwelten. Helmut Kreuzer zum Dank.* Hrsg. von Leslie BODI [...]. Frankfurt a. M. [u. a.]: Lang, 1995. S. 114–127.
(305) PORCELL, Claude: »Préface«. In: *R. M. R.: Les carnets de Malte Laurids Brigge.* Trad. nouv., préf. et notes de Claude Porcell [...]. Paris: Flammarion, 1995 (= GF; 566).
(306) PORCELL, Claude (Übers. ins Franz. und Hrsg.): *R. M. R.: Les carnets de Malte Lau-*

rids Brigge. Trad. nouv., préf. et notes de Claude PORCELL [...]. Paris: Flammarion, 1995 (= GF; 566).
(307) POULET, Georges: »Le temps et l'espace rilkéens«. In: *Le roman du poète.* Textes réunis et présentés par Colette ASTIER, Claude LEROY, J.-Yves MASSON [u. a.]. Paris: Didier Érudition, 1995. S. 227–231. [Zuerst 1952]. [Zu: *Die Aufzeichnungen des Malte Laurids Brigge*].
(308) RABL, Enikö: »Großstadtwahrnehmung. Paris in der Darstellung von R. M. R. und Walter Benjamin«. In: *Jahrbuch der ungarischen Germanistik.* 1994. Budapest [u. a.], [1995]. S. 189–191.
(309) REICH-RANICKI, Marcel (Hrsg.): Siehe *1000 Deutsche Gedichte und ihre Interpretationen.* [...] 1994.
(310) RÉZ, Pál: »Egy rejtvény és a megfejtése. R. es Kosztolányi elmaradt találkozása [Ein Rätsel und seine Lösung. Die nicht stattgefundene Begegnung von R. und Kosztolányi]«. In: *Lyukasóra* (Budapest) 2 (September 1994). H. 9. S. 14/15. [Mit einem Brief R.s an Dezsö Kosztolányi].
(311) RICHTER, Hans: »Nähe und Distanz. Reflexe R. M. R.s auf Österreich, Böhmen, Böhmisches und anderes mehr«. In: *Nationaler Gegensatz und Zusammenleben der Völker. Österreich-Ungarn im Spiegel der deutschsprachigen Literatur. Ein Modell für Europa?.* Bearb. von Peter MAST. Bonn: Kulturstiftung der deutschen Vertriebenen, 1994. S. 47–64.
(312) RIETZSCHEL, Thomas: Bespr. von: *R. M. R.: Briefe an Schweizer Freunde.* Hrsg. von Rätus LUCK. Unter Mitw. von Hugo SARBACH. Erw. und kommentierte Ausg. Frankfurt a. M. [u. a.]: Insel, 1994. In: *Ein Büchertagebuch. Buchbesprechungen aus der Frankfurter Allgemeinen Zeitung* (Frankfurt a. M.). 29 (1995). S. 278–280.
(313) *R. Leben, Werk und Zeit in Texten und Bildern.* Hrsg. von Horst NALEWSKI. Frankfurt a. M. [u. a.]: Insel, [1995].
(314) *R.-Rezeptionen = R. Reconsidered.* [Neunzehntes Amherster Kolloquium zur Deutschen Literatur]. Hrsg. von Sigrid BAUSCHINGER und Susan L. COCALIS. Unter Mitarb. von Karin OBERMEIER. Tübingen [u. a.]: Francke, 1995.
(315) RITMEESTER, Tineke: »R. und die ›namenlose Liebe‹. Eine vorläufige Bestandsaufnahme«. In: *R.-Rezeptionen = R. Reconsidered.* [...] 1995. S. 201–213.
(316) ROLL, Serafima: »Writing and modernism: liquidation of the self«. In: *The turn of the century = Le tournant du siècle. Modernism and modernity in literature and the arts.* Ed. by Christian BERG [...]. Berlin [u. a.]: de Gruyter, 1995. S. 226–243. [U. a. zu: *Die Aufzeichnungen des Malte Laurids Brigge*].
(317) *Le roman du poète.* Textes réunis et présentés par Colette ASTIER, Claude LEROY, J.-Yves MASSON, Régis SALADO. Paris: Didier Érudition, 1995 (= Questions comparatistes; 1). [Zu: *Die Aufzeichnungen des Malte Laurids Brigge*].
(318) *Le roman du poète: R., Joyce, Cendrars.* Études recueillies par Jean BESSIÈRE et Daniel-Henri PAGEAUX; avec la collab. de Michèle FINCK, Jean-Yves MASSON, André TOPIA [u. a.]. Paris: H. Champion, 1995 (= Collection Unichamp; 49). [Zu: *Die Aufzeichnungen des Malte Laurids Brigge*].
(319) *Le roman du poete. R./Joyce/Cendrars.* Textes réunis par Pierre BRUNEL. Mont-de-Marsan: Editions InterUniversitaires; Saint-Pierre-du-Mont: diffusion-distribution: SPEC, 1995. [Colloque organisé par l'Ecole doctorale de Paris IV-Sorbonne, Centre de recherche de littérature comparée, 4 novembre 1995.]. [Zu: *Die Aufzeichnungen des Malte Laurids Brigge*].
(320) RUDENT, Gérard, und VERGNE-CAIN, Brigitte: »La mise en lettres. Considérations pratiques sur la traduction«. In: *Analyses & réflexions sur R. [...].* 1993. S. 30–36. [Zu: *Briefe an einen jungen Dichter*].
(321) RUSCH, Waltraud: »*O Puppenseele«: R. M. R. und die Puppen.* München [u. a.]: RPPR-Verl. Peters, 1995. 33 S.: Ill.
(322) RYAN, Lawrence: »R.'s ›Dinggedichte‹. The ›Thing‹ As ›Poem in Itself‹«. In: *R.-Rezeptionen = R. Reconsidered.* [...] 1995. S. 27–35.

(323) ŠABIK, Vincent: »Listy R. M. Rilkeho [Bespr. von: R. M. R.: Briefe an Schweizer Freunde. Hrsg. von Rätus LUCK. Unter Mitw. von Hugo SARBACH. Erw. und kommentierte Ausg. Frankfurt a. M. [u. a.]: Insel, 1994]«. In: Knižná revue. Roč. 5, č. 8 (1995). S. 7.
(324) SANDFORD, John: Bespr. von: PHELAN, Anthony: R., ›Neue Gedichte‹. London: Grant & Cutler, 1992. In: The modern language review 90 (1995). N. 1. S. 253/254.
(325) SCHANK, Stefan: Bespr. von: SCHLEINITZ, Rotraud: Richard Muther – ein provokativer Kunstschriftsteller zur Zeit der Münchener Secession. Die ›Geschichte der Malerei im XIX. Jahrhundert‹: Kunstgeschichte oder Kampfgeschichte?. Hildesheim [u. a.]: Olms, 1993. In: Blätter der Rilke-Gesellschaft. H. 21 (1995 [1997]). S. 121–123.
(326) SCHANK, Stefan: Kindheitserfahrungen im Werk R. M. R.s. Eine biographisch-literaturwissenschaftliche Studie. St. Ingbert: Röhrig Universitätsverlag, 1995 (= Saarbrücker Beiträge zur Literaturwissenschaft; 50). Bespr. von WITT, Tobias, in: Literatur in Wissenschaft und Unterricht 29.4 (1996). S. 315/316.
(327) SCHANK, Stefan: »R.-Bibliographie für die Jahre 1991 bis 1994«. In: Blätter der Rilke-Gesellschaft. H. 21 (1995 [1997]). S. 135–191.
(328) SCHARFFENBERG, Renate (Hrsg.): Siehe SCHNACK, Ingeborg, und SCHARFFENBERG, Renate (Hrsg.).
(329) SCHLEINITZ, Rotraud: Richard Muther [...]. 1993. Siehe Bespr. von SCHANK, Stefan.
(330) SCHMIDT-BERGMANN, Hansgeorg: Siehe Blätter der Rilke-Gesellschaft.
(331) SCHNACK, Ingeborg: »Zum Briefwechsel zwischen R. M. R. und Anton Kippenberg«. In: Insel-Almanach auf das Jahr 1995. Frankfurt a. M. [u. a.]: Insel, 1995. S. 102–113.
(332) SCHNACK, Ingeborg, und SCHARFFENBERG, Renate (Hrsg.): R. M. R.: Briefwechsel mit Anton Kippenberg. 1906 bis 1926. Hrsg. von Ingeborg Schnack und Renate Scharffenberg. 2 Bde. Frankfurt a. M. [u. a.]: Insel, 1995. Bespr. von Matthias KUSSMANN in: Blätter der Rilke-Gesellschaft. H. 21 (1995 [1997]). S. 119–121.
(333) SCHÖDLBAUER, Ulrich: Ideenfluchten. Zur Grenzbestimmung des unglücklichen Bewußtseins. Lectures. Taipei: Tamkang-Univ., 1994 (= Tamkang chair lecture series; 107). Darin S. 69–128: »R.s Duineser Elegien: Die Figur des Engels«.
(334) SCHOOLFIELD, George C.: »R.s Tagebücher aus der Frühzeit«. In: DAVIAU, Donald G. (Hrsg.): Österreichische Tagebuchschriftsteller. [Wien]: Ed. Atelier, 1994. S. 295–324.
(335) SCHWARZ, Egon: »Noch einmal Hugo von Hofmannsthal und R. M. R.«. In: R.-Rezeptionen = R. Reconsidered. [...] 1995. S. 15–25.
(336) SEELIG, Harry E.: »R. and Music. Orpheus and the Maenadic Music«. In: R.-Rezeptionen = R. Reconsidered. [...] 1995. S. 63–93.
(337) SICHARULIDSE, Dali: [»R. M. R. und die bildende Kunst«]. In: Chomli. Zeitschrift für die ausländische Literatur (Tbilissi). H. 6 (1971). S. 228–238. [Aufs. in georg. Sprache].
(338) SICHARULIDSE, Dali: [»R. M. R.s Liebeskonzeption«]. In: Wissenschaftliche Abhandlungen der pädagogischen Hochschulen der georgischen Republik (Tbilissi). 1987. S. 27–37. [Aufs. in georg. Sprache; mit russ. Zus.fassg.].
(339) SICHARULIDSE, Dali: [»Der Seher des Doppelbereiches«]. In: Saundsche. Zeitschrift für die Weltliteratur (Tbilissi). H. 3 (1980). S. 228–238. [Aufs. in georg. Sprache].
(340) SIEBER-RILKE, Hella (Hrsg.): R. M. R.: Weihnachtsbriefe an die Mutter. Hrsg. von Hella Sieber-Rilke. 1. Aufl. Frankfurt a. M. [u. a.]: Insel, 1995 (= Insel-Bücherei; 1153).
(341) SIEVERNICH, Michael: »R.s Rosen oder: was täglich zu tun ist«. In: Geist und Leben. Zeitschrift für christliche Spiritualität (Würzburg). 68.1 (1995). S. 1–6.
(342) STAHL, August (Hrsg.): Mitsou. Vierzig Bilder von Balthus. Mit einem Vorwort von R. M. R. Hrsg. und aus dem Franz. übers. von August Stahl. 1. Aufl. Frankfurt a. M. [u. a.]: Insel, 1995.

(343) STASKO, Nicolette: »The Love Poetry of Bruce Beaver«. In: *Southerly. A Review of Australian Literature*. [Jg.] 55.1 (1995). S. 40–52. [U. a. zu R. M. R.]
(344) STORCK, Joachim W.: »Irina Frowen zum 80. Geburtstag«. In: *Blätter der Rilke-Gesellschaft*. H. 21 (1995 [1997]). S. 129/130.
(345) STORCK, Joachim W.: »R. M. R. und Adalbert Stifter«. In: *Adalbert Stifter. Studien zu seiner Rezeption und Wirkung I: 1868–1930. Kolloquium I*. Hrsg. von Johann LACHINGER. Linz: Adalbert-Stifter-Inst., 1995 (= Schriftenreihe des Adalbert-Stifter-Institutes des Landes Oberösterreich; 39). S. 113–130.
(346) STORCK, Joachim W.: »R.s ›jubelnde Vaterlandslosigkeit‹«. In: *R.-Rezeptionen = R. Reconsidered*. [...] 1995. S. 1–14.
(347) STORCK, Joachim W.: »Von Savigny zu R. Zum 100. Geburtstag von Ingeborg Schnack«. In: *Blätter der Rilke-Gesellschaft*. H. 21 (1995 [1997]). S. 9–11.
(348) STRALEN, Hans van: »›Begegnung in der Kastanien-Allee‹ von R. M. R.«. In: ›*Behandel de paarden met zachtheid‹. Moderne Europese poëzie tussen autonomie en engagement*. Red.: Els ANDRINGA & Sytze WIERSMA. Leuven [u. a.]: Garant, 1993 (= Literatur in veelvoud; 6). S. 30–34.
(349) STRELKA, Joseph P.: »R. und die Slawen«. In: *Germanoslavica* (Prag) 2.1 (1995). S. 1–11.
(350) STRMEŇ, Karol (Übers. ins Slowak.): »R. M. R.: Jesenny deň«. Prekl. Karol Strmeň. In: *Tvorba T.* – Roč. 5 (14), č. 5 (1995). S. 9.
(351) STRMEŇ, Karol (Übers. ins Slowak.): »R. M. R.: Z francúzskych básni«. Prekl. Karol Strmeň. Fotogr. 1. In: *Literárny tyzdenník*. – Roč. 7, č. 5 (1994). S. 9. – Jednotl. básne: Obloky. Stvorveršia z Valais.
(352) STROKA, Anna, und ZYBURA, Marek: »Polska recepcja twórczości R. M. Rilkego«. In: *Orbis linguarum* 2 (1995). S. 71–84.
(353) SUGAR, L. de: »Baudelaire dans *Les Cahiers de Malte Laurids Brigge*«. In: *Le roman du poète. Textes réunis et présentés par Colette* ASTIER, Claude LEROY, J.-Yves MASSON [u. a.]. Paris: Didier Érudition, 1995. S. 257–273. [Zuerst 1954].
(354) SWORD, Helen: *Engendering Inspiration. Visionary Strategies in R., Lawrence and H. D.* Ann Arbor: Univ. of Michigan Pr., 1995.
(355) SYNAJKO, Sonja: »Un guide spirituel«. In: *Analyses & réflexions sur R. [...]*. 1993. S. 18–21. [Zu: *Briefe an einen jungen Dichter*].
(356) SZABÓ, Ede (Übers. ins Ungar.): *R. M. R.: Levelek egy ifjú költöhöz* [*Briefe an einen jungen Dichter*, ungar.]. [Übers. von] Ede Szabó. Cholnoky László: Prikk mennyei útja. Budapest: Fekete Sas Kiadó, o. J. [1995] (= Kolligátum könyvek; 1).
(357) SZARYCZ, Ireneusz: »Obraz noči i vselennoj v tvorčestve Rajnera Marii Ril'ke i Borisa L. Pasternaka«. Streszcz. w jęz. ang. In: *Studia Rossica Posnaniensia* (Poznań). Z. 26 (1995). S. 75–81.
(358) SZÁSZ, Ferenc: »Österreichische Heimatsuche im Wandel der Zeiten«. In: *Lenau-Forum* (Wien, Stockerau) 21 (1995). S. 45–55. [Zu R. M. R., N. Lenau, P. Handke].
(359) SZÁSZ, Ferenc: »›Változtasd meg élted!‹ – Igen, de hogyan? Értjük vagy félreértjük R. Apolló-szonettjét? [›Du mußt dein Leben ändern!‹ – Ja, aber wie? Verstehen oder mißverstehen wir R.s Apollo-Sonett?]. In: *Holmi* (Budapest) 7 (Dezember 1995). H. 12. S. 1741–1748.
(360) *1000 Deutsche Gedichte und ihre Interpretationen*. Hrsg. von Marcel REICH-RANICKI. 10 Bde. Frankfurt a. M.: Insel, 1994. Bd. 5: *Von Arno Holz bis R. M. R.*
(361) TAVIS, Anna A.: *R.'s Russia [...]*. Siehe Bespr. von BARNES, Christopher.
(362) TER HORST, Robert: Bespr. von: NIEBYLSKI, Dianna C.: *The poem on the edge of the word. The limits of language and the uses of silence in the poetry of Mallarmé, R., and Vallejo*. New York [u. a.]: Lang, 1993. In: *Yearbook of comparative and general literature* (Bloomington, IN) 42 (1994 [1995]). S. 173–175.
(363) THIÉBAUT, Claude: »R. et les poètes français«. In: *Analyses & réflexions sur R. [...]*. 1993. S. 107–114.

(364) TIMM, Eitel: *Das Lyrische in der Dichtung [...].* 1992. Siehe Bespr. von LEE, Meredith; von NIETHAMMER, Ortrun.
(365) TOMASZEWSKI, Artur (Übers. ins Poln.): »R. M. R.: Cóż poczniesz, jeśli umrę, Panie? – To jest tęsknota. – Gdyby choć raz wszystko całkiem ucichło. – Smierć wielka jest. – Kochankowie«. Tł. A. Tomaszewski. In: *Tamże* Nr. 4 (1993). S. 52/53, 65.
(366) TOMASZEWSKI, Artur (Übers. ins Poln.): »R. M. R.: Pieśń miłosna«. Tł. Artur Tomaszewski. In: *W Drodze* (Posn.). Nr. 12 (1992). S. 112.
(367) TOMASZEWSKI, Artur (Übers. ins Poln.): »R. M. R.: W niewiedzy przed niebem mojego życia...; Wciąż na nowo, chociaż znamy miłości krajobraz...; Postęp; Przeżywam życie: [wiersze]«. Tł. Artur Tomaszewski. In: *W Drodze* (Poznań). Nr. 8 (1995). S. 78/79.
(368) TREICHEL, Hans-Ulrich: »Mit formvollendeter Beiläufigkeit«. In: *Frankfurter Anthologie. Gedichte und Interpretationen. Bd. 18.* Hrsg. von Marcel REICH-RANICKI. Frankfurt a. M. [u. a.]: Insel, 1995. S. 113–117. [Zu R.s Gedicht »Corrida«].
(369) TSCHACHER, Walter: Bespr. von: JACOBS, Carol: *Telling time. Lévi-Strauss, Ford, Lessing, Benjamin, de Man, Wordsworth, R.* Baltimore [u. a.]: Johns Hopkins Univ. Pr., 1993. In: *Lessing Yearbook* (Detroit, MI) 27 (1995). S. 206–208.
(370) TSCHERPEL, Rudolf: »›denn seine sind nicht euere Gedanken‹. Vom didaktischen Gedankengedicht zur episch bildhaften Parabel«. In: *Zeitschrift für Ästhetik und allgemeine Kunstwissenschaft* (Bonn) 40 (1995). S. 101–111. [U. a. zu: *Das Stunden-Buch*].
(371) UGHETTO, André: »›Et tout d'un coup, on a les yeux qu'il faut‹: R. devant Cézanne«. In: *Analyses & réflexions sur R. [...].* 1993. S. 105/106.
(372) UGHETTO, André: Siehe JACCOTTET, Philippe: »Une évocation de R. [...]«. 1993.
(373) UNSELD, Siegfried: »*Das Tagebuch* Goethes und R.s »*Sieben Gedichte*«. Erl. von Siegfried Unseld. 5. Aufl. Frankfurt a. M.: Insel, 1995 (= Insel-Bücherei; 1000).
(374) UNTERKIRCHER, Anton, und METHLAGL, Walter: »R. M. R. und Ludwig Wittgenstein: Abschrift ›Aus den Elegieen‹ war das ›herrliche Geschenk‹ an den ›unbekannten Freund‹«. In: *Mitteilungen aus dem Brenner-Archiv* (Innsbruck) 14 (1995). S. 9–35; Ill. – [Mit Textpubl.].
(375) VAD, Poul (Übers. ins Dän.): »L'ange du Méridian (Chartres)«/»L'ange du Méridien (Chartres)«, »Panteren«, »Digteren«, »Englen«, »Dødserfaring«/»Døds-erfaring«, »Sort kat«. [Übertr. von] Thorkild BJØRNVIG und Poul Vad. In: *Håbløst lykellig.* Lyrikårbogen, 1994/Gyldendal, 1994. S. 74–85. [Gegenüberstellung der Übertragungen von Bjørnvig und Vad].
(376) VAD, Poul (Übers. ins Dän.): »Fem digte af R. M. R. Oversat af Poul Vad«. In: *Den blå port* 31 (Forlaget Rhodos, 1995). S. 65–69. [»Tidlig Apollon«, »Den snart blinde«, »Kapitælet«, »Slangtæmning«, »Arkaisk torso af Apollon«].
(377) VAN TESLAAR, Amiel P.: »›Arrière-pays‹ des *Lettres à un jeune poète*«. In: *Analyses & réflexions sur R. [...].* 1993. S. 73–76. [Zu: *Briefe an einen jungen Dichter*].
(378) VERBEECK, Ludo: »Vision or Voice? A Study in Counterpoint«. [Übers. von Ortwin DE GRAEF]. In: *Sense and Transcendence. Essays in Honour of Herman Servotte.* Louvain: Leuven UP, 1995. S. 31–47. [R.s *Sonette an Orpheus* im Vergleich mit T. S. Eliots *Four Quartets*].
(379) VERGÉS, Joan (Hrsg.): *R. M. R.: Sonets a Orfeu.* Traducció d'Isidor MARÍ. Presentació de Joan Vergés. 1ª ed. Barcelona: Columna, 1995.
(380) VERGNE-CAIN, Brigitte: Siehe RUDENT, Gérard, und VERGNE-CAIN, Brigitte: »La mise en lettres [...]«.
(381) VILLANI, Patrice: »R. et Valéry: la naissance du chant«. In: *Analyses & réflexions sur R. [...].* 1993. S. 115–121.
(382) VITIELLO, Vincenzo: »Heidegger/R. Un encuentro en el ›lugar‹ del lenguaje. Traducción de Teresa LOSADA«. In: *Heidegger o el final de la filosofía.* Hrsg. von Juan Manuel NAVARRO CORDÓN und Ramón RODRÍGUEZ. Madrid: Editorial Complutense, 1995. S. 207–231.

(383) WATERS, William Addison: *Answerability and intimacy in reading. Poetry's »you«.* Ph. D., Univ. of California, Berkeley, 1995. [U. a. zu: *Die Sonette an Orpheus*]. Zus.fassg. in: *Dissertation Abstracts International* 56.10 (1996). S. 3948-A.
(384) WEBB, Karl E.: Bespr. von: KLEINBARD, David: *The Beginning of Terror. A psychological study of R. M. R.'s life and work.* New York [u. a.]: New York Univ. Pr., 1993. In: *Colloquia Germanica* 28.2 (1995). S. 173–175.
(385) WEBER, Werner: »Melodie und Ernüchterung«. In: *Frankfurter Anthologie. Gedichte und Interpretationen. Bd. 17.* Hrsg. von Marcel REICH-RANICKI. Frankfurt a. M. [u. a.]: Insel, 1994. S. 121–124. [Zu R.s Gedicht »Du aber, Göttlicher, du, bis zuletzt noch Ertöner«].
(386) WITTSTRUCK, Wilfried: »Ablösung in der Mutter-Sohn-Beziehung. Ein Adoleszenzproblem in R. M. R.s Erzählung ›Leise Begleitung‹«. In: *Praxis der Kinderpsychologie und Kinderpsychiatrie* 44.6 (1995). S. 221–233.
(387) WOLBER, Thomas: Bespr. von: KAISER, Volker: *Das Echo jeder Verschattung. Figur und Reflexion bei R., Benn und Celan.* Wien: Passagen, 1993. In: *The German quarterly* (Cherry Hill, NJ) 68.2 (1995). S. 215/216.
(388) WOLFF, Janet: »The artist and the flâneur: Rodin, R. and Gwen John in Paris«. In: TESTER, Keith (Hrsg.): *Flâneur.* London [u. a.]: Routledge, 1994. S. 111–137, 6 ill.
(389) WÜHRL, Paul W.: »R. M. R.: ›Spätherbst in Venedig‹. Erfahrungen mit einer ›exemplarischen‹ Einführung in die Lyrik der Moderne«. In: *Die Bayerische Realschule* 39 (1994). Nr. 12. S. 38–41.
(390) ZAGAJEWSKI, Adam (Übers. ins Poln.): Siehe JURYŚ, Julia [u. a.] (Übers. ins Poln.): »Listy (1926) [...]«.
(391) ZASLAVSKY, Olga: *Tsvetaeva, Pasternak, R. In defense of poetry.* Ph. D., Univ. of Pennsylvania, 1995. Zus.fassg. in: *Dissertation Abstracts International* 57.1 (1996). S. 253-A.
(392) ZINN, Ernst: »Rudolf Kassner und die Antike. Aus dem Nachlaß herausgegeben von Klaus E. BOHNENKAMP«. In: *Blätter der Rilke-Gesellschaft.* H. 21 (1995 [1997]). S. 79–95.
(393) ZYBURA, Marek: Siehe STROKA, Anna, und ZYBURA, Marek: »Polska recepcja [...]«.

III. Sonstiges

(394) *Dictionnaire des œuvres littéraires de langue française.* Hrsg. von Jean-Pierre de BEAUMARCHAIS und Daniel COUTY. Ed. Bordas, [c1995]. CD-Rom. [Darin auch Werke R.s in franz. Sprache vermerkt].
(395) FULD, Werner: *Als R. noch die Polka tanzte. Neue unwahre Anekdoten über das Leben, die Liebe und die Kunst.* München: Luchterhand, [1995].
(396) FUSSMANN, Klaus: *Metaphern der Flora. Ölbilder – Aquarelle – Pastelle 1980–1995.* Mit Beitr. von Rose Ausländer, Gottfried Benn, Hermann Burger, Peter Hill, Ossip Mandelstam, Friedrich Rückert, R. M. R., Ch. Wagner. Krefeld: J. Peerlings, 1995. 144 S., 82 farb. Abb.
(397) HANSEN, Hannes: *Die Rilketerroristen.* Roman. München: Fabylon, 1995.
(398) JOHNSTON, Thomas Alix: *Du regard à la vision.* [Cinq aquatintes de] Thomas Alix Johnston; [inspirés du poème »Der Panther« de] R. M. R. [Trad. française de Lorand GASPAR et trad. anglaise de Robert BLY]. [Paris] (11 rue Foyatier, 75018): Lacourière Frélaut, 1994 (Paris: Impr. Lacourière Frélaut: Impr. F. Mérat). Non folioté [5] f. – [5] f. de pl.; 27 cm. [Contient le texte original du poème suivi des trad. anglaise et française. Tiré à 30 ex. numérotés + 6 h. c., tous sur vélin d'Arches. En feuilles, sous chemise et étui): 2400 F.].
(399) *Otto Modersohn in Fischerhude 1908–1943.* Vorw. v. Christian Modersohn, Jürgen Schultze, Jörg Paczkowski. Beitr. v. Helmut Schmidt, Siegfried Salzmann, Dietrich

Helms, Ernst G. Güse, Erwin Sylvanus, R. M. R. Bearb. von Rainer NOERES. Ottersberg-Fischerhude: Gesellschaft Otto-Modersohn-Museum, 1993.
(400) R. M. R.: *Die Weise von Liebe und Tod des Cornets Christoph Rilke*. [Aquatinta-Radierungen von Eva HASKOVA]. Beek: In de Roozetak, 1994. [48] S. : Ill.; 32 cm. [Aufl. von 100 numerierten und signierten Exemplaren. Nr. 1–12 in Halbleder gebunden, Nr. 13–100 in Leinen.].
(401) R. M. R.: *Die Weise von Liebe und Tod des Cornets Christoph Rilke*. [Wiesbaden]: [Hessisches Staatstheater], [1995]. 1 CD.
(402) WIDMER, Sigmund: *Um Mitternacht beim Rilkegrab*. Roman. 2. Aufl. Zürich: Linda, 1995.

IV. Register zu Teil II.

Werke

Archaïscher Torso Apollos 359
Begegnung in der Kastanien-Allee 348
Briefe an einen jungen Dichter 121, 152, 169, 178, 187, 193, 200, 202, 285, 294, 320, 355, 377
Corrida 368
Das Stunden-Buch 201, 292, 370
Der Knabe 209
Der Leser 183
Der Panther 133
Die Aufzeichnungen des Malte Laurids Brigge 132, 136, 137, 145, 156, 165, 167, 185, 195, 197, 204, 212, 219, 243, 252, 262, 263, 264, 274, 284, 289, 305, 307, 316, 317, 318, 319, 353
Die Liebe der Magdalena 276

Die Sonette an Orpheus 378
Die spanische Trilogie 180
Du aber, Göttlicher, du, bis zuletzt noch Ertöner 385
Duineser Elegien 166, 218, 263, 333, 374
Früher, wie oft, blieben wir, Stern in Stern 236
Leise Begleitung 386
Neue Gedichte 176, 322
Orpheus. Eurydike. Hermes 207
›Sieben Gedichte‹ 373
Spätherbst in Venedig 235, 389
›Tagebücher aus der Frühzeit‹ 334
›Versuche in italienischer Sprache‹ 213
Wandelt sich rasch auch die Welt 225

Personen

Andreas-Salomé, Lou 265
Annunzio, Gabriele d' 257
Baboe, Vasile 175
Bachmann, Ingeborg 277
Baudelaire, Charles 353
Beaver, Bruce 343
Benjamin, Walter 308
Celan, Paul 277
Cendrars, Blaise 137, 165, 219
Cézanne, Paul 237, 371
de Man, Paul 254
Dickens, Charles 142
Dickinson, Emily 157
Doolittle, Hilda (H. D.) 354
Ebner-Eschenbach, Marie von 296
Eich, Günter 277
Eliot, Thomas Stearns 378
Forrer, Anita 253
Frowen, Irina 344
Gaspar, Lorand 170
Goethe, Johann Wolfgang 373
Handke, Peter 259
Heidegger, Martin 271, 382
Heym, Georg 277
Hewett, Dorothy 164
Hofmannsthal, Hugo von 215, 257, 335
Horaz 152
Jacobsen, Jens Peter 160
Jammes, Francis 173
Jandl, Ernst 281

John, Gwen 388
Joyce, James 137, 165, 219
Jung, Carl Gustav 269, 288
Kafka, Franz 129, 291
Kassner, Rudolf 275, 392
Kippenberg, Anton 331, 332
Klossowski, Arsène Davitcho Baltusz [Balthusz] 342
Kosztolányi, Dezsö 310
Lawrence, David Herbert 354
Mallarmé, Stéphane 157
Mathieu, V. 273
Modersohn-Becker, Paula 199
Nietzsche, Friedrich 129
Pasternak, Boris 357, 391
Pilinszky, János 304
Poussin, Nicolas 130
Rilke, Sophie (Phia) 296, 340
Rodin, Auguste 194, 199, 388
Sauer, Hedda 168
Schnack, Ingeborg 347
Steinmann, Ernst 287
Stifter, Adalbert 345
Valéry, Paul 260, 381
Verhaeren, Emile 229
Verlaine, Paul 277
Vigée, Claude 181
Wittgenstein, Ludwig 374
Zweig, Stefan 256
Zwetajewa, Marina 391

Länder und Orte

Amerika 143, 146
Böhmen 311, 349
Frankreich 363
Österreich 311, 358
Paris 308

Polen 300
Prag 168
Rußland 292
Slowakei 182

RILKE & RODIN
Paris 1902-1913

Dieser Ausstellungskatalog der Fondation Rilke in Sierre umfaßt, meist begleitet von Rilke-Zitaten, 114 zum Teil farbige Abbildungen von Skulpturen, Zeichnungen, Porträts, wechselseitigen Geschenken usw. Unter den zeitgenössischen Fotos finden sich bisher unveröffentlichte von Rilke mit Rodin.

Die mehrheitlich deutschsprachigen Textbeiträge versuchen einen heutigen Blick auf die künstlerisch wie menschlich fruchtbare, nicht nur harmonische Begegnung zweier Künste, ungleicher Männer und Lebensstufen in einer Periode, die Ernst Zinn als «einzig zum Erscheinen Rilkes stimmende Epoche» bezeichnet hat. Jener «andere Blick» der Bildhauerin Clara Rilke-Westhoff geht dabei nicht vergessen. Die französischen Beiträge sind mit deutschen Resümees versehen (und umgekehrt).

Curdin Ebneter (Hrsg.),1997, 184 S., SFr. 35.-, ISBN: 2-88341-067-4.
Erhältlich im Buchhandel und bei **Editions Monographic**, CH-3960 Sierre, Tel. (41) 27 455 92 13, Fax (+41) 27 452 27 35.

Inhalt:

Rätus Luck	Avant-propos / Geleitwort
Ernst Zinn	**Rilke und Rodin.** Ein Vortrag aus dem Jahr 1955 [hier erstmals publiziert]
Claudie Judrin	**Regards du poète sur le dessinateur et sur le collectionneur**
Hansgeorg Schmidt-Bergmann	**Irgendwie muß auch ich dazu kommen, Dinge zu machen: nicht plastische, geschriebene Dinge.** Rainer Maria Rilkes Überwindung der Kunst Auguste Rodins
Annette Ludwig	**«... das Endgültigste einer langen ununterbrochenen Erfahrung».** Zu den Aktstudien im zeichnerischen Spätwerk Rodins
Martina Krießbach-Thomasberger	**Zur Modernität Rodins und Rilkes.** Torso – modelé – Wort-Kern
Marina Sauer	**Der andere Blick: Die Bildhauerin Clara Rilke-Westhoff**
Hella Montavon-Bockemühl	**Reflets de la poétique rilkéenne dans les Lettres sur Cézanne**
Curdin Ebneter	Catalogue des œuvres exposées

Albrecht Kloepfer

Poetik der Distanz

Ostasien und ostasiatischer Gestus im lyrischen Werk Bertolt Brechts

Albrecht Kloepfer

Poetik der Distanz

Ostasien und ostasiatischer Gestus im lyrischen Werk Bertolt Brechts

1997 · 3-89129-317-8 · 249 S., kt. · DM 48,— SFr 44,50 · ÖS 350,—

Ebenfalls neu bei iudicium:

Monika Shafi: **Gertrud Kolmar** – Eine Einführung in das Werk
ISBN 3-89129-233-3 • 247 S., kt.
DM 48,– • SFr 48,– • ÖS 375,–

Jutta Vinzent: **Edlef Köppen – Schriftsteller zwischen den Fronten**
ISBN 3-89129-464-6 • XXII + 336 S., kt.
DM 86,– • SFr 78,– • ÖS 628,–

Charmian Brinson / Richard Dove / Marian Malet / Jennifer Taylor (Hg.): „**England? Aber wo liegt es?**" – Deutsche und österreichische Emigranten in Großbritannien 1933–1945
ISBN 3-89129-263-5 • 236 S., kt.
DM 48,– • SFr 48,– • ÖS 375,–

Johann Siemon: **Die Formfrage als Menschheitsfrage** – Die Genese des künstlerischen Weltbilds in der Prosa Gottfried Benns
ISBN 3-89129-602-9 • 426 S., kt.
DM 68,– • SFr 62,– • ÖS 496,–

Heidy Margrit Müller: „**Etwas für die Phantasie**" – Heinrich Wölfflins Briefwechsel mit „Züs Colonna". Mit Erinnerungen und Erzählprosa von Lotte Warburg
ISBN 3-89129-088-8 • 251 S., geb.
DM 48,– • SFr 44,50 • ÖS 350,–

Ursula Renate Riedner: **Sprachliche Felder und literarische Wirkung** – Exemplarische Analysen an Brigitte Kronauers Roman „Rita Münster"
ISBN 3-89129-133-7 • 188 S., kt.
DM 40,– • SFr 37,– • ÖS 292,–

Victor Millet (Hg.): **Norm und Transgression in deutscher Sprache und Literatur**
ISBN 3-89129-237-6 • XI/266 S., kt.
DM 48,– • SFr 44,50 • ÖS 350,–

Burkhardt Krause / Ulrich Scheck (Hg.): **Natur, Räume, Landschaften** – 2. Internationales Kingstoner Symposium
ISBN 3-89129-600-2 • 288 S., kt.
DM 56,– • SFr 51,– • ÖS 409,–

Unser aktuelles
Verlagsprogramm
via Internet:
http://www.
iudicium.verlag.de

iudicium

Postfach 701067 • D-81310 München • Tel. 0 89/71 87 47 • Fax 0 89/714 20 39